金融经济论丛
金雪军文集

第五卷　公共政策与咨政建言

金雪军　编著

ZHEJIANG UNIVERSITY PRESS
浙江大学出版社
·杭州·

卷首语

这一卷收集了在公共政策领域的一部分咨政建言报告。

经济学本身就有"经世济民"之说，作为经济理论工作者，又处在"改革开放"与"转型升级"的伟大时代，"顶天立地"是目标，理论与实践相结合是基本原则。其实，不光是经济理论工作者，就是高校的功能，也随着时代的发展在发生相应的变化，从最初的教书育人单一功能发展到教学育人、科学研究、社会服务、文化传承创新等多功能上，因此，在公共政策领域咨政建言，对于一个经济理论工作者而言，不仅首当其冲，而且责无旁贷。从我自身的经历说，无论是南开的"允公允能，日新月异"校训，还是浙大的"求是创新"校训，都让自己能对此深以为然。

应该说，自从 1984 年南开大学经济学研究生毕业进入浙江大学任教以来，自己就开始参加了一些当时国家和省相关部门围绕经济改革和对外开放与咨政有关的活动，记得当时的研究会、学会协会也多是由政府相关部门主办，探讨的也多是与政府政策相关的内容，也从事了多个地方政府发展规划的研究与起草。20 世纪 90 年代初，中国社会科学院组织全国范围的专家学者进行大型国情调查，在全国选择 100 个有代表性的县市进行经济与社会等全面的县市情调查，既为相关理论研究提供基本材料，也为政府决策提供相关依据，该大型项目也成为国家社会科学基金资助的重点项目，在中国社会科学院指导下，我们先后承担了"绍兴经济社会调查"和"温州经济社会调查"的工作，由我主编的《绍兴经济社会调查》作为《绍兴卷》被选入由中国大百科全书出版社出版的《国情调查——百县市经济社会调查》系列丛书，该丛书也是国家重点出版项目，并获中国社会科学院特别荣誉奖，应该说这一经历对于自己系统了解与把握经济社会实际状况，理解与强化理论与实践的结合，都起了推动作用。2008 年，我在从事中小企业融资创新以解决融资难问题的研究中,提出了关于中小企业融资创新的新模式,得到了党和国家领导人的肯定,这在很大程度上鼓励我从事公共政策领域的咨政建言工作。然而,真正把公共政策领域的咨政建言作为自己基本工作内容的一部分应该是在 2008 年以后。

说起来和几个具体因素有关,首先,2008 年,在当时的中共浙江省委领导的直接推动下,浙江大学公共政策研究中心(后改为浙江大学公共政策研究院)和浙江省公共政策研究院成立,省校共建,两块牌子,合署办公,研究院成立开始就以政府治理现代化为主线,以项目化、系列化、品牌化为载体,以创新性、开放性、独立性为基础,以打造国际知名,国内一流智库为目标,以经济政策、社会政策、政府转型为主要研究方向,作为研究院执行院长,智库建设与咨政建言无疑就成为我的主要工作之一。现在无论是高校还是社会上,智库已成为热门话题,智库也比比皆是,然而在 16 年前,智库还是一个刚提起的话题,数量也很有限,作为一个具有特色的智库如何建设也需要用心探索。其次,随着政府治理现代化的推进,党委与政府部门也越来越吸收专家进行决策咨询活动,自己先后被国家和省相关机构聘为应急管理专家、法制与立法专家、规划专家等,2012年起又被聘为浙江省人民政府咨询委员会委员,至今已连续四届,2017 年被聘为省监察委员会首批特约监察员,2018 年被聘为杭州市人民政府参事,2019 年作为全国高校唯一代表被聘为中国证监会并购重组审核委员会委员。这些活动使我有机会能近距离了解政府部门的政策制定相关工作。第三,我一直认为,一代人有一代人的使命,随着时代的发展,学界有越来越多的年轻人进入,随着年龄增长,我们这一代人的比较优势也在发生变化,与具有更新的学术能力的年轻一代相比,我们这一代人的经历与条件无疑在公共政策领域的咨政建言方面可以发挥独特的作用。2018 年 2 月,因"理论助力'最多跑一次改革'",中共浙江省委宣传部《宣传半月刊》杂志还把我选入 2017 情怀榜年度人物。"上榜理由:如何深化最多跑一次改革,不仅需要各级党委政府合力推动,也需要社会各界的协同努力。为深化改革出谋划策,并向公众答疑释惑,这位专家接地气。"这又给了我新的鼓励。

结合自己的专业特点,我希望能把理论研究与咨政建言结合起来。我在公共政策领域的研究与咨政建言报告大致围绕几个方面展开,一是金融政策,除了围绕金融领域三大任务,即如何为实体经济服务,如何防范风险,如何深化改革外,我的一个特别关注的领域是新金融的发展,包括普惠金融、科创金融、绿色金融与数字金融等。二是产业政策,重点关注的是制造业和新兴产业的发展问题,在这方面不少是通过比较分析的角度进行的。三是数字化改革,我们处在数字化为特点的技术革命与产业革命的时代,浙江又处在全国数字经济、数字社会、数字政府发展前列,围绕数字化改革,需要探索与回答许多新的课题。四是国际经济问题研究,包括国际金融与贸易以及国际经济的相关其他问题。五是非营利组织,针对学术界与政策研究方面对企业与政府两方面研究比较丰富,对第三方研究相对较少的状况,我从非营利组织这一维度,先后申报获批了两项与此相关的国家自然科学基金项目:"企业协同非营利组织获取竞争优势的研究""非营利组织孵化器发展的政策网络研究"。

在本卷完成之际,我要感谢在我从事公共政策领域智库建设与咨政建言方面给与我关心、指导与帮助的章猛进、王玉娣、黄旭明等浙江省政府咨询委领导,感谢浙江省社科联与浙江大学社科院的领导和各位专家,还要感谢我的各位同仁和研究工作的合作者。

目　录

CONTENTS

东部沿海企业东盟贸易与投资及周边市场开拓策略①

中国与东盟建立对话合作关系 20 周年之时,世界最大的自由贸易区——中国—东盟自由贸易区已正式启动一年,在开创我国与东盟地区外贸往来和投资合作新纪元、推进东西部地区内贸互动和产业转移新格局的同时,也呈现出东盟政局不稳、经济发展不平衡、对外贸易竞争和摩擦共存的巨大挑战。

在此,建议在政策、资金、信息等层面上引导东部沿海企业利用东盟机遇,规避潜在风险,发挥比较优势,参与国际分工,并把握发展周期,突破自身局限,发现新的腾挪空间,促进东西互动和海外布局,最终共享区域资源、实现转型升级。

一、我国与东盟地区的贸易和投资情况

中国—东盟自由贸易区的全面启动极大地促进了我国与东盟的贸易往来和经济合作,双边贸易额大幅增长。2010 年我国与东盟双边贸易额再创历史新高,达 2927.8 亿美元,同比增长 37.5%。其中,中国自东盟进口 1545.6 亿美元,增长 44.8%;对东盟出口 1382.2 亿美元,增长 30.1%。中国对东盟贸易逆差 163.4 亿美元,东盟已成为中国第三大进口市场。

与此同时,我国投资东盟的积极性得到较大提高,大量资金涌入东盟各国,涉及农业、制造业、商贸物流、旅游开发、矿产开采及加工、交通能源设施建设等众多领域。中国 2010 年对东盟直接投资 25.7 亿美元,同比增长 12%。今年 10

---

① 本文作者金雪军、方昕,最初于 2011 年 4 月 20 日发布在《公共政策内参》第 11061 期。

月举行的第七届中国—东盟博览会上,我国与东盟签约的投资合作项目 58 个,总投资额 26.63 亿美元,分别占国际经济合作项目的 43% 和 38%,合作质量进一步提升。

二、沿海主要省份与东盟地区的贸易和投资情况

2010 年前 11 个月,广东省与东盟贸易实现进出口总值 724.7 亿美元,同比增长 29.5%,超出中国—东盟贸易总额的 1/4。其中,自东盟进口 442 亿美元,增长 37.1%,主要进口商品为机电产品、电器及电子产品、农产品、成品油、煤、废金属及废塑料;对东盟出口 282.7 亿美元,增长 19.2%,以机电产品、纺织制品、家具、鞋为主;实现贸易逆差 159.3 亿美元,增长 86.7%。

2010 年,江苏省与东盟进出口总计 473.6 亿美元,同比增长 35.8%,东盟已经成为江苏省第五大贸易伙伴。其中对东盟进口 262.9 亿美元,同比增长 44.7%;向东盟出口 210.7 亿美元,同比增长 26.1%,东盟已成为江苏省农产品出口的最大市场。

2010 年,山东与东盟进出口额达 227.6 亿美元,同比增长 59.6%。其中对东盟出口 84.7 亿美元,增长 51.6%,机电产品、纺织品则为主要出口商品;自东盟进口 142.9 亿美元,增长 64.8%,以天然橡胶、机电产品和成品油为主。

2010 年,浙江省与东盟进出口总值为 178.8 亿美元,同比增长 43.3%,东盟位居欧盟、美国和日本之后成为该省第四大贸易伙伴。其中,自东盟进口 68.7 亿美元,增长 54.7%,以原材料进口为主;对东盟出口 110.1 亿美元,增长 37%,船舶、机电产品、纺织服装仍是出口主力。目前,浙江省在东盟投资的企业达 466 家,投资总额达 6.8 亿美元。

2010 年,福建省与东盟贸易额总计 132 亿美元,同比增长 41.1%,东盟已成为该省第三大贸易伙伴。其中,自东盟进口 48.9 亿美元,增长 46.3%;对东盟出口 83.1 亿美元,增长 38.2%。贸易商品中,福建自东盟进口主要为机电产品和资源类产品,例如集成电路、农产品和煤;纺织品则居出口首位,高达 15.4 亿美元,其次是农产品和船舶。截至 2010 年 8 月,福建省核准在东盟国家设立的境外企业 94 家,累计协议投资额 2.58 亿美元。

中国—东盟自由贸易区启动一年以来,东部沿海主要省份与东盟的双边贸易额均大幅增长(30%—50%),广东、山东、江苏三省与东盟的进出口总额排名前三,并呈现贸易逆差。各省在东盟的主要贸易对象为印尼、泰国、新加坡和马

来西亚四国,总贸易额占比均超过80%,其他国家尤其是东盟新成员国的贸易总量明显偏小。在沿海各省与东盟的商品贸易中,进口以加工贸易为主,进口商品多为农产品、资源类产品及机电产品,出口以一般贸易为主,出口商品多为纺织制品、机电产品、电器、家具、鞋服及船舶,高科技产品日渐成为主力。中国—东盟自由贸易区带来了巨大的市场空间,在贸易往来突飞猛进的同时,东部沿海主要省份对东盟的投资也日益增长,但增速较为有限。

三、开拓东盟及周边市场对沿海主要省份的意义

1. 中国—东盟自由贸易区创造了四大优势

第一,零关税优势。自贸区的启动,使得中国对东盟的平均关税将从之前的9.8%降至0.1%,而东盟6个老成员国文莱、印度尼西亚、马来西亚、菲律宾、新加坡、泰国,对中国的平均关税将从12.8%降低到0.6%,4个新成员国越南、老挝、柬埔寨和缅甸,将于2010年实现90%商品零关税的目标。东部沿海各省多为外贸大省、资源小省,与东盟各国存在着较强的经济互补性,关税大幅下降有利于各省企业出口优势产品、进口原料资源,增进双边经贸合作,发挥比较优势。

第二,境外投资机会。以中国—东盟自贸区全面启动为契机,从战略高度和可持续发展角度鼓励有实力的东部沿海企业"走出去",融入这一更加便利、自由、公平的投资环境。东盟各国经济结构类似,经济互补性较小,区内贸易投资扩展潜力不大,这就给区外贸易创造了广阔的空间和机会。一方面,东部沿海各省的企业多为民营企业,通过对东盟的跨国投资可以建立海外生产基地、就近深挖东盟市场,增强对原材料价格的影响力、加速全球化经营的发展步伐,并为双方的产业分工与升级提供良好的基础;另一方面,在各发达经济体对中国的贸易保护力度愈发强大、对东盟各国仍然实施关税优惠的国际背景下,沿海各省企业可以在东盟建立生产或加工基地,在利用当地招商引资政策和廉价劳动力的同时,取得东盟原产地证书,将产品借道东盟、"低税"输入各发达经济体。

第三,服务贸易机会。近年来,中国—东盟的服务贸易发展迅猛,东盟已成为中国第五大服务贸易伙伴。自贸区协定正在并将进一步推动我国与东盟各国的政治、文化关系,密切双方往来,增进相互了解。在海运、航运、劳务、金融服务、工程承包等领域的对话合作基础上,东部沿海各省可以把握自身在海运、

建筑、信息技术服务领域的相对优势，在与东盟的互补性服务贸易中获得更多的合作机会，在做大规模的同时提升质量、完善结构，并最终促进各省第三产业尤其是新兴服务业的加速发展，促进产业升级。

第四，人民币区域化优势。2009年下发的《跨境贸易人民币结算试点管理办法》，正式启动了中国—东盟跨境贸易人民币结算试点。自贸区背景下，双边的巨额贸易量为我国开展对东盟地区的人民币跨境贸易结算提供了很大支持。随着贸易便利化和经济一体化的趋势逐渐增强，人民币的结算地位逐步提升，区域化的步伐进一步加快。而跨境贸易人民币结算业务的开展，不仅有利于东部沿海省份的外贸企业防范外汇风险、扩大盈利空间，更有助于东盟周边地区企业利用地缘优势，加强与东盟国家的经贸往来及投资合作，促进东西部地区的产业承接与产业升级。

2. 沿海省份与东盟周边省份的东西互动优势

第一，桥头堡优势。东盟周边省份与越南、老挝、缅甸等东盟国家有4242公里的陆地边境线，并有澜沧江—湄公河、元江、红河等跨越国境线的河流，以及与东南亚水域相连的北部湾。东盟周边省份有着便捷的陆上通道和密集的海上良港，广西壮族自治区正着力打造成中国—东盟海陆空交通枢纽，西南地区的桥头堡优势对于东部沿海企业开拓东盟乃至国际市场具有巨大的吸引力。

第二，区域经济圈。随着国家新一轮的西部大开发战略，云南、广西成为承接中东部地区产业转移的重要地带。大湄公河次区域、泛北部湾海域、南宁—新加坡合作走廊，依托海陆的"一轴两翼"构成了中国—东盟次区域经济合作新格局，再加上边境贸易和西部开发的优惠政策，无疑对东部沿海企业"深入腹地"进而辐射东南亚产生了巨大的吸引力。

第三，跨境合作区。广西在越南同登、芒街、茶岭口岸建立了四个中越跨境经济合作区，云南在中越河口、中老磨憨、中缅瑞丽建有三个国家一类口岸试点，根据"布局集中、产业集聚、用地集约"的要求，实行两国一区、自由贸易、封闭运作的模式以及签证互免、互认免检、司法合作等高效边检管理体系。东部沿海各省企业可以积极利用这一平台，充分享受相关免税、转移支付、跨境结算、外商待遇、境内关外等多种特殊优惠政策，提高优势产业境外投资质量和水平。

第四，丰富的矿产和人力资源。一方面，东盟周边省份受欧亚、印度、太平洋三大板块的共同影响，形成了得天独厚的成矿地质构造条件，蕴藏着较为丰富的矿产资源，可建成稳定的原材料供应基地。广西保有资源储量位居全国前十位的矿产有 64 种之多,云南有 25 种金属储量居全国前三位,昆明磷资源居世界第二,高达 46 亿吨。另一方面,东盟周边省份人口众多,是劳动力输出大省,劳动力成本较为低廉。以上两方面优势,有利于吸引东部沿海企业进行投资,摆脱各省"资源少、民工荒"的发展困境。

四、东部沿海省份开拓东盟及周边市场面临的挑战

1. 东盟存在着不确定因素

东盟合作进程中存在着种种不确定因素,其市场具有不稳定、不规范、不统一的特征,为东部沿海企业进行贸易和投资,带来一定程度的风险和阻碍。表现在:

第一,大国"角力"的国际局势。东亚地区呈现着中国、日本"两大"和韩国、东盟"两小"的菱形架构,十分不稳定。对中日"两大"而言,哪一方能够争取到两个"小角"更多的支持与合作,便能在区域经济竞争中争取到主导地位。同时,大洋彼岸的美国正实施"重返亚洲"的战略步骤,意图平衡"中国崛起"的态势。东亚经济竞争格局的变化势必影响东部沿海企业投资东盟、进驻西南的投资决策。

第二,小国主导的势单力薄。东亚区域的合作具有小国领导、重构秩序的特征,然而小国集团不仅难以解决成员国之间的历史宿怨,也无力协调大国之间在东亚的政治关系,同时还要面对自身的政治变动。小国主导的局面带来了市场不规范、不统一,区域经济发展受阻、币值不稳等后果,或将挤占东部沿海企业"走出去"的发展空间。

2. 多边自贸协定使东部沿海企业面对激烈竞争

东盟各国奉行"大国均势战略",在大国的相互博弈和制衡中获取自身利益。因此在与中国建立自贸区的同时,又与日本、韩国、印度、澳大利亚等国签订了类似的自贸协议。多边自贸协定的存在极易产生贸易摩擦,降低统一大市场的规模收益,不利于中国—东盟自贸区的整体发展,同时,东部沿海企业将在东盟市场上面对更多进出口结构和产业发展阶段较为相似的竞争对手。

3. 产业结构趋同,或将启动贸易救济条款

在国际金融危机背景下,东盟国家缺乏大国优势,经济体系不健全,恢复能力较弱,与中国的产业结构有所趋同,产品同质化现象还很显著,在许多劳动密集型产业中竞争较为激烈。如果对东盟贸易初级制造品的出口增速过快或者

长期保持原材料进口的顺差,将导致东盟国家在自贸区建成后启动贸易救济条款,进一步压低初级制造业的利润、抬高制造业所需原料资源的价格,形成实际贸易壁垒,面临劳动力和原材料成本双高困境的东部沿海外贸企业必将深受其害。

五、东部沿海企业开拓东盟及周边市场存在的问题

1. 企业掌握的信息较为有限

一方面,东盟各国发展不平衡,各国的政治、经济、法律法规和文化习俗差异较大;另一方面,中国—东盟自贸区的优惠政策较多,对外投资缺乏统一且透明的政策,审批手续较为烦琐,原产地证书等免税细则易被忽视。不少东部沿海企业还未充分掌握信息,就跟风进驻东盟市场,不仅错失利好政策,还会因盲目投资遭受较大损失。

2. 中小型企业抗风险能力较弱

东部沿海企业以中小企业居多,在对东盟市场的开拓和投资过程中,中小企业较难规避可能存在的政治、法律、金融、财产、市场、技术等各类风险因素,无法确保境外资产的安全运作和保值增值。同时,东部沿海企业入境后大多未结合东盟的国情和制度进行现代企业管理,家族色彩过于浓重也导致企业的所有权和经营权的高度集中,内部权、责、利的划分不清,企业发展受制于家族领导者的经营和知识水平,抗风险能力较弱。

3. 缺乏高素质的国际化经营人才

国际化经营人才是我国东部沿海企业要开展对东盟贸易及投资的必要条件,然而人力资本储备单薄、人力资源管理落后一直是困扰中小企业发展的主要问题。东部沿海企业普遍缺乏科技、营销、策划以及经营管理等方面的人才。并且,现有人才不熟悉国际规则和国际惯例,对外交流合作能力较弱,尤其对东盟各国政治、经济、社会状况知之甚少,这些均成为制约东部沿海企业拓展东盟市场的主要障碍。

4. 东部沿海投资的传统优势正逐步丧失

东部沿海企业大多具有开拓能力很强、市场嗅觉灵敏的传统优势,以及迅速抱团形成产业配套的投资风格。然而由于通货膨胀压力增大、市场投资热点散乱、投机心态日益严重,近年来无论是开拓东盟市场还是挺进大西南,东部沿海企业已渐渐背离实业,转而进行地产、玉器、茶叶等商品炒作,传统的投资优

势正在逐步丧失。

六、开拓东盟及周边市场的战略目标和政策建议

中国—东盟自贸区旨在建立区域一体化大市场,实现资源配置优化、共享经济发展成果。国家鼓励东部沿海企业开拓东盟及周边市场的战略目标主要有以下四点:第一,调整贸易结构、提升贸易质量,解决原材料资源,提升出口附加值;第二,充分利用比较优势,通过产业梯度转移和区域承接发展,实现东西互补;第三,促进东部产业转型升级,提高提升产业的发展层次和核心竞争力,优化经济增长的动力结构;第四,巩固中国在东盟国家的市场地位和战略地位,增强中国在东亚地区的政治和经济影响力。

为实现开拓东盟及周边市场的战略目标,特提出以下政策建议:

1. 实行错位合作战略,增强国际分工的竞争力

为了实现与东盟多层次、多领域的经贸合作,建议商务部结合东盟各国及周边竞争对手不同的产业发展现状,实行错位合作战略,即有针对性地引导东部沿海企业的投资模式和发展领域。

一方面,通过"企业集群"的投资模式,在东盟国家建设规范有效并具有保税功能的特色产业园区,延长产业链条、进行专业分工、强化竞争优势、扩大规模效应、降低海外风险;另一方面,鼓励有条件的企业积极开发东盟原材料资源,投资原料生产和加工行业,兴建生产基地、扩大供应渠道,增加抵御价格波动的风险能力,并最终增强我国对东盟原材料资源的控制力和自给力。

通过错位合作战略,促使东部沿海企业在中国—东盟自贸区内的优势产业得到进一步发挥,并逐步形成具有竞争力的互补性分工,充分享受到区域一体化的规模效应。

2. 拓宽融资渠道,促进区域内金融机构的合作

建议商务部从政策上为投资东盟的东部沿海企业提供优惠条件,从操作上协同政策性和商业性金融机构为相关企业拓宽融资渠道:首先,商务部应协同金融机构,为投资东盟的企业提供有效的资金保障,开发更多的金融产品及服务,在代理、结算、贷款、担保等业务上与东盟各国的金融机构进行深层次的合作,创新金融支持方式,着力打造东部—西南—东盟融资平台;其次,协同金融监管部门,加强监督管理,规范担保行为,控制担保规模,规避由信贷担保而引发的金融风险;再次,商务部可以为投资东盟的东部沿海企业提供金融方面的

咨询服务,帮助相关企业健全财务管理、盘活资金存量,促成金融机构与企业的良好协作关系。

3.追踪和发布有效信息,提供政策咨询

建议商务部掌握东盟政策法规以及本土企业的运作机制,追踪东盟各国与其他国家签署的自贸协议和其他优惠贸易安排,向东部沿海企业及时发布有效信息,并提供关于区域协议和优惠政策的咨询服务,切实引导企业扩大政策利用广度,通过改变原产地属性等方法实现多国贸易优惠政策的叠加,从而规避贸易摩擦、获得更大收益。

4.支持产业转移至广西、云南等东盟周边市场

建议商务部推动东部沿海地区产业向广西、云南等东盟周边市场转移,优化生产力空间布局,形成合理产业梯度,实现东西互补。鼓励东部沿海企业,充分利用广西、云南等东盟周边地区要素成本低、原材料丰富、市场潜力巨大的优势:建设劳动密集型产业承接区,发挥其吸纳就业的作用;开发能源矿产开发和加工业,加强资源富集地区的资源开发整合;发展农产品加工业、生态和旅游观光农业,加快农业科技进步、完善农产品物流体系,提升产业水平。同时,商务部可以采取设立产业投资基金等方式,扶持广西、云南等地的基础设施建设和产业配套升级,利用地缘优势,真正为东部沿海企业开拓西部市场、辐射南亚区域、进军东盟各国打造一个"桥头堡"。

民间借贷要体现三性①

　　一是阶段性。从总体上看,民间借贷适合于经济不发达、产业层次较低的时期。那时,向银行借不到钱,资本市场的直接融资就更不用提了。于是,生产者只能向身边的七大姑八大姨们借钱——这种小额的,基于街坊邻里文化的借款便是民间借贷的前身。然而随着经济发展,产业层次提高,生产者从最初的作坊形式变成了社会化大生产,其融资需求便远远不是民间借贷所能满足的了。金融理论以及西方国家的发展实践告诉我们,不同的经济发展阶段需要有不同的融资方式来适应。一般来说,各国的企业融资都走了一条自有资本与直接借贷—银行间接融资—资本市场直接融资的道路。在经济比较发达的阶段,银行贷款以及资本市场将是企业最主要的融资渠道。我这里有一组数据。10年前的 2001 年,美国非金融企业外部资金来源中就有 40% 来自银行贷款,35%来自债券,9% 来自股票;同年,德国非金融企业外部融资 80% 来自银行贷款,15% 来自债券和股票。两个国家来自银行与资本市场的融资额都超过了 80%。由此我们需要认识到,民间借贷在经济发展不同阶段是有不同地位的,它是和经济不发达阶段相适应的,一旦进入产业升级的通道,我们不得不拿出壮士断腕的魄力改变我们原有的融资模式,通过发展完善金融机构间接融资体系与资本市场直接融资体系来寻找新的符合社会经济发展的融资方法。阵痛是在所难免的,但却值得。

　　二是交替性。随着经济的不断发展,民间资本的存量不断增加,但真正投入实体经济的较少。要改变这一现状,最好的办法就是大力鼓励民间投资,将借贷资金转变为权益资本。民间投资相对于民间借贷的一大特点,在于后者虽然还本付息但不与具体项目挂钩,而民间投资的好坏必须与具体的产业、项目

　　①　本文作者金雪军,最初于 2012 年 3 月 14 日发布在《公共政策内参》第 12097 期。

直接联系。民间投资的另一大特点在于风险完全由投资者承担,不会形成上下线的扩散。但是民间投资也面临一大问题:项目的选择。以目前的经济状况来看,好项目并不多,这从另一个侧面反映出借贷高利率的不合理性。从来没有理由表明同样的资金,用于借贷将比用于投资取得更高的回报率。鉴于目前相当一部分资金所有者缺少投资知识,可行的方法是将资金交给私募股权基金、信托公司等。从全球经验来看,产业资本与金融资本结合得比较好的是美国。一句话,目前经济比较发达的地区像长三角、珠三角地区要做的就是降低民间借贷比重,大力提高民间投资的比重,两者的交替是必然的。

三是规范性。规范民间借贷要做到三点:阳光化、规范化、法制化。阳光化首先要求借贷双方了解彼此情况。出借者知道自己的钱给了谁,用于什么项目;借款者知道借来的钱又是来源于谁。同时,监管当局应该对民间借贷一个确定态度,不能处于"没说可,也没说不可"的状态。要让民间借贷浮出水面,操作层面就要实行登记备案制度。从事一般工商业务都要去工商局登记,而从事"货币资金"业务——经济的血液——更应该有登记制度才合理。规范化应包括主体、客体、交易平台等方面。任何以资金借贷业务为经营对象的经济主体都应该具备一定资质,凭照经营。最核心的要求是必须运用自有资金放贷。所以可以大力发展小额贷款公司,只要用的是自有资金,那么风险就是可控的,不会因为吸收存款而导致风险向社会蔓延。金融的核心问题是风险控制,用通俗的话说就是由谁"兜底"。规范主体对主体资格也应做一定的限制,比如限制公务员与金融机构人员的进入,这和证券从业人员不准买卖股票是一个道理。出借的货币资金应用于生产经营、必要的生活消费,避免以贷放贷。从目前状况看,"4倍基准利率"的标准已经与现实情况有了差距。1994年制定这一标准时,企业利润率在20%～30%左右,而借款利率却很低;但目前一年期基准利率为6.56%,4倍即超过26%,这远远超过当前企业10%左右的毛利率,再加上中小企业面临的"三荒两低一高",高的利率无法支撑。应建立专业交易平台,负责提供标准化的借款合同,集登记注册、信息披露、预警、监督、评估等职能于一身,一旦有违约便进行公布,这样可大大消除信息不对称现象,完善风险控制体系。

中国经济的长期走势与转型风险[①]

就当前的经济形势而言,需求与供给指标的一致性变化本身,更多地作为经济趋势值进入下行通道的表现,却难以解释其成因。处于这个时点,我们试图在长周期的框架内,以国家比较的视角,探讨中国目前的周期阶段和趋势走势。世界范围内来看有两种不同的国家角色分工:制造端和消费端。制造端国家依靠要素投入增加产出,充足廉价的劳动力是推动经济增长的原始动力,此时决定经济增长的关键在于产出能否得到需求的支撑。发达国家是一种消费拉动型的增长模式,劳动力作为最具有消费能力的群体,经济增长与劳动力人口的增速高度一致。

观察美日经历的工业化进程,我们看到,美国在其制造业迅猛发展的过程中,世界上不存在另一个等量的消费端去吸收它的过剩产出,美国在工业化初期,以更接近于一种自我产出、自我消费的模式发展。伴随经济的发展,劳动力不再充裕廉价,美国的产业重心由二产转向三产,由制造业端转为消费端,经济增长与劳动力的变化吻合。日本成长在已经存在发达国家的开放经济体中,其工业化历程几乎完全符合我们对于制造端发展中国家向消费端发达国家演进的设想。

在普遍意义上,存在发展中国家向发达国家的演进:发展中国家起步阶段,依靠充足廉价的劳动力优势发展制造业,从而带动经济增长。伴随经济发展,劳动力逐渐被充分利用,制造端的优势散去,同时收入增长,消费能力提升带来三产的发展机会,二、三产业重心转移,经济体转型为消费端的增长模式,跨入发达国家行列。这种演进并不是必然的,在制造端和消费端之间存在一个过渡

[①] 本文作者金雪军、金赟,最初于 2012 年 8 月 7 日发布在《公共政策内参》第 12118 期。

期。新增劳动力拐点和刘易斯拐点的到来标志着制造端优势结束,滑入过渡期。能否成功转型,由过渡期进入消费端的发达国家行列则取决于消费能力是否大幅增长,拉动三产发展。

中国 2005 年经历新增劳动力的拐点,刘易斯拐点也正在快速趋近。制造端的优势已经散去,正处于过渡阶段,以目前的消费能力而言,转型成消费端,进入发达国家的风险很高。收入均等进程不理想和社会保障制度不完善是中国实现消费能力高增长,转型成消费端国家的最大障碍。收入均等化的改革触动既得利益团体的利益,进程步履维艰,社保制度因为历史遗留的巨大漏洞,要扭转困局实现正常运行的难度也显而易见。持续处于过渡时期甚至陷入"中等收入陷阱"将是大概率事件。过渡时期内,消费增长乏力,中国的产出增长依靠的还是制造端增加投入的模式。受益于之前的高积累和增长惯性,依靠这种模式实现增长是可能的。但农业向工业部门的劳动力转移基本结束,新增劳动力已经越过高峰期呈现回落趋势,这种模式继续下去,劳动力数量将成为经济增长的短板,限制经济增速的上限。以出生率估算的劳动力数量变化显示,中国经济增速将持续下滑。从这个角度上看,目前中国经济增速的下行,是在制造端优势出尽,消费拉动力量不足的过渡时期,延续制造端的增长模式所导致的必然后果,而非超预期的失速下跌。如果经济增长模式不发生转变,这种下行趋势在很长一段时间都很难扭转。即使对政策做很好的预期,中国清除了消费能力提升的障碍,转型成功,也要承担巨大的转型成本,需要经历一个阵痛。

眼下世界经济也有陷入低迷的风险。欧债危机经过两年的演绎,不仅看不到解决的希望,反而由希腊、爱尔兰等边缘国家蔓延至西班牙、意大利等核心国家。西班牙并非如希腊一样仅仅是高福利支出带来的财政赤字和债务累积,它还叠加了房地产泡沫破灭后银行资产恶化与主权债问题的恶性循环,形势紧张。欧债危机时至今日,进行结构性的改革,推进财政一体化和强化监督机制已是必然之举,一到两年的低迷甚至衰退是这场危机中欧洲人必须付出的代价。美国的复苏之路也并非坦途。需求动力不足是最大的障碍,影响到就业市场、库存调整和生产领域等各个方面。金融危机之后美国居民持续地去杠杆化是导致国内需求不足的主要原因。房地产市场回暖,去杠杆化的速度明显减缓让我们看到了去杠杆化进入尾声的希望。美国中长期内的增长前景依然相对乐观。但是短期而言,内部需求低迷,2012 年的增长将难以令人满意。

进入转型期,经济潜在增长动力下滑的内忧叠加外围环境恶化的外患,中国经济步入明确的下行通道。但考虑到中国强大的行政执行力和投资拉动具有显著的当期效应，我们认为短期内政策拉动将有能力托底经济。参考1998年亚洲金融危机和2008年次贷危机后的两轮的投资模式，综合考虑经济、价格和政治因素，我们判断，下半年出台大规模的投资拉动政策的可能性不大，但小范围的刺激政策将陆续出台，有些已经逐步实施。着力点集中在之前的在建工程和已经开建但因故搁浅的停建工程上，高铁投资初现端倪，水利和核电也是可能的投资领域。下半年的投资拉动模式将是在财政预算的框架内，以保在建为主的小规模结构性投资。我们依照前两轮投资的效应，匡算了本轮财政预算框架内的投资力度，最高可以拉动GDP三季度增至8.0%，四季度增至8.4%。当然，要达到这一点，也需付出巨大的努力。

关于完善和推广绍兴"民生价格信息公开平台"经验的建议[①]

一、绍兴"价格信息公开平台"经验总结

2011年,绍兴正式开通运行"网上晒价、货比三家、稳定物价"的民生价格信息平台,稳定了市场价格水平,减少了经营者定价的随意性,有效抑制了部分价格的不合理上涨,使市场价格更加公平、合理。经抽样测算,从平台开通至2012年底,绍兴超市商品价格水平下降了10.33%,社会反响良好。

绍兴民生价格信息平台日渐成熟,有许多可借鉴的经验,可复制性强,在目前通胀压力不断增大的形势下,积极推广,对稳定物价、保障民生具有重要意义。

(一)"绍兴平台"主要做法

1.框架结构。平台设有价格指南、公众互动、12358举报平台和商家展示四大板块,涉及超市商品、旅游价格、水电油气、客运票价、汽车4S店、家装建材、药品价格、医疗收费八个大类、上万种民生商品与服务价格信息和收费标准。其中超市商品收集了绍兴市区13家大中型超市的4000种左右食品和日用品商品价格。

2.主要功能。消费者通过平台可以了解商家和商品的主要信息,利用搜索

---

① 本文作者金雪军、姜聪聪,最初于2013年3月8日发布在《公共政策内参》第13152期。

引擎对数据库内商品按品名或条形码进行模糊检索,对相同商品进行价格高低排序,真正实现了货比三家。该平台还搭建了互动窗口,包括"商家申请""案例曝光""建言献策""12358 投诉举报平台"等互动板块,畅通了诉求交流渠道。

3.运行模式。该平台的各个子站由商家自行运行维护,适时加载、更新价格等相关信息。公众可以通过浏览商品子站和商品搜索引擎快速找到所需的价格信息,在同一页面上比较。

(二)平台建设的优势、难点与解决方法

1.平台优势。该平台的最大优势首先是搜索、比价、实时、准确,为消费者及时提供价格信息。其次,它有效地实现了政府职能由监管向服务的转变,弥补了政府公共服务的漏洞、死角。最后,该平台实现了消费者、经营者和政府三方共赢。

2.平台建设的难点与解决方法。价格信息公开平台建设的难点在于价格信息数据的采集,尤其是非标准化的商品如农贸市场中食品、蔬菜、水果等价格信息采集难度较大。为突破这一难题,绍兴在每个农贸市场一定数量的摊位上安装经过特殊处理的电子秤,对每一种商品确定类似超市商品的标码。当商家利用这种电子秤称重结算时,每一笔交易的商品单价、重量等信息都会反馈给处理器,处理器根据同一标码的商品信息进行计算,获得该商品的实时平均价格,公布在平台以及农贸市场的电子屏上,方便消费者了解。为保证使用电子秤称重的商品所反映的价格信息是准确的,保障平台持续运行,政府为参与平台建设的摊主提供奖励。

二、绍兴价格信息平台存在的问题

(一)缺乏法理依据

目前,绍兴价格信息平台建设的主要缺陷是缺少保障平台顺畅运行的法理依据。主要依靠行政手段强制商家参与价格公开平台的建设,缺少法规支撑,难以持久。一旦不能坚持,就会降低政府公信力。

(二)使用率偏低

绍兴价格信息公开平台运行近两年,网站点击量 133.6 万余次,人均 0.6

次/年。

(三)追溯期有待延长

目前,绍兴价格公开平台的价格追诉期为三天,三天后价格信息自动清除,不利于消费者追溯查询。

三、进一步完善"民生价格信息公开平台"的建议

除绍兴外,其他一些地方的物价部门在平抑民生价格方面也作了积极探索,主要是每周公布一次物价平均水平。但价格信息比较滞后,对稳定物价的效果并不理想。建议我省物价部门参考"绍兴经验",全面推广民生价格信息平台,为消费者提供全面、准确、即时的价格信息,促进价格稳定。平台建设可以从以下几方面进行完善和补充:

(一)出台法规文件

建议省市发改委和物价局等相关部门尽快出台具有法律约束力的政策文件,作为各商家必须参与平台建设和政府部门执法的依据。

(二)扩大平台覆盖范围

扩大平台覆盖范围应从两方面着手,一是扩大平台对商品的覆盖范围,二是扩大平台使用范围。首先,在绍兴价格平台覆盖范围的基础上适时增加商家范围,扩大品种数量,加载地方特色的产品价格信息发布窗口,服务地方经济发展。其次,在开发网上平台的同时,与移动、联通等通信商合作,开发手机平台运行系统,方便消费者随时随地使用。

(三)补充建立多功能平台

1.建立在线投诉平台。对于商家的错误信息,消费者可以进行在线投诉。但是为避免有的顾客恶意损害商家利益,建议规定注册信息后方能进行在线投诉,超过三次错误投诉后将取消该账号的查询功能。

2.建立商品信息补充平台。为了避免部分商家故意隐藏信息,建议建立商品信息公众补充平台。消费者将商品信息补充到子平台上,经商家和监管部门核实后在平台公布,最终实现商品种类全覆盖。

3.建立商品库存预警平台。将即将断货和已经断货的商品信息公布在预警平台,供消费者选购参考。

4.合理确定价格信息平台的覆盖范围。考虑到消费者购物的时间成本、交通成本等,建议根据商业网点的覆盖范围和消费者流向,合理确定每个价格信息平台的覆盖范围,便于消费者寻找、比较和核查本区域的商品信息。

(四)增加价格总和排序功能

由于消费者的一次购物不可能到每个商家选择最物美价廉的商品,所以所需购买商品价格总额最低的商家就是本次购物的最优选择。所以建议增加平台的商品价格总额排序功能。消费者将自己要购买的商品勾选出来,由系统自动计算每个商家这些商品的价格总额,然后给消费者提供一个价格总额排序,由消费者根据自己的位置和需要,决定去哪个商家选购。

(五)扩大宣传力度

采取有效措施,加大宣传力度,提高平台的社会知晓度,具体包括:通过户外媒体滚动播报平台广告;增加平台在其他政府网站或知名论坛的链接;通过钱江晚报、浙江日报等知名报纸宣传;通过超市、农贸市场等人口密度大的地方进行海报或电子屏滚动宣传等等。

"绍兴价格公开平台"是物价部门改革的成功经验,为我省其他县市物价部门的工作提供了借鉴。这种模式能达到消费者、商家、政府三方的共赢而具有发展的可持续性。建议在我省大力推广"绍兴经验",并在推广中进一步完善,由省级推动,县级实施,尽快建立起覆盖全省的网上价格公开平台,稳定物价、保障民生。

对于政务公开问题的一些思考^①

党的十八大报告指出,"要让人民监督权力,让权力在阳光下运行",这是建立透明政府、服务型政府的必经之路,让民众有参与政治事务的知情权,从而更好地推动社会主义民主建设。公信力是管理层权威的直接体现,打造透明政府、服务型政府的第一步就是政务公开。

一、政务公开的现状及存在问题

目前我国政务公开沿着村务公开、镇务公开、警务公开、政府上网逐级推开,由点及面地覆盖政治生活各个方面。现有《保密法》《档案法》《关于进一步推行政务公开的意见》《政府信息公开条例》等法律法规涉及相关内容。另外,信息公开形式日益多元化,听证会、咨询服务、信息发布会、电子触摸屏、互联网等更加便民、直接的互动载体也被应用其中。

同时,在政务公开的执行中存在着以下几类问题。

(一)拒绝对舆论关心的相关信息予以公开、对相关问题予以回应

当舆论需要政府披露信息时,政府置若罔闻或以国家秘密、敏感信息等为由拒绝公开。去年的山西苯胺泄漏事故、茅台塑化剂、社保亏空等事件在当时引起了媒体的极大关注,但是至今没有确切的评估和信息公布,成为烂尾新闻。还有类似"四万亿计划"后续资金的投资去向、全国土壤污染状况调查情况等信息,有关部门也不应以国家秘密为由,剥夺民众的知情权。

① 本文作者金雪军、金赟,最初于 2013 年 4 月 2 日发布在《公共政策内参》第 13160 期。

（二）公开的相关内容形式化，公开方式有失规范

政府公开信息常常出现半公开的问题，体现在内容不全面、不深入、公开不及时，形式大于实质，使民众难以获取全面的有效信息。2010 年两大中央部委响应改革的号召，公布的《收支预算总表》和《财政拨款支出预算表》，对政府部门每年要花的经费和领域有所涉及，但具体的资金动向民众无从了解。这样的披露方式较为随意，并不具有持续化的动力，表达决心大于实质内容。

（三）政务公开机制急需优化，途径亟须拓展

政务公开不仅是单向的传导机制，更是一个反馈机制。2013 年 2 月 25 日，长春市发改委组织召开了调整民用燃气价格的听证会，与会的 25 名代表一致同意上调燃气价格的决定，其中的制度设置是否合理，民众的知情权、参与权、表达权、监督权能否真正得到体现存疑。另外，服务热线、微博等互动式平台在给予民众表达权的同时，是否能够及时反馈并解决问题也值得商榷。

二、政务公开执行不畅的产生原因

（一）制度性缺陷：相关法律法规不健全

目前我国还没有一部统一的立法来规范政务公开行为，而且很多规定较为笼统和分散，在实践中不易执行和操作。《行政处罚法》《行政复议法》《行政诉讼法》等有关法律都未规定行政机关公开政务的法定义务，公民方面也缺乏知情权的保障和救济措施。《政府信息公开条例》的例外条款同样模糊不清。

（二）政府角色定位问题：政府行为的过度市场化

政府对获取财政或非财政收入、维护自身经济利益的关切过高，对部分与此相关的敏感信息往往采取屏蔽或是掩饰的做法。政府行为的过度市场化，使之与其他利益集团间存在较多利益关联部分，容易产生权力寻租的现象，不仅是滋生腐败的土壤，也是阻碍政府履行自身服务职能的重要因素。

（三）问责与监管机制的缺失

一些地区和部门没有建立相应的政务公开监督组织，也没有检查制度、群

众评议制度、责任追究制度，没有建立与绩效相挂钩的内部监督制度，政务公开的主动权掌握在管理者手中，群众问责的权利无法得到保障。另外，目前舆论监督虽然已经取得一定的成效，但若政务公开不成为政府义务的一部分，一旦出现特殊情况，往往使管理者难以控制局面、陷于被动，会极大降低其公信力，民众的非理性情绪容易在网络中扩散，不利于社会稳定。

三、对规范政务公开问题的若干建议

（一）建立健全相关法律法规体系

加快制定、调整我国对政务公开的专门法律法规，将民众获取政务信息定位于一项法定权利，并且明确民众的政务公开救济权利以及《政府信息公开条例》的例外情况，使之具备可操作性，避免随意性。

（二）强化政府的政务公开意识

政府需要转变自身定位，当好市场经济的守夜人，避免过多参与，将重点放在教育、医疗、社保等公共服务上，建立服务型政府。区别于管制型政府以命令为主的行为方式，更多地协商、启发和引导群众表达诉求。

（三）建立完善的长效监督机制

自律和他律相结合。在政府机关内部，定期、不定期开展自查和互查，将政务公开纳入考核评价体系中，规范奖惩制度，对于不据实公开政务行为采取具体的惩罚措施。

舆论监督是非常重要的他律方式，首先需要畅通公民信息表达渠道，发挥互联网这一"第四媒体"的平台作用，提供技术支持和及时反馈，以"疏"为主，而不宜以"堵"为主；其次，在举办公开听证会时，应允许第三方来组织活动以此维护其公正性；最后，注意到舆论监督可能产生的信息碎片化问题，及时沟通和引导。

劳动力回流对浙江经济的影响及应对[①]

过去几十年,中国经济依靠廉价劳动力快速崛起,而这种经济增长的黄金时代即将结束。当前,我国劳动力市场主要出现两个新趋势:一是绝对数量上的新增劳动力负增长;二是相对数量上人口红利的逐渐丧失。新增劳动力负增长必然导致劳动力供应紧张,中长期内劳动力价格将不可避免地持续上升,从而抬高企业用工成本、挤压利润,导致经济增速放缓;人口红利的消退则使得社保支出压力不断加大,容易引发社会矛盾。城乡结构的重大转变既是工业化和现代化的重要结果,也成为进一步推动经济增长的动力和基础。我们观察劳动力流动趋势发现,目前城镇新增劳动人口已基本由农村劳动力转移构成。由于劳动力总量的下降,使得在全国范围内,特别是东南沿海地区出现由"民工潮"向"用工荒"的转变。在工资水平、生活成本、国家政策等多方面因素影响下,劳动力由东部向中西部地区、由省会城市向非省会城市的回流正逐渐形成趋势。这对东部地区的经济增长造成一定影响,同时也为中西部地区的承接产业转移、东部地区产业转型升级提供契机。

劳动力回流在全国范围内发生,并通过东部沿海向中西部地区、省会一线城市向非省会二、三线城市两条途径转移。由此造成的东部沿海地区"用工荒"现象在浙江地区尤其显著。浙江目前正面临着劳动力跨省回流和省内回流这两种模式的人口流动,再加上浙江省自身城镇化率远高于全国平均水平,依靠省内农业人口向非农业人口转移不可维系,因此未来劳动力供给减少既成定局。由于浙江经济对劳动密集型产业的过分倚重,劳动生产率低下,鉴于产业结构升级非一日之功,因此未来一段时间内劳动力回流对于浙江经济的打击将

---

① 本文作者金雪军、金赟,最初于 2013 年 5 月 7 日发布在《公共政策内参》第 13171 期。

持续发酵。

当前为应对劳动力短期的形势，我们认为浙江必须坚持两步走。首先，鉴于劳动生产率低下的情况无法在短期内得到改善，为最大限度地降低大规模劳动力回流对浙江经济的打击，当务之急是考虑如何留住工人。要真正破解用工荒，关键在于企业从薪酬待遇、劳动保障、权益维护、企业文化等方面，给职工营造一种稳定感、归属感，比如按规定签订合同，提供有竞争力的工资水平，建立工资年增长机制。此外，政府也应积极创造条件，打破户籍等方面的壁垒和公共服务能力不足的瓶颈，让更多的农民工融入城市，给外来工以归属感。

对于浙江来说，加大力度挽留劳动力只是短期的权宜之策，若要恢复浙江经济活力，保持高速稳健的经济增长，最终还是要加快产业升级，将浙江在资本和技术方面的比较优势显现出来。因此浙江下一步的产业政策应大力发展技术密集型工业，严格控制劳动密集型工业，同时在合理利用资源和控制环境污染的前提下，适当发展资本密集型的重工业，提高重工业比重。与此同时，浙江还应特别鼓励产品附加值高、知识含量高的知识密集型服务业发展，体现浙江的比较优势的动态变化。

关于地方政府落实房地产调控政策的相关建议[①]

房地产作为我国支柱行业是全民的关注焦点,房价过高的问题从中央政府到居民都希望解决。房地产调控每一次都引起了强烈关注,但在与市场的较量中屡次败下阵来,8 年调控(2005 年至 2013 年)房价上涨 53.5％,房地产市场在政策的夹缝中实现了前所未有的红火发展。我们希望探讨的是,房地产调控究竟出了什么问题,应当怎么进行。

一、新一轮房价上涨周期已开启,调控又一次陷入僵局

自 2013 年 1 月开始,在一、二线城市的领涨带动下,全国 70 个大中城市房价同比由负转正、逐步攀升,销售额同比跳升至 50％以上,量价齐升的局面表明新一轮的房价上涨大周期已开启。房价上涨虽然短期能拉动 GDP,但长期来看不利于经济结构调整、财富分配和金融风险的控制,需要政府介入调控。为控制房价抬头的趋势,2013 年 2 月 20 日"国五条"出台,规定各地公布年度新建商品住房价格控制目标。但是地方细则要求模糊,只有北京、上海提出要稳定房价,广州、深圳、天津等大部分城市要求价格涨幅低于人均可支配收入的实际增长速度。按照今年一季度城镇居民人均可支配收入同比 9.3％,而 3 月份房价同比仅为 3.1％来看,房价似乎仍有较多涨价空间。房价上涨趋势不改,调控又一次陷入"空调"。

---

① 本文作者金雪军、金赟,最初于 2013 年 7 月 18 日发布在《公共政策内参》第 13186 期。

二、房地产调控的问题：短期太乱，长期太远

房地产市场越调越涨的一个制度性根源在于：中央和地方政府在调控中的角色和利益分歧，这种分歧使政策执行力大打折扣。具体而言，长、短期的调控手段都存在弊端。

(一)短期调控见效快但后遗症多

目前调控政策中最为直接、快速有效的打击方式便是限购限贷、预售证价格管控等短期行政措施，分别从需求和供给压低房价。

限购限贷意在打击投资性需求。通过压制需求而非消灭需求来缓解供需矛盾是治标不治本的做法，一旦限购令放松，被压抑的需求集中起来释放，房价立刻反弹。而且该政策难以区分投资性需求和改善性需求，一刀切的做法对于改善性住房需求不免过于严厉，而对投资性需求的过度打击，则不利于投资渠道的多元化。

预售证价格管控直接从供给面限制定价。以北京为例，预售限价要求自2013年逐步升级。除了定价要求的严格执行，还有5月审批标准的提高。这种完全非市场的行为，不能阻止房价最终回归价值。另外，推迟推盘引发的利润锐减将倒逼开发商通过装修款另算等方式变相加价。

总体看来，短期调控效果显著但其人为扭曲供需的做法最终会被市场纠偏，不能改变房价上涨的大周期，反而增加了价格波动(比如"国五条"中20%的个税规定引起二手房交易突增后下滑)和政策性成本。

(二)长期调控还不具备可行性

长期调控往往遵循市场的逻辑，有利于房价"软着陆"。但目前来看仍存在实施的障碍。征收房产税和推进保障房建设就是典型的例子，也是分别从需求和供给方面进行调控。

在控制需求、抑制房价方面，房产税被寄予厚望。通过对存量房产征税，增加地方税源，有望代替土地出让金，在缓和房价过高问题的同时，理顺政府的土地财政困境。然而遗憾的是，无论从法律还是实践上来看，房产税短期都不具备全面铺开的可能性。

目前我国使用的是1986年的《中华人民共和国房产税暂行条例》，其中很

多内容已经不能适应现实情况。比如征收范围过窄（征收对象没有包括个人非营业用途的房产），计税依据不合理会导致房产价值被低估，税率设置单一，房产税和土地出让金重复征税的问题。在实践中，对存量还是增量征税的争议仍未停止。除了条例上的固有缺陷之外，我国财产登记制度、城镇个人住房信息系统的不完善，给房产交易信息获取带来困难。今年3月国务院发布通知称将于2014年6月底前出台《不动产统一登记条例》，实施时间更在其后。另外，重庆、上海两个房产税试点城市的房价并未得到显著控制。可以看出，房产税的推广还有很长一段路要走。

增加供给与匹配需求同样关键，大力推进保障房建设便是一计。但是目前保障房的建设严重滞后于商品房。首先，保障房的建设计划执行不力，房地产商和地方政府都没有动力推动盈利差的保障房；其次，相对于旺盛的需求，保障房计划本身就是偏小的。2012年用保障房供应面积除以流动人口算出的人均保障房面积仅为1.6平方米。期待保障房形成一个能够与商品房抗衡的市场，实现两个市场的分割运行在中长期内是很难实现的。

三、差异化的房地产调控建议

对于浙江省政府来说，房产税设立等取决于中央的调控措施推行紧跟中央步伐即可，重点应当放在地方政府具有自主裁量权的有保障房建设、城镇化建设，进行差别化、针对性的调控。目前，房地产市场的结构性分化越来越明显。三、四线城市的房价均值远远低于一、二线城市，且波动较为平缓。这是因为，一、二线城市的房价很大程度上来自于其附着的土地价值，投资性住房需求占比较高，而三、四线城市更多是自住性住房需求，体现的是消费品属性。考虑到这一差异，房地产调控政策不应一刀切，应根据所在城市房地产市场的特点设计差异化政策。

（一）执行力度的差异化

对于浙江省来说，一线城市只有杭州，二线城市有宁波、温州，三线城市包括剩下8个地级市等，四线城市是省内剩余所有城市包括县级市。一、二线城市房价波动较为剧烈，短期行政手段必不可少，但要注意保持政策的连续性，避免造成市场紊乱。而三、四线城市的房价涨幅不高，应适当鼓励房地产的发展。

（二）需求控制的差异化

人口的流入和投资品属性是推动一、二线城市需求增长的最大动力，适时引导住房需求向三、四线城市流动是解决之道。流动人口大多具有自住性住房需求，放松户籍制度、推动产业发展提供就业职位与调控的搭配尤为重要，可鼓励劳动力向三、四线城市分流；投资性需求的引导则需要金融、信贷政策的配合，与城镇化建设结合起来，搭乘这个快车道，实现浙江房地产经济的多点开花。

（三）供给控制的差异化

保障房、商品房是房屋供给的两大组成部分。一、二线城市商品房存量大，短期内难以实现保障房对商品房的替代，并且在房价较高，寸土寸金的一、二线城市大量建设保障房也不经济可行。政府可将重点放在三、四线城市的保障性住房建设，达到增加城市吸引力，推进城镇化进程并加快区域调整的目的。另外，通过增加开发贷、减少税负等措施，间接地影响开发商行为和商品房供应也是一种途径。

制造业持续低迷，流动性异动折射风险①

2013年上半年，制造业表现延续低迷趋势，在成本压力与需求低迷的双重挤压下，企业盈利能力恶化，从而导致投资信心不足，投资意愿降低，形成恶性循环。我们对中长期内的制造业走势继续看空。"国五条"落实执行不严，对于房地产市场的打击低于预期，并未改变房地产行业本身的向上路径。

需求方面，消费、出口低迷已成趋势，唯一受市场期待的基建投资也不乐观。受政府财力限制和对于基建拉动负面影响的考虑，基建投资增长基本触及天花板，拉动力度不应高估。另一方面，房地产投资依然维系向好的趋势。我们预测GDP在二、三、四季度分别同比增长7.6%、7.2%、7.0%，全年增长约为7.3%至7.4%，中国经济进入一种结构性弱衰退。

年内通胀将整体温和可控。基于翘尾因素、猪肉价格影响以及非食品项新增的考量，我们认为年内CPI同比的峰值将于8月产生，位于3.3%左右。猪肉价格影响消退后，通胀将会小幅回落，四季度将维持一个较为稳定的状态。长期内受到行政抑制的稀缺要素价格逐步市场化，由此引起的核心CPI上行将抬高整个通胀中枢。

今年上半年，流动性层面经历了由宽到紧的变化过程。一季度受益外围资金的大幅流入，银行体系流动性相当宽裕。5月份开始，外资流入显著放缓，银行流动性状况随之急转直下，而央行并未因此调低回笼力度，6月叠加财政存款与准备金补缴等季节性因素，银行出现罕见"钱荒"。外资流入减缓和财政存款的上缴拉开了银行流动性紧张的序幕，但外汇占款的回落是市场之前就预见到的，而财政存款的上缴又有明显的季节性规律。按照历史惯例，银行间市场的

---

① 本文作者金雪军、金赟，最初于2013年7月19日发布在《公共政策内参》第13188期。

利率在这两个因素的共同作用下会出现季节性的抬升,但类似今年的利率飙涨的局面却从来没有出现过。这种反常的现象主要缘于商行误判了央行的态度。央行坚持中性货币政策,冷眼旁观,甚至是有意引导银行体系问题发酵的态度让市场恐慌。央行的不作为并不是态度的突然转向,自去年年底以来,央行、银监会对于影子银行、表外业务、非标业务的规范清查,以及对2月底银行间拆借利率冲高的袖手旁观,都是管理层将政策重点从总量放松向防范风险、倒逼银行规范操作倾斜的意图显露,只是由于一季度外汇资金流入较多,主导了银行体系的资金宽松局面,央行政策收效甚微。我们判断,央行的"不作为"缘于以下三个原因:其一,银行资金大量投向房地产,而实体制造业由于盈利下行,投资意愿不足,货币刺激对于推动实体投资几近无效。央行即使继续维持总量宽松,也无力推动实体投资,反而会加剧银行体系与房地产业的互动,加剧结构失衡。其二,银行的表外业务快速发展,盲目加杠杆,且资产和负债期限错配严重,已经积聚了很大的未知风险,央行目前的政策重点在规范清理表外业务,推动表外业务进表。其三,管理层已经多次显露推进人民币国际化的意愿。人民币国际化需要坚挺的币值作支撑,这一过程中,央行需要守住流动性源头,以配合国际化进程。

在人民币贬值预期显现,QE退出预期增强导致美元走强,资金回流发达国家的大背景下,外汇占款减少已成定局。央行货币政策仍然没有出现明确转向,造成6月流动性紧张的因素并没有消失。加之7月各大行向汇金公司大额分红等因素,我们判断,流动性紧张的状态至少会延续至整个7月,市场利率不会再如6月20日般冲高,但中枢将高位震荡,一周拆借利率维持5%的水平可能将在7月成为常态,之后伴随季节性因素的消逝,下半年利率水平可能回落至4%附近,但年初对于宽松局面的期待可能在中长期内都不会重现。

银行间流动性虽然紧张,但下游货币市场的融资需求不旺,可能推动实际市场资金利率下行。今年上半年,社会融资总量出现高增长。但这种融资放量掺杂着水分,融资数据有被夸大的嫌疑。首先,影子银行的清理使得将很多原先没有纳入监管的融资需求纳入监管框架之下,由表外纳入表内,表面上壮大了融资需求,但其实只是一种统计数字上的错觉。其次,房地产行业极大地推动了信贷和直融需求。再次,基建投资也在上半年贡献了很大份额的直融增长。而实体制造业低迷,投资意愿下降,融资需求持续萎靡不振。目前,房地产和银行体系的这种深层钩稽已经受到管理层的强烈关注,预计后续将着力控制。基于对基建投资触及天花板,房地产融资受政策制约的判断,未来下游货币市场的融资需求依然无法持续高增长。

土地制度改革重在突破流转限制①

国研中心于 10 月公布的"383 改革方案"中提出,土地制度改革是八大重点改革领域之一。土地制度改革也是城镇化的重要前提,如何破除流转限制将是未来土地制度改革的重点。

一、现行土地制度的弊端

当前我国的土地制度与政策,在改革开放以来较好地稳定了土地供应,保证社会经济的可持续发展,却也催生出了许多弊端。首先,家庭联产承包责任制无法满足农业现代化的要求。其次,农建用地与城建用地间的流转限制,导致土地供需的结构性失衡。城市建设用地供不应求,而农村房屋空置,面积 8 倍于城市建设用地的农村建设用地利用率极低。同地不同价损害了农民的利益,使其难以享受城镇化的福利。再次,地方财政对土地出让金及相关税收的过度依赖。地方政府在土地市场上过度介入,积累地方债务风险,间接推高地价,催生房地产泡沫,对于金融和社会稳定都埋下了隐患。最后,户籍钩挂土地的制度导致人口的城镇化滞后于实际城镇化率。农民工无法享受城市公共服务与社会福利保障,与以人为本的可持续发展战略的核心相违背。

二、顶层设计与地方试点合力突破限制,推进改革

对现行制度弊端的根除即是改革的方向,现有的制度限制很可能就是将来

① 本文作者金雪军、金赟,最初于 2013 年 11 月 2 日发布在《公共政策内参》第 13206 期。

的改革突破口。针对现行土地制度与政策限制，中央与地方各自存在不同的改革推动重点：

推进土地经营权流转仍将是中央层面土地制度改革的焦点所在。当前土地流转市场具有隐蔽性、无序性、地域性强、市场狭小且不规范等特点，因此明晰土地产权、使用权与经营权的归属，进而建立起规范统一的土地流转市场，保证土地流转的公平性将是中央的工作重点。日本等国家和地区的经验表明，政府在农业规模化的过程中更多的是顺势而为，而并非主导力量，工业化和随之而来的农业机械化才是土地合并、农业规模化经营的主因。对眼下的中国而言，政府已经放开土地经营权的流转，但土地规模化进展却差强人意，农业机械化的步伐没有跟上是一大障碍。预计推进农业机械化也在中央政府的工作计划之中。

地方政府专注于试点农村建设用地（主要即指宅基地）和农用地（包括耕地）与城镇建设用地之间的流转。地方政府希望增加城镇建设用地供给，推动城镇化进程，往往在农村土地的征用、流转上做文章。

农村建设用地与城镇建设用地之间的流转，是推进城镇化的必要动力，将大幅提高城镇建设用地的成长空间，对于缓解城镇建设用地供给紧张的局面具有重要意义。同时为了规范各地已经存在的隐形宅基地市场，地方政府创新流转模式将势在必行。这一模式的试点，比较典型的有嘉兴的"两分两换"、天津的"宅基地换房、农用地换社保"模式等。

农用地与城市建设用地的流转，由于受到18亿亩耕地红线的限制，在中期内无法实现，部分地方如重庆"地票模式"，通过农建用地复垦的方式，换取城建用地指标以满足城镇化土地需求，间接实现流转。

在打破农村土地与城镇建设用地的壁垒方面，中央的顶层设计显然滞后于地方试点。这也是中央政府出于稳定农村秩序的考虑，一旦转让限制完全放开，农民进城务工后若无法很好立足，将会造成农民流离失所，甚至形成贫民窟，带来种种社会问题。预计未来农村土地和城镇建设用地的流转仍将以地方试点为主，温和地推进。

三、政策建议——顺应顶层意愿，积极推进地方试点

我省城镇化率较高，但土地资源缺乏，保护耕地和增加城市建设用地的任务都显得更为紧迫。

一方面,在中央主推农村农用地的流转的背景下,我省理当顺应中央的政策意愿,做好农村土地承包经营权的确权工作,并建立起规范化的制度,鼓励、保护经营权流转,比如适时推出土地流转信托,将土地使用权作为信托产品,在盘活土地使用权的同时,令农户从土地流转中获得多元化收入。

另一方面,立足我省城市建设用地供不应求的现状,增加城市用地供给才能缓解土地矛盾。中央全盘上收土地用途审批,地方政府可操作空间已经很小。政策落脚点就在于加强农村建设用地和城镇建设用地的流转。在这方面,我省可以在充分汲取嘉兴"两分两换"的试点经验的基础上,结合其他省市地区的试点经验,例如重庆的地票制度,深圳的农村建设用地转城市工业用地模式等,积极探索农村建设用地向城镇建设用地的流转创新。

推行"市政债",进一步疏通地方政府融资渠道①

一、地方政府财权事权不匹配,融资模式创新层出不穷

中央政府与地方政府间的事权分配并不明确,导致责任层层下放。投资项目往往需要大量地方资金配套,加之地方政府本身对基建项目投资的强烈冲动,催生巨额融资需求。2013 年,全国公共财政支出 139744 亿元,其中地方财政支出占比高达 85.4%。

为了弥补地方财政收支缺口,各级地方政府纷纷设立政府控股的城市建设投资公司开展融资活动。目前,地方政府融资模式基本包括融资平台贷款、融资平台发债、财政部代发地方政府债券、BT、单位及个人借款、信托融资及委托贷款等方式。根据 2013 年 12 月审计署公布的《全国政府性债务审计结果》,地方政府负有偿还责任的债务资金来源中,银行贷款占比达到 50.8%,BT 占比11.2%,发行债券占比 11.2%,信托融资及借款分别占比 10.7% 及 6.1%。

政府融资平台是地方政府为规避禁止发行地方债的相关法律限制,而衍生出的融资模式创新,其本身存在缺陷并容易成为聚集风险的主体。首先,县级融资平台无论在数量还是规模上占比相对较高,但其单个个体规模较小,融资能力差,倾向于风险更高的融资渠道,进一步增大了风险。其次,多种融资模式采取了对政府应收账款质押、项目回购、土地资产质押、第三方担保等方式增信,造成财政隐性担保及连带的金融风险。再次,在地方可支配财力不足的情况下,土地收益是重要担保,一旦失去土地收益则融资模式将难以为继。最后,

---

① 本文作者金雪军、金赟,最初于 2014 年 2 月 20 日发布在《公共政策内参》第 14239 期。

融资平台的设立及运作不规范,缺乏相关法律的系统性规范;其法人治理结构存在缺陷、专业管理人员缺乏,导致资金的借、用、管理、偿还的主体不明,使用效率下降。

针对地方政府融资平台存在的问题,可以通过划分纯公共产品与准公共产品分而治之。对于部分具有一定盈利能力、项目质量较好、能够通过银行贷款审核或达到企业债的发行要求的公共项目,可以继续采用原有的融资方式。对于公益性较强、盈利能力较差的公共项目,应当遵循"堵邪门、开正门"的原则,支持优质地方平台公司的市场化融资,同时尝试采取发行"市政债",缩短融资链、增强项目透明度、降低地方政府债务风险。

二、国内外发行"市政债"的历史经验

(一)美国发行市政债券经验

美国市政债券通常可分为一般责任债券(general obligation)和特殊收益债券(revenue bond)。一般责任债券是由州、市、县或镇政府发行的,以发行者的完全税收能力为后盾所发行的债券,通常为盈利能力薄弱的纯公共产品提供资金。特殊收益债券是由为了建造某一基础设施依法成立的代理机构、委员会和授权机构所发行的债券,其获取资金通常用于修建医院、大学、机场、收费公路、供水设施、污水处理、区域电网或者港口等准公共产品。美国市政债券原则上限定在投资性经费的筹集上,并且一般都具有税收减免的条款,税后收益率通常高于联邦政府债券,成为机构与个人投资者的优质投资标的。

州及地方政府债券的发行依照《证券法》的规定,主要有公募与私募两种形式,其中公开募集又可分为竞争承销与协议承销两种方式。一般政府债券以公开竞标方式发行,而特殊收益债券常以协议承销方式发行。市政债券的监管工作由证券交易委员会(SEC)与市政债券规则制定委员会(MSRB)共同负责,监管工作遵循包括证券法、证券交易法在内的六大联邦证券法案及包括上市制度、发行者内部状况公开制度、禁止不正当交易制度、证券事故处理在内的监管制度。

美国市政债券发行与流通具有若干鲜明特点。其地方债券发行遵循"轻审批,重监管"的管理模式,其发行豁免联邦注册,政府准入机制较为宽松,但受到一整套严格的法律体系约束。发行权限及规模受到宪法及地方性法规的约束,

一般政府债券的发行甚至需要全民投票或议会表决通过。经过长期的发展，美国评级机构已建立起有别于其他债券、具有针对性的独特信用评级机制。在进一步降低政府违约风险上，普遍设有偿债基金及市政债券保险制度。良好的市场监管与增信制度大幅提升了市政债券的流动性，以其作为抵押品通常可获取价款的85％。当政府出现违约状况后，根据违约程度的不同，一般由地方政府通过协商、提高税费及削减支出、提请州政府设立专门管理机构或申请破产等方式自行解决。

（二）我国发行地方政府债券经验

我国试发地方政府债券经历三个阶段。1998年为应对亚洲金融危机，中央通过发行长期建设国债并转贷给地方的方式，增加地方财力。在这种模式下，中央政府是实际的债权人，地方政府作为中央的债务人，并不直接面对投资者。这一模式下，中央发债地方使用，均不在本级预算中体现，不利于监督。2009年起中央采取"代借代还"的方式代发地方政府债券。在国务院核准的额度范围内，各省发行额度需经同级立法机关审批，并列入省级预算管理。在法律关系上，债务人变为各省级人民政府，有利于督促地方政府履行偿债义务。较之于转贷，代发模式下中央严格规定筹集资金的用途，且不得用于经常性支出；采取市场化的发行方式，逐渐引入信用评级机制，建立起相关的招标发行、兑付规则。2011年，中央开始试点地方自行发债，通过中央代为偿付。但由于其发行要求较高，且试点省份财政状况较好，发行规模并不大，象征意义大于实际意义。

从三种发行方式的转变过程来看，中央及各试点地方政府已逐渐建立起较为规范的地方政府债券发行、信用评级及流通法规；同时也开辟了公开、正规的政府举债途径，使地方政府的融资需求得到释放，明确政府主体税收能力作为偿债来源，杜绝了借款主体不明、还款来源不清的灰色地带。

但与美国市政债券相比，我国当前的地方政府债券仍存在诸多不同。首先，我国地方政府在法律意义上并不具有财政独立地位，地方政府债券无法突破使用中央信用背书的限制。虽然代发与地方自行发售相较于转贷，其预算管理更为规范，但地方政府对于债券发行额度、资金用途的控制权较小，仍然是一种介于完全开放与完全禁止地方政府发债之间的过渡形式。其次，《破产法》中并不存在任何关于地方政府破产的条文，因此地方政府对于主动管理、控制负债规模缺乏有效的长效激励机制。最后，相比于美国市政债券采取的公开市场化操作模式，我国地方债的发行与额度分配很大程度上仍然依赖于权利体系内部的主观评判。政府真实信用、财政状况、债务总量及融资目的等信息的不对称，不利于市场对其做出客观评价，也不利于投资者对债务使用状况的监督。

三、推行"市政债"势在必行

(一)我国推行"市政债"的制度障碍

在我国推行地方政府债券，仍然存在诸多制度性的缺失与障碍。第一，地方政府在法律上尚无法成为发债主体。《预算法》规定地方政府预算不列赤字，并且不得发债，同时在法律层面上也并没有明确区分市政债与企业债。第二，国际上市政债券一般免征利息税，但我国地方政府以企业债形式发行建设债券，无法区别对待，影响债券发行数量。第三，流通市场的建设远远滞后于发债规模的增长。现有的地方债主要在银行间市场流通，极少在交易所挂牌交易，场外交易市场尚未能开展，这一状况降低了投资者在一级市场的认购热情。第四，发债规模的确定、资金用途及相关信息披露缺乏配套监管法规，政府的融资冲动难以受到市场条件约束。

(二)推动"市政债"的对策建议

首先，发行环节必须建立起合适的法律体系，使政府成为合法的发行主体；针对市政债，还必须出台相应专项法规以区别于企业债的发行要求、信息披露标准及税收规定，通过免征利息所得税吸引投资者。严格限制地方政府发行"赤字债"，确保所筹资金用于城市基础设施建设，而非弥补经常性收入不足。建立规范的地方政府债券发行监督机制，与中央相关机构协同监管，并设立地方机构对发债项目的考核、总体债务规模的控制以及对筹集资金投向的持续跟踪进行全面监控，提高债务筹集资金的使用效率。发行模式上可借鉴美国市政债发行方案的制定、审批与实施由不同机构负责、彼此相互分离的方式，最大限度地抑制地方政府举债冲动。逐步建立起有效的信用评价体系，使市政债的发行定价更有效，从而降低地方政府融资成本。

其次，流通环节注重建设流动性良好的二级市场。我国债券市场的流通规模和日均成交量与发达国家相比存在很大差距，完善市政债在二级市场流通的相关规定，逐渐形成银行间市场、交易所市场及场外交易市场相结合的多层次地方债交易平台,有利于提升投资者的认购热情。

最后,控制市政债的兑付风险应当从财税体制改革、完善中央与地方间的激励机制以及采取多种增信手段等方面入手。市政债推广的关键在于地方政府有独立的举债权与财产权,深化财税体制改革,有助于建立起财权事权相一致的财税制度,推行包括财产税、消费税、资源税在内的地方税种,扩大地方政府财政收入,以确保地方政府的偿债来源。我国的财政体制高度集中,这意味着即便名义上省级政府负有偿债责任,当出现违约情况时中央政府仍须兜底。中央与地方政府间应当建立起完善的激励机制,例如对发债额度的惩罚机制、削减转移支付等,减少地方政府对中央财政的过度依赖,抑制其过度举债的冲动。降低违约风险的另一种方式是采取多种增信手段,如设立偿债基金、建立市政债保险机制、设立提前赎回条款等。

对进一步深化我省国有企业改革的建议^①

一、国外国有企业的改革经验

在其他国家,国有企业的发展同样经历了不断改革的过程。国外改革的成功经验,为我国国企改革提供了启示和借鉴。

1.新加坡淡马锡模式的经验

政府不直接参加国有企业的管理,而在政府和众多国有企业之间建立国有资产经营公司,由国有资产经营公司代表国家持有国家企业股权并行使股东权利,从而实现"管资本"。同时,也建立起了完善的董事会运作制度、有效的激励机制和约束机制,以协助政府实现"一臂距离"的管理方式。

2.日本国有企业的改革经验

20世纪八九十年代,日本在国家安全战略产业保持国有企业主导地位的基础上,将电信、铁路、烟草等大型国有企业改制成政府独资的股份公司,政府在初期拥有全部股份,并逐步下放经营自主权改善经营管理,最后引入竞争机制,调整经营策略,增强企业实力。

3.德国铁路改革的经验

德国铁路采取循序渐进的改革方式,第一阶段为两德铁路合并,成立德国铁路股份公司,分离政府职能,实现政企分开;目前正处于的第二阶段是将德铁股份公司分拆成五个完全独立的子公司,实现了网运分离。

---

① 本文作者金雪军、金赟,最初于 2014 年 5 月 8 日发布在《公共政策内参》第 14258 期。

二、我国不同省市国有企业改革状况

在国内,各个省市的国有企业发展和改革方式也呈现出不同特点:

1. 上海的大集团战略

上海模式以规模化整合和大集团战略为中心,对市属国有资产进行整合,合并同类业务,将同一行业散布在不同集团名下的国有资产加以整合,纳入新设集团旗下,或者被吸收进入一个原有的集团旗下,实现了资源集约和产业聚集,从而培育出具有规模效益和竞争优势的行业龙头。其大集团战略为国有企业的股份制改革和资产证券化奠定了基础,未来上海国企改革将重点朝实行分类监管、发展混合所有制、优化国企结构和集中布局、完善管理体制、实现国际化经营提高国际竞争力几个方面进行。

2. 江苏的淡马锡模式

江苏国企改革全面学习淡马锡模式,将经济管理部门组建为资产管理公司,设立高科技投融资平台公司,以资本运作带动资源整合和产业投资,提高国有资本的利用效率。未来江苏表示将继续探索建立协调统一的集团管控机制、市场化经营管理机制、激励性用人机制、全面风险管理和内部控制机制。

3. 广东的分散化模式

广东各市经济各具特色,各市因地制宜采取了不同的国资监管模式,广州、珠海、深圳、东莞等地都通过有效改革调整了国资布局和国资监管模式。随着改革的深化,广东逐步调整了分散的国资布局,未来将推动资产重组和股份制改革,打造省属企业综合服务平台;并以清单管理为切入点,转变国资监管职能,推进机制创新,激发企业活力。

4. 重庆的"八大投"模式

重庆成立八家市属国有投资公司,打造政府职能性投资平台,通过政府资产注入和金融集团融资支撑解决"八大投"的资金难题,有效推动了市政基础设施建设。随着债务的积累和建设使命的完成,重庆市也着手通过整体上市、股权多元化、设立产业投资母基金和经营战略调整来解决国资垄断、债务压力和政企不分等问题。

三、针对我省国有企业改革的若干建议

浙江省省属企业整体实力较强,资产和收入规模增长较快,利润总额位于

全国各省市前列。产业布局不断优化,同时也积极进行多元化和一体化发展,实现业务的横向与纵向扩展。

尽管我省省属企业已取得了长足的发展,但在新形势下依然面临着严峻的挑战,如:省属企业发展仍缺乏总体把握,管资本能力不强;部分集团内部存在明显的业务重合,优质资源整合力度不足,核心竞争力不够突出;省属国企国资控股比例多年基本稳定,在引入民资和战略投资者方面效果不显著;我省金融资源较为分散,国有企业资产证券化率偏低,对新兴产业的金融支持力度不够。

针对我省国有企业发展的现状和问题,结合指导思想,借鉴相关成功经验,提出以下几点建议:

1.发展混合所有制,部分领域引入民间资本。发展混合所有制经济,首先对国有企业进行分类监管,如分为竞争类(旅游、物产、国贸集团等)、自然垄断类(浙能、杭钢等)和公益类(交投、铁投等),进而分类推进国企改革。再加快国有企业的股份制改革,畅通国有资本合理流动渠道,形成良性发展机制。

2.推动业务重组,实现资源的有效整合。实现国企业务的重组与资源整合,探索适合浙江社会经济发展的国有企业布局,对目前已形成业务冲突的各集团下属纺织业务、化工业务和金融业务进行业务整合,形成浙江国企业务布局合理、主营业务突出、业务互不冲突的格局。

3.打造国资平台公司,由"管企业"到"管资本"。打造国资平台公司,以股东身份行使相应权利,不参与二级企业的具体经营管理,同时把握企业的战略方向,进行统筹规划。目前交投和浙能集团已具备平台公司雏形,可进一步发挥国有资本的乘数效应,实现高效运营。

4.建立高效的经营管理机制,完善国有企业监管考核制度。学习借鉴淡马锡经验,履行出资人职责,通过董事会管理企业,并落实企业自主经营权。积极推动市场化选人机制,建立起规范的国有企业信息披露制度。

对加快农村集体经营性建设用地入市的建议[①]

我国现行的城乡二元土地所有制度造成了土地资源配置不合理、土地流转受阻。随着城市开发、农民财产增值等需要的增长，城市用地与农村用地的分配不合理日益凸显。农村集体经营性建设用地入市作为突破土地流转限制、解决城市用地紧张的一帖良方，进入决策层的视野，成为深化土地管理体制改革的主体之一。目前，农村集体经营性建设流转制度仍处于地方试点阶段，统一的顶层机制仍未出台。汲取地方试点经验，制定出台相关指导意见，加快推进"农地入市"，将是未来工作的重点。

一、政策背景

国土资源部就农村集体经营性建设用地流转制度的顶层设计做出了诸多努力，但阻碍重重。党的十八届三中全会决定再次强调要建设城乡统一的建设用地市场，并提出"在符合规划和用途管制的前提下，允许农村集体经营性建设用地出让、租赁、入股，实行与国有土地同等入市、同权同价"。2014年中央一号文件更是给予规范农村集体经营性建设用地流转制度足够重视，明确提出："加快建立农村集体经营性建设用地产权流转和增值收益分配制度"、"有关部门要尽快提出具体指导意见，并推动修订相关法律法规"。据悉，国土资源部已经完成了"农村集体经营性建设用地使用权入市改革试点方案"的编制、修改工作，近期将上报中央深化改革领导小组审议，相关顶层设计的出台指日可待。

---

① 本文作者金雪军、金赟，最初于 2014 年 10 月 24 日发布在《公共政策内参》第 14301 期。

二、地方经验

党的十八届三中全会决定规定,只有符合规划和用途管制的集体经营性建设用地才可以直接进入市场。然而,多地事实上已自发形成城乡土地流转市场。如珠三角60%的建设用地属于集体土地,长三角在90年代末改制中也有大量集体土地进入市场,还有广大城乡接合部地区随着城市规划圈的扩大已经进入城市,却继续保留为集体建设用地。尽管这些行为或多或少并不为目前的法规政策所容许,但正如1987年深圳敢为天下先、推动国有土地使用权流转一样,可以为加快推进农地入市提供丰富的经验。

1. 流转方式

各地颁布的试点政策通常规定,依法取得的农村集体建设用地,可以用于工业、商服等经营性项目,禁止使用农村集体建设用地进行商品住宅开发建设。目前,集体建设用地使用权流转方式大体分为两种情况,一种是通过租赁方式获得土地实际使用权,但土地使用权证依然掌握在农村集体经济组织手里;另一种则是通过出让的方式,让开发商掌握土地使用权证并进行上盖物业整体确权。然而,由于农村集体经济组织对集体土地"只租不卖"的习惯,导致租赁成为集体建设用地使用权流转的主要模式。

开发商不掌握土地使用权证,通常就无法向银行抵押融资,只能依靠自有资金建设,导致在这种类型的集体建设用地开发中,小规模、低投入的项目占到绝大多数,项目建成后没有房地产权证也无法抵押融资及销售,直接影响了集体土地的价值价格及其开发的规模和档次,极大地限制了集体建设用地的产出水平和农民财产性收入。以广东佛山南海为例,集体建设用地的商服用地出让价格仅相当于同类用途国有建设用地的四成左右。

"出让"方式则可以将集体建设用地的使用权证转移到开发商手上,从而提升集体建设用地的价值。这从全国首宗公开挂牌出让的深圳宝安区福永街道凤凰社区一宗地块的出让情况可见一斑。该宗土地出让面积21.85亩,合计14567.4平方米,出让价格530.9万元,折价3.64万元/平方米。与之对比,2013年深圳公开出让土地面积为157.51万平方米,成交金额为467.25亿元,平均出让价格2.97万元/平方米。

2. 操作模式

除了不同的流转方式,各个试点在推动农地入市的工作中,在基本的申请审批模式之外,还涌现出其他创新型的操作模式。

基本模式以农村集体经济组织为出让主体,经当地国土资源局审批后,依托当地土地交易中心进行公开挂牌交易、拍卖或招标,实际执行的是普通的行政审批程序。国土局批复流转资格后,农村集体经济组织与土地需求者自行撮合配对,签订平等主体间的民事合同,再通过登记备案实现产权的实质转移。

温州农村产权交易所则为农地入市提供了新的操作模式。由国土资源局统筹,各区县组建农村产权服务机构,农村集体经济组织及符合条件的法人或其他组织自愿申请,经认可后成为其会员。农村产权服务机构通过网站公布会员名单,供交易双方自主选择,建立委托代理关系。国土局对交易双方均进行评估审查,并为双方创造撮合接触的机会。

基本模式中,国土局作为行政审批部门,作用相对被动。而在温州模式中,国土局则扮演着更为主动的角色。

三、政策建议

我省土地资源缺乏,土地面积仅占全国的 1.06%,人均耕地仅为全国平均水平的 39%。现有的城市建设用地规模远远不能支撑经济扩张和城镇建设的需要,因此加快推进农村集体经营性建设用地入市,增加城市建设用地的任务显得尤为紧迫。

对于农村集体经营性建设用地,应严格限定在规划确定的产业用地范围内,按照存量优先、增量补充的原则顺序入市。即在试点区内,优先安排原用于非农生产、建设的农村集体经营性建设用地先行入市交易流转,在存量基本消耗完毕且确有新的需求时,再补充新的集体经营性建设用地入市流转,从而避免刺激不需要的农村集体经营性建设用地冲动入市,造成用地浪费。参照地方试点经验,可以从以下几个方面加快推进农地入市。

首先,引导集体建设用地通过"出让"实现使用权证的有效转移。集体经济组织成员通常认为"使用权"与"所有权"是合一的。这是"出让"方式较少采用的原因之一。应在强调集体建设用地集体所有的同时,加强对使用权的出让、出租、转让、转租和抵押的宣传。还可进一步尝试允许集体建设用地上的建筑进行使用权确权分割登记,且经住建部门核发现售备案证明后可分拆销售。从而基本实现与国有建设用地上盖物业"同权"。

其次,构建灵活的集体经营性建设用地入市线上、线下操作方式。通过农村产权服务机构为集体经营性建设用地使用权流转提供的交易平台是线下模式。而"聚土地"平台则可以成为农地入市的线上模式。该模式将电商与众筹相结合,可以促进集体经营性建设用地使用权的广泛流转,提高土地的使用效率。并且从收益分配的角度来看,从属于农村集体经济组织的农户不仅能获得土地转让价款,还能获得额外的佣金收入。

再次,制定集体经济组织成员分享收益的长效机制。农村集体经营性建设用地入市,不仅可以解决城市建设用地供给紧张问题,也是增加农民财产性收入的方式,有利于缩小城乡之间的收入差距。可以采用"出让+入股"的联合方式,让农民在获得转让收益的同时,通过入股土地受让方的相关项目,获取长效收益。深圳凤凰社区土地的出让正是采用这一方式:50%的拍卖收入纳入市土地基金,剩余50%分为集体直接获利的30%,以及20%的土地受让方股权。

在赋予农村集体经营性建设用地与国有建设用地"同权同价"权利的同时,相应地也应该规范其所需承担的责任,即"同权"应有"同责"相呼应。国有土地一直承担着公共设施及服务的重任,如预留公共设施用地,以及通过出让金的税费缴纳提留,用于各类公共设施建设和公共服务。农村集体经营性建设用地也应当参照国有土地增值税征收标准,缴纳土地增值收益。同时,农村集体经济组织需严格按照城乡规划要求使用、出让、出租集体建设用地,建立公共设施用地预留制度,以确保城乡公共基础设施和公共服务设施的用地需求得到满足。

关于健全资本市场以助力经济
转型的几点建议①

由于我国资本市场的不完善,金融体系有落入流动性陷阱与实体经济"融资难"并存困境的危险。因此,建立健全的资本市场,正确分流并引导资金流向实体经济,有助于我国实体经济与资本市场的双繁荣,有助于顺利完成经济转型,跨过中等收入国家陷阱。

一、资本市场"去杠杆"引发蝴蝶效应,暴露弊端

中国经济改革和转轨的内在要求催生了当前资本市场的繁荣。但处于金融开放和金融工具创新时代的中国资本市场,具有监管体系尚不完善、投资者专业素养亦不成熟的特点。6月中旬以来,因融资盘去杠杆而引发股市超速下跌,尽管经过多部门的联合强力救市,市场暂时企稳,但也充分暴露了当前资本市场急需解决的诸多问题。

回顾本轮牛市发展轨迹:去年11月以来,七个月内上证综指暴涨110%;随之四周内又暴跌35%,再三天之内暴力反弹近18%。反复暴涨暴跌表明,中国股市远非理性市场。究其原因,主要有两个方面:一是A股市场的投资者结构主要以散户为主。上交所数据表明,个人投资者拥有81%的流通股市值。以散户为主的投资者结构,由于缺乏相应的专业知识,导致价值投资严重缺位,这也是中国股市非理性的根本原因。二是杠杆加剧了非理性市场的波动。在非理性市场,股票价格通常较大程度上偏离其价值,而杠杆进一步加剧了两者的偏

① 本文作者金雪军、金赟,最初于2015年7月20日发布在《公共政策内参》第15348期。

离幅度,导致市场暴涨暴跌。

本轮股灾的直接触发因素是证监会严查场外配资和规范场内融资,引发市场流动性危机,而这要归咎于监管的严重滞后以及政府过多参与市场。事实上,融资余额超过万亿时,监管层已经意识到杠杆的风险,但并未采取有效措施加以规范,反而新华网等官方媒体以"4000 点才是 A 股牛市的开端"为市场上涨摇旗呐喊,加剧了场外资金的入场速度,导致"疯牛"的形成。本轮股灾反映出监管的缺失以及政府过多地干预市场并不有利于资本市场的健康发展,也难以推动直接融资模式的快速发展。

二、政策建议:完善资本市场稳定机制

在目前人民币国际化的进程尚处于起步阶段,资本项目还未完全开放的背景下,完善监管制度,建立健全的资本市场,才能促进资本市场的稳健发展;以直接融资解决经济转型过程中的融资问题,才能在未来从容地面对金融和资本市场全球化时代的大冲击。

首先,创立股权基金,拓宽居民投资渠道。此次牛市的一个助推因素是居民资产配置从传统不动产领域转向资本市场。考虑到大部分居民对资本市场的认知程度不够,风险意识不强,创立一个相对安全的投资品种以满足居民投资需求,将具有重要意义。设立由国家资本背书、偏重于分红的股权基金是一种可行的选择,其主要用于投资实体经济,这样既有助于缓解实体投资融资难的问题,也可拓宽居民资金的投资渠道。

其次,设立中国版平准基金。我国正在建立健全多层次的资本市场,各类资金的渗透和关联性大大增强,风险亦随之增加。杠杆在本轮暴跌中起到了放大波动的作用,但杠杆本身并非绝对有害,更重要的原因在于缺乏类似股市平准基金的机制。平准基金是政府通过特定的机构以法定的方式建立的基金,可以逆向操作,以弥补市场调控的不足之处,减少股市非理性的大起大落,维护市场稳定。

最后,建立资本市场应急响应机制。面对常态的资本市场和紧急状态的资本市场,监管层应采取不同的策略。当市场失灵时,监管层就有出手的必要。因此,应建立资本市场应急响应机制,节省协调成本与时间,通过明确判定市场危机程度并制定具体救市策略,对症下药。

关于建立我国货币政策新框架的建议^①

目前我国正处于新旧经济转换的关键时期,经济增速换挡的阵痛与产业结构调整的压力持续存在,在这一过程中需要货币政策予以积极配合。自去年 11 月以来,央行连续 4 次降息、2 次降准,较好地稳定了经济增长、促进了产业转型发展。与此同时,随着金融改革步入深水区和利率市场化进入尾声,货币政策的具体方式也将发生改变,过去以数量型为主的调控方式将过渡至价格型方式,同时银行等金融体系的监管方式也将相应改变,相关行政手段逐渐退出历史舞台。

一、我国货币政策的总体基调

近年来我国经济下行压力不断加大,2015 年一季度 GDP 同比增速放缓至 7.0%,为近 6 年以来的新低,投资、消费和出口三驾马车的增速均全面下滑。同时,社会整体债务水平处于高位,全社会杠杆率达到 215% 以上。随着经济增速放缓,企业盈利能力下滑,尤其是在传统工业领域,还本付息压力愈发加大;并且,地方政府部门由于前期信用扩张较快,近期面临较大的偿债压力,置换到期债务过程中也需要相应的流动性支持。为避免经济过快下行、化解存量债务风险,需要相对宽松的货币政策环境。

2013 年前后,地产行业和地方政府债务扩张较快,影子银行业务大发展,不断向融资刚性部门输血,埋下了一定金融隐患,也限制了货币政策的放松空间。然而当前,地产行业扩张速度放缓,地方政府债务管理也得以规范化,货币政策

---

① 本文作者金雪军、金赟,最初于 2015 年 7 月 20 日发布在《公共政策内参》第 15349 期。

放松的制约因素基本解除。并且,国内通胀也处于较低水平,CPI同比在 1.0%
至 2.0%的低位运行,PPI 更是连续 39 个月处于负增长区间,为货币宽松提供
了较好的物价环境。

二、调控方式由数量型向价格型转变

过去我国长期存在国际收支双顺差,大规模的外汇流入使得央行在稳定汇
率的前提下不得不被动投放货币,进而形成大量的基础货币,货币政策则通过
发行央票和提高存款准备金率的方式回笼过剩流动性,因此形成了以数量型工
具为主导的方式。同时我国高度依赖以银行为核心的间接融资方式,使得 M2
能够较好地反映货币供应情况,为数量型政策提供了较好的中介目标和实行条
件。与此同时,在经济高增长时期,企业对利率敏感性不强,加之央行对信贷利
率实行直接调控,使得我国并不存在有效的利率传导机制。

目前外汇占款高增时期已经过去,央行货币投放的主动性不断增强,价格
型调控方式的重要性不断上升。随着金融脱媒的进行,各种理财产品和投资手
段层出不穷,银行存款分流较为严重,同时企业融资方式正不断向直接融资转
变,使得基于银行资产负债表的货币供应量指标有效性下降。此外,数量型工
具容易造成"急收急放",而价格型工具以利率作为调控对象,通过对微观主体
自身的调节来进行细调微调。

在价格型调控方式下,央行需要选定某一基准利率作为操作目标,可以将
SLF、超储利率分别打造成基准利率的上限和下限,形成弹性利率走廊,从而实
现对短端利率的调控,进一步通过市场传导机制,并结合 MLF 和 PSL 对中期
利率进行指引。

目前价格型调控方式的推行虽已具备一定基础,但要形成完善的调控机
制、实现货币政策的成功转型,尚需完善一些条件。首先,需要构建清晰的利率
体系,选定单一政策利率作为操作目标,如美联储的联邦基金利率、欧央行的再
融资利率。同时,取消存款利率上浮限制,存贷款基准利率仅作为参考。2013
年 7 月贷款利率限制已全面放开,今年 5 月存款利率上浮空间也已扩大至 1.5
倍。就目前情况看,大型银行存款利率上浮 1.1 至 1.2 倍,中小银行上浮 1.3
倍左右,存款利率上限的实际约束力已经明显下降,存款利率全面放开的时机
也在逐渐成熟。此外,货币市场与信贷市场间的纽带需进一步加强,我国货币
市场与信贷市场长期割裂,阻碍了利率的有效传导,未来随着同业存单和大额

可转让存单业务的开展,以及债券等直接融资规模的上升,市场割裂状态有望打破。

三、未来货币政策方式的几点建议

我国货币政策框架仍在转型当中,利率调控机制也尚未成熟,在未来一段时间内,数量型工具仍将发挥作用,同时价格型工具的培育进一步加快,监管思路也将相应转变,如减少直接的行政干预。

1.存款准备金率具备系统性下调的基础。目前,我国大型和中小型银行的法定存款准备金率分别为18.5%和16.5%,明显高于其他经济体的水平。当前新增外汇占款已大幅减少,然而存款准备金率仍处高位,明显地限制了货币投放;并且在利率市场化过程中银行资金成本明显抬升,较高的准备金率降低了资金使用效率,限制了商业银行的信用扩张能力。

2.完善"弹性利率走廊＋中期政策利率"的调控机制。目前该调控机制尚不成熟,仍需进一步完善,如2014年创设的PSL仅向国开行发放用于棚户区改造,未来需进一步拓宽其投放领域,并将操作对象扩大至普通商业银行,方能更好地发挥其利率指引作用。同时,中央银行抵押品管理框架方面,也需进一步明确可抵押品的类别、适用范围、折扣比例、风险管理、合格性要求等内容,并制定系统性的抵押品管理框架。

3.转变监管思路,行政手段逐渐退出历史舞台。存贷比、贷款限额、窗口指导等信用管制手段创立的初衷在于控制银行信用扩张速度,但已然不适应当下的经济金融环境,弊端也日益凸显。存贷比监管导致商业银行高息揽储,并且在存款增速放缓背景下制约了银行的放贷能力;信贷额度造成信贷发放与经济环境脱节,催生了年初大量放贷的现象;窗口指导限制了一时的贷款发放,却往往导致下期贷款规模超额增长。2013年以来,《商业银行资本管理办法》正式实施,对银行风险监管提出了全方位的明确规定,内容覆盖银行的个体风险和系统性风险,能够起到较好的监管作用。同时《存款保险制度》已正式出台,《银行业金融机构破产条例》初稿也基本形成,为行政手段的退出奠定了基础。

促进我省债券市场发展的若干建议①

近年来,我省债券市场规模逐渐扩大,债券品种不断增加,深度和广度同时得到快速发展,在全国各省中处于领先地位,取得令人瞩目的成绩。但是伴随着整体经济环境的变化和金融改革的深化,也呈现出一些问题和需要进行改进之处。

一、我省债券市场发展情况

(1)债券发行规模逐渐扩大

2010 年以来,除 2013 年受监管部门监管加强和下半年银行间债券市场资金面紧张而增速减缓外,每年均保持高速增长。

(2)信用债整体呈现增长趋势

信用债券包括短期融资券、公司债、企业债以及中期票据的发行量整体呈现上升趋势,其中短期融资券发行量长期占据头位,公司债发行量偏少。2013年出现下降的主要原因在于定向工具的创设,对信用债起到替代作用。

(3)债券品种不断丰富

除定向工具和同业存单外,近年来我省也在积极创设其他新型的债券品种,包括可交换债、可转债和资产支持证券、中小企业集合债、小微企业增信债、中小企业集合票据、中小企业私募债、棚户区改造收益债等等。

(4)融资平台受限,城投债减少

近年来对地方政府融资平台的监管日趋严格,尤其是 43 号文规定新增融

---

① 本文作者金雪军、金赟,最初于 2015 年 8 月 5 日发布在《公共政策内参》第 15354 期。

资不得发行城投债,城投债发行量势必大幅减少。

(5)专项金融债发行规模扩大

我省 2014 年和 2015 年开始发行小微企业专项金融债和"三农"专项金融债,有助于我省小微企业和涉农企业的融资。

(6)PPP 项目快速发展

我省目前共有 27 个 PPP 项目,其中水利项目 4 个,交通设施项目 13 个,市政设施项目 5 个,公共服务项目 5 个,总投资规模超过千亿元。但我省的 PPP 项目还较少,具有很大发展潜力。

二、我省债券市场发展过程中存在的问题

(1)发行人主体受限,结构不合理

目前公司债和企业债的发行主体主要为国有企业和大型企业,在国有企业发行主体结构中还存在着省属和地级市国有企业失衡的问题。相比而言,短期融资券和中票的发行要求明显低于公司债和企业债,成为我省民营企业进行债券融资的主要选择。

(2)中小企业债券融资不足

中小企业信用贷款比例长期保持低位,抵质押和担保成为中小企业获得贷款的主要方式,且高度依赖于民间融资。债券融资目前已成为大中型企业融资的一个重要渠道,但我省中小企业债券融资明显不足。

(3)企业债券中介选择透明度不够

我省企业债券发行的一个主要问题为中介选择不够透明,包括企业债券发行涉及的承销、法律、评级、会计等中介机构的选择,易造成寻租现象,不利于企业债券的公平竞争和健康发展。

(4)债券信用评级低,外部增信不足

相比于全国,我省债券的信用状况明显要低,今年以来,全国新发行的债券中 AAA 级水平的债券占到 38.23%,而我省 AAA 级仅占到 10.75%,远低于全国水平。信用债方面同样如此,AAA 级仅有 8.09%,而全国为 31.67%。我省债券和信用债券的信用评级状况主要集中于 AA+ 和 AA 级水平,在 AAA 级水平上远落后于全国。该现象的产生一方面是来自我省民营企业占比较大及产业结构方面的影响,另一方面是我省债券外部增信措施不足所致。

（5）做市商制度不发达

相比于国外成熟的做市商制度和丰富的做市商从业人员，我国的做市商制度还处于发展初期，发展缓慢。我省情况和全国相似，目前还处于初期阶段，发展比较缓慢，做市商数量偏少。

三、促进我省债券市场发展的政策建议

基于上述问题，结合我省实际情况，提出以下几方面建议：

（1）推进公司债和企业债的发行

今年以来，公司债和企业债发行门槛显著降低，有利于中小企业债券融资。省相关部门应积极支持和鼓励符合要求的优质中小企业发行公司债和企业债，扩大发债规模，充分发挥其在直接融资中的重要作用。

（2）推动新型中小企业债券融资

企业债券中的创新产品，如小微企业增信债、中小企业集合债等，均被国家发改委划入"加快和简化审核"范畴，且不占用企业发债额度，具有一定优势。加大创新产品的推进力度，既符合国家政策导向，也有利于企业融资方式的拓展。

（3）降低企业违约风险、完善债券外部增信

随着经济下行压力增大、债务风险不断显性化，企业的违约风险呈现上升趋势。应加大对企业风险的控制，防范企业兑付风险。一方面，企业应积极改善资产负债结构、优化现金流现状、多样化负债期限结构，降低违约概率。另一方面，要做好企业树立诚信意识的工作，加快全省信用体系建设，完善外部增信资源。

（4）建立健全做市商制度

有关部门应当加大对做市商制度的建设，一方面需要加大做市商的数量，健全做市商监管制度，另一方面需要加大对做市商的政策支持力度，给予做市商融资方面的便利，满足做市商的资金需要。

引导和鼓励民营企业参与混合所有制
改革的建议^①

今年 9 月国务院印发《关于深化国有企业改革的指导意见》(以下简称《意见》),为国企改革指明了方向,鼓励民营资本参与国企改革,将有利于转变国企经营机制,挖掘民企增长潜力,实现国企与民企合作共赢。

一、经济形势复杂严峻,深化改革刻不容缓

目前国际环境中,美国经济温和扩张,劳动力市场持续改善,8 月失业率降至 5.1%,为 2008 年 4 月以来最低,消费者支出和固定资产投资也有增长,然而受低通胀和国际经济局势不稳定影响,美联储加息不确定性进一步加大。欧洲经济持续弱复苏,欧元疲软使得其能够通过促进出口、抑制进口的方式拉动增长,此外欧央行或将进一步扩大量化宽松的规模以刺激经济。受美联储加息预期影响,新兴国家货币持续大跌,许多国家已出现资本外流的情况,部分国家或存在一定的债务危机风险。

国内经济方面,上半年 GDP 增长 7%,虽然服务业发展有所加快,但工业生产依然低迷。需求方面,社会消费增长缓慢,同时受全球经济低迷影响,我国出口压力不断增加。此外,今年 6 月以来股票市场暴跌导致居民财富缩水,或将进一步抑制居民消费。目前我国不仅短期经济下行压力加大,长期增长也面临挑战。随着劳动力成本上升,资源环境约束增强,过去依靠资源要素投入的粗放型发展方式变得难以维系,转型升级、调整结构、深化改革已刻不容缓。

---

① 本文作者金雪军、金赟,最初于 2015 年 9 月 30 日发布在《公共政策内参》第 15367 期。

国务院印发的《意见》对新形势下深化国有企业改革的根本原则、目标任务作出了全面部署。《意见》提出要积极引入各类投资者,实现各种所有制资本取长补短、相互促进、共同发展。民营资本是我国国民经济中最活跃的部分,鼓励和引导民营资本参与混改,既能做大做强民营企业,又能提高国有资本运作效率。实现两种资本混合、优势互补、劣势互消,将能释放我国未来经济增长新动力。

二、鼓励民企参与混改,相互促进共同发展

改革开放以来我国积极发展多种所有制经济,目前已经形成国有企业和民营企业融合发展的经济格局。国有企业历来都是政府重点扶植对象,其在推动国家经济发展,提高人民生活水平等方面均做出了巨大的贡献。然而随着我国社会主义市场经济建设的不断推进,国有企业经营制度的缺陷逐渐显现。贪污腐败、管理落后已成为困扰国有企业发展的重要难题。

首先,国有企业已成为腐败的重灾区,国有资产受经营不善、权力滥用等影响严重流失。虽然党的十八大以来反腐运动步步推进,但"政企不分"现状若得不到改变,腐败毒瘤则难以根除。国有企业是政府所属的企业,政府在管理国企时,依靠行政手段进行资源配置,这无疑为权钱交易、贪污、低价转移国有资产等行为提供了有利环境。

其次,国有企业管理水平有待提高。目前许多国有企业还停留在行政管理的模式之中,然而这已不能适应新的市场环境。过去我国实行计划经济,一切行动听指挥,企业亏损由国家承担全部责任。当今世界市场环境瞬息万变,被动服从不能满足市场经济的发展需求。此外,由于国有企业机构设置欠佳,奖惩制度不明,员工积极性难以调动,真正有能力有技术的人才不断流失,而大批敷衍了事、得过且过的员工不断积累。这也就造成了目前国有企业普遍机构庞杂、冗官冗员,而职工大多管理松弛,缺乏事业心的管理现状。

民营企业是国民经济的重要组成部分,民营经济最活跃的地方也是我国最发达的地方,然而经过 20 多年的快速发展,民营企业的生存环境却不断恶化。

首先,民营经济发展受较多政策制约。一方面,部分政府部门在履行职责时存在"两张脸",对民营企业办事拖拉、不负责任,甚至存在加设管卡、乱收费用的现象。这导致民营企业经营成本增加、周期变长,极大削弱了民间资本的投资意愿。另一方面,民营企业在"市场准入"方面限制较多。目前我国民营经

济主要集中于初级服务业、流通领域、一般制造业等劳动密集型行业，而在能源、电信、金融等高利润行业中少有涉足。这首先是由于民营企业自身资金不足、技术薄弱，同时也由于相关领域存在行政壁垒。虽然国务院"非公经济 36 条"规定对社会资本实行"非禁即入"原则，但许多行业对于民营企业来说，还是"看得见，进不去"。

其次，民营企业发展面临"融资难、融资贵"的问题。一方面，民营企业融资难题源于其自身缺陷。由于民营企业规模小，缺乏完善的企业管理制度，其承担市场风险的能力较差，倒闭可能性大，贷款违约率高。此外，部分民营企业家缺乏信誉，法治意识淡薄，这也使银行对民企一直保持谨慎态度。另一方面，受姓"公"姓"私"价值判断影响，商业银行在发放贷款时偏好国有企业，大部分民营企业缺乏获得银行贷款的渠道。同时由于我国信用中介服务体系发展滞后，缺乏融资担保机构，资金短缺已成为阻碍民营经济发展的严重问题。

国有企业和民营企业发展虽然都存在一定问题，但也各有优势。国有企业享受政策红利，资金实力雄厚，而民营企业紧随市场变化，经营管理灵活。积极引导和鼓励民营企业参与混改，既有利于促发国企经济活力，也有利于提高民营企业市场竞争力。

三、若干建议

引导和鼓励民营企业参与混改，实现多种资本优势互补、劣势互消，建议从以下几方面着手推进。

第一，稳妥推进混改，严防国有资产流失。党的十八大以来，各地积极推进混改，已取得了一定成效。然而有的地方贪功求快，"为混而混"，以定时间、定任务、定指标的方式强行推进，这与企业发展的实际情况脱节，甚至导致腐败分子有机可趁，以非法手段谋取国有资产。混改并非所有制的简单混合，需要从企业的经营实际出发，寻求未来发展的新模式和新平台。民营企业参与混改需坚持因地施策、因业施策、因企施策，不搞拉郎配、不搞全覆盖、不设时间表，成熟一个推进一个。同时需要加强外部监督，对资金密集和资源富集的国有企业进行重点巡视审计和纪检监察，严防国有资产流失。

第二，注重利益引导，先期以项目制形式进行。民营企业参与混改首先可以考虑以项目制的形式推进。首先，国有企业可以通过成立分公司、子公司或者第三方公司的形式，注入一定国有资产，引入部分社会资本。其次，可以鼓励民营资本通过出资入股、收购股权、认购可转债、股权置换等多种项目入股国有企业专门设立的分公司、子公司或者第三方公司。最后,可以引导国有资本注入民营企业,对经营状况良好、发展前景广阔的民营企业进行投资,盘活国有资本。推进民营企业参与混改还应注重利益引导。让民企获得更多经营权,在石油、天然气、电力、铁路、电信、资源开发、公用事业等领域向民营企业推出一批具有吸引力的混改项目。

第三,借鉴淡马锡模式,建立政府运营监管平台。目前我国国有企业大多存在体制机制不顺,经营管理不善等问题。要为民营企业参与混改创造条件,政府必需"无为而治",不再干预国有企业在商业运营中所做的决策。政府可借鉴淡马锡模式,通过设立控股有限公司,形成多层次宝塔型产权结构,持有各家国有企业,仅承担管资本的职责。政府投资的控股有限公司所设董事会作为政府的产权代表,基于保证资产增值的责任,对其直属子公司的总体经营状况仍然实施全面监控。各家国有企业都独立经营、自负盈亏,由本公司经理层负责决策和管理日常经营活动,以此为民营企业入股创造有利条件。

第四,完善董事会制度,设置独立董事。目前一些国有企业没有建立完善的董事会制度和现代企业制度,使得混改无法按照市场经济的基本要求进行,即使进行混改仍然是国企说了算,民营企业对自己投资的企业没有足够话语权,也达不到混改的真正目的。因此要鼓励民营企业参与混改,必须推进国企董事会建设,完善独立董事制度。独立董事行使职权时,公司有关人员应当积极配合,不得拒绝、阻碍或隐瞒,不得干预其独立行使职权。同时,国资委应建立与企业功能性质相适应、与经营业绩相挂钩的差异化董事薪酬分配办法,加强国有企业董事会激励问责机制建设,对工作负责的董事个人进行奖励,对不称职的董事予以免职。

关于积极稳妥化解过剩产能的建议^①

一、我国产能过剩形成的原因

经济转型下我国的产能过剩主要由结构性原因和周期性原因引起。自2012 年开始,中国劳动年龄人口的绝对数量出现了相当长时期以来的第一次下降,导致投资增速趋势性放缓。而中国的产业结构也渐渐从重化工业和投资为主的阶段逐步过渡到消费为主的阶段,导致钢铁、煤炭等相关行业产能供过于求。同时,在经济快速发展时期,企业对未来的乐观预期往往容易过度投资,使目前行业产能远超当前经济的需求,也加剧了产能过剩。另一方面,受经济下行影响,总需求的放缓也导致了产能难以消化,进一步加剧了产能过剩。而全球经济恰逢低迷期,再叠加某些领域又遭遇反倾销,导致外需也无力完全消化过剩的产能。

同时,我国资源要素市场化改革滞后,要素价格相对扭曲,也为过剩行业提供了生存空间。过去为了发展经济,生产要素价格被人为压低,资源价格不能真实反映资源的市场供求关系和稀缺程度,过低的工业土地、地方的税收优惠政策、低环境成本等均助长了工业粗放型增长。环保标准执法不严,环境成本尚未完全内部化,也导致产业入行门槛降低,企业"散小乱弱",进一步加剧了产能过剩。

去产能虽早已被提及,但至今仍见效甚微,其中主要因素就在于某些"僵尸"企业退出不畅。在面临去产能的行业中,国有企业占大多数,而在去产能的

---

① 本文作者金雪军、金赟,最初于 2016 年 4 月 28 日发布在《公共政策内参》第 16416 期。

过程中,民企出清往往快于国企。产能过剩行业牵涉地方财政收入、税收、就业及社会稳定等问题,容易导致地方保护,即使产品不符合市场需求,只要没到无法继续经营的程度仍会持续生产。某些企业在地方保护下,"拆东墙补西墙",以盈余补亏损,拒绝出清落后产能,导致优质企业无法公平地参与市场竞争,破坏实体经济的市场结构和秩序。产能过剩的行业往往沉没成本高,若停产,投资均变为沉没成本,损失更大,容易陷入囚徒困境,这种行业特性也使得去产能困难重重。在产能过剩行业中,大多数低效企业身背高负债,一旦资金链断裂就会形成银行不良资产,导致系统性风险上升,这也是过剩产能退出不畅的关键原因之一。

二、化解过剩产能的国外经验

产能过剩是全球性的问题,20 世纪 80 年代和 90 年代,美国的钢铁业同样经历过去产能的过程,而作为制造业大国的日本在"二战"以后,也经历过多次周期性产能过剩。我国的去产能也可以借鉴其他国家化解过剩产能的经验。

崇尚自由市场经济的美国主要通过市场机制进行自动调节,使低效企业亏损直至破产,鼓励兼并重组来消化过剩产能或淘汰落后产能。同时引入竞争,在竞争中让法律、资金、政策等向优质企业倾斜,加速落后企业甚至行业的出清,以提高管理效率。也采取政府干预手段,通过严格的法律程序规范破产,降低去产能对社会和经济可能形成的冲击。以技术创新推动产业转型升级,以先进产能淘汰并替代落后产能。同时通过工厂迁移和资金转向等方式向国外转移过剩产能,甚至销毁部分剩余产品及产能,加速设备折旧以应对过剩产能。

作为制造业大国,日本首先通过扩大内外需来化解产能过剩。在扩大内需方面,日本于 20 世纪 60 年代初制定了"国民收入倍增计划",使日本国民收入水平不断提高,继而民间消费占国内生产总值的比例也迅速攀高,消费刺激消化了部分过剩产能。在扩大外需方面,日本确立了出口导向型发展模式,通过出口来消化过剩产能,拉动经济增长。20 世纪 60 年代以后,日本政府主动让日元大幅升值,提高国内投资成本,降低海外投资成本,倒逼低端产业向海外转移。同时也提高环保标准,倒逼高耗能、高污染的低端产业向海外转移或被淘汰,改善日本本土的环境质量。经过多年的投资转移,日本重化工业已将大量过剩的设备和生产线移至亚洲其他国家。日本政府还颁布一系列法律法规,通过政策手段干预加速产能出清。例如出台注册制度和准入制度强制性限制产能政策,使入行门槛提高,使相当一部分落后企业被迫退出市场。出台政策法规鼓励兼并重组,给予重组企业税制优惠,迫使规模小的企业向大企业靠拢,最终被大企业兼并。

三、化解产能过剩的几点建议

我国的产能过剩极具中国特色,因此并不能完全照搬国外去产能的经验,需要一定的政府干预来"内外兼治",从供给端和需求端双管齐下,去产能短期内或对经济增长有负面影响,但长远看有助于改善资源配置效率,降低企业负债率,并提升长期增长潜力。

1.控增量,去存量。出台准入制度以抬高入行门槛,遏制产能盲目扩张,严禁建设新增产能项目。推动财税改革,弱化地方政府收入与经济增长之间的关联程度,以市场价格而非政府价格为导向,削弱地方保护主义,发挥市场自动调节作用,引导企业主动调结构或依法依规退出。提高环保标准,推进生产单位环保成本内部化,加大金融支持,迫使高消耗、高污染产业退出。

2.结构优化,产业升级。加大对科技研发的投入,提高科研成果的转化率,推动企业技术创新和增加产业链附加价值,从而有效化解产能过剩。发挥资本市场作用,加快兼并重组,减少市场恶性竞争,提高行业集中度。推进税制优惠政策,简化兼并重组办理手续和过程,以调动企业的积极性,实现资源的共享或互补,在去产能的同时也实现了产业整合升级。

3.扩内需,增投资。在减少产能供给的同时,扩大需求以消化过剩产能是重中之重。扩大内需不仅需要消费直接拉动,也需投资间接驱动。我国的消费增速远落后于 GDP 增速,需要调整国民收入分配结构,提高国民可支配消费,继而扩大内需消费增长。出台稳增长政策,扩大行业实际产量,提高产能利用率以消化过剩产能。

4.产业转移,产能输出。合理安排产业布局,推动东部产业向中西部地区有序转移,既降低企业劳动力成本,又带动当地经济发展,在转移中实现优化区域布局。通过海外投资,与非洲、拉美等地建立产业垂直分工体系,以带动我国技术和设备出口。借鉴日本经验,在全球范围设立境外产业合作园区,鼓励有条件的企业"走出去",实现资金、技术和产业链的聚集。利用亚洲基础设施投资银行成立契机,沿"一带一路"向西亚、中亚和欧洲拓展国外陆路和海路市场,重点瞄准亚洲基础设施建设较为落后的地区,推动外需以消化过剩产能。

稳步推进去杠杆,助力供给侧改革①

供给侧改革为当前阶段我国宏观政策的重要议题,而去杠杆则是供给侧改革中"三去一降一补"五项重要任务的核心内容,是保证我国经济金融风险整体可控的重要手段。

一、我国杠杆水平现状

目前国内杠杆率居高不下,尤其自 2009 年以来逐年攀升,截至 2015 年底我国实体经济部门的整体杠杆率已高达 263.62%,杠杆水平已和欧元区经济体及美国等发达国家相近。分部门来看,政府部门杠杆率为 57.37%,居民部门杠杆率为 39.95%,非金融企业部门杠杆率为 166.3%。非金融企业部门的杠杆问题尤为突出,近年来杠杆水平也持续提升,不少行业的平均资产负债率超过 60%,多个优质行业的龙头企业资产负债率达到 70% 以上。

2009 年以来我国杠杆水平的快速上升,究其缘由是投资回报率下降和软约束机制。高杠杆推升产能过剩,引发增长陷阱,大量产能过剩企业僵而不死,过剩产能无法出清,国有企业杠杆率不断攀升,大量资金沉淀在低效部门,导致企业利润持续恶化,经济增速不断下滑。同时结构性加杠杆造成对民间投资的挤出效应,不利于社会创新及经济转型。而经济增速的放缓和企业经营效益的下降,使得企业存量债务难以转化为有效投资并获得较好的投资回报,进一步加剧了企业的偿债压力和债务负担,去杠杆刻不容缓。

---

① 本文作者金雪军、金赟,最初于 2016 年 7 月 19 日发布在《公共政策内参》第 16446 期。

二、去杠杆的着力点及存在的问题

从债务率等于债务水平与名义 GDP 之比的计算角度看,去杠杆思路大致可以分为两方面:一方面是通过降低企业融资成本、地方政府债务置换、债务减记等方式降低实际债务水平;另一方面是通过增长名义 GDP 以稀释债务水平起到去杠杆的目的。

在分子端,我国去杠杆的着力点包括:第一,降低利息。超低利率通过压低整个实体经济的利息支出,可将银行的潜在利润转为实体企业的潜在收益,通过这一途径可帮助实体经济去杠杆。第二,地方政府债务置换。通过地方债置换出地方政府融资平台普遍采用的信托、短期贷款、中票短融等债务形式,可拉长债务久期,降低融资成本,从而达到温和去杠杆的目的。第三,债务减记。在中国经济增速下行的背景下,有效需求无法吸收信贷膨胀而导致的产能扩张,导致银行不良资产率明显上升。债转股将银行与企业间的债权债务关系转变为金融资产管理公司与企业间的控股(或持股)与被控股关系,在去除银行不良率的同时达到去杠杆的效果,助推供给侧改革,这也是下一阶段去杠杆的重要途径和手段。分子端去杠杆虽能短期奏效,但并非化解高杠杆的根本途径。因此去杠杆从根本上而言,还需从分母端着手。而"扩分母"的基本着力点在于积极推动经济结构和经济体制改革,挖掘经济增长新动力,努力提高经济效率,扩大真实 GDP 规模。

从目前的工作进程与推进效果来看,我国的经济去杠杆还存有不少问题及难点,亟待解决。第一,去杠杆存在结构性差异。一般而言,目前我国国有企业杠杆率较高,民营企业较低;大型传统行业企业杠杆率较高,中小型新兴行业企业杠杆率较低。这种杠杆的结构性差异为此轮供给侧改革去杠杆工作的推进带来了重大困难,"坏杠杆"与"好杠杆"的甄别也将直接影响信贷资源配置的效果。第二,股转债工作推进面临挑战。债转股的目标对象选取可能存在"寻租"行为,极易引发道德风险,最终导致用心经营、收益良好的企业需要按期足额偿付债务,而经营不善、无力偿债的企业通过债转股的政府兜底却得以免除债务,这种近乎"奖劣惩优"的行为对游戏规则的破坏势必会给市场带来不小的负反馈效应。第三,经济增长动能不足。经济进入新常态以来,投资需求不振,通缩压力骤增,政策刺激的拉升效应也逐步消退。在此背景下,经济增长动能已然不足,对 GDP 增长形成一定压制,不利于从分母端改善经济杠杆结构。

三、对去杠杆的政策建议

1. 重视杠杆差别，优化杠杆结构

去杠杆绝不能一刀切，应注重优化杠杆结构，提升信贷资源的利用效率。建议首先深度厘清各行各业杠杆率的差别及合理范围，并根据行业内不同企业在规模、股权结构及所在地等方面的不同，识别个别企业的正常杠杆率；然后结合企业在生命周期中所处的阶段，并立足于战略性新兴产业政策的角度，积极鼓励"好杠杆"，对冲去杠杆带来的压力，加快培育中国经济的新动力；坚决去除"坏杠杆"，加速推进产能过剩行业中"僵尸"企业的市场出清。

2. 科学合理推进市场化债转股

第一，合理选择债转股的目标对象。建议减少行政手段干预，更多依靠市场机制选择。只要培育出足够成熟的债权买方和卖方市场，市场便会自发遴选出陷入短暂危机、有脱困潜力的企业进行债转股，并从中获利，而完全丧失盈利能力的"僵尸"企业便会被淘汰出局，由此避免落后产能"搭便车"。第二，拓宽债转股持股主体范围。建议向券商资管子公司、各类公募甚至私募基金开放债转股权限试点，丰富不良债权买方市场，从而强化市场筛选机制。第三，科学研定债转股转换比例。转换比例过高助长赖账文化，过低则无法发挥债转股效用。建议针对不同的企业根据其自身经营状况和脱困潜力、不良债务的"不良程度"等，由银行或 AMC 等持股主体与企业协商一致后设定转换比例。

3. 释放经济新动能

第一，适度宽松稳增长。温和的通胀有利于经济去杠杆，因此建议在稳增长的基础上继续实施积极的财政政策和稳健的货币政策。第二，发挥资本市场促进经济较快增长的积极作用。建议推进多层次资本市场建设与资本市场制度规范建设，并充分利用资本市场的资金配置效应，纠正资金错配、增大投资，促进资金脱虚向实，推进经济结构调整和产业升级。第三，以"大众创业，万众创新"为着力点，充分挖掘经济增长新动能。建议构建产学研合作模式，积极推进研发共担，技术共享，优化创新资源整合。同时着力打造创新创业的生态环境，政府可适度降低交易性制度成本，改善监管环境，以此缓解企业经营压力，大力释放企业创新活力。

加快供给侧改革，促进民间投资发展①

一、浙江民间投资的现状

民间投资曾是推动中国经济增长的重要力量，2004—2015 年，中国民间投资额从 1.8 万亿元猛增到 35.4 万亿元，年均增长率达到 31.1%，比同期全社会投资年均增长率 22.5% 高出 8.6 个百分点。民间投资占全社会投资的比重也由 2004 年的 30% 提高到了 2015 年的 64%。然而 2016 年以来民间投资增速快速下滑，上半年同比仅增长 2.8%，民间投资占全社会投资的比重与去年末相比也下降了 3 个百分点。

作为民营经济风向标的浙江，历来是民间投资最活跃的地方，今年以来民间投资增长情况也同样不容乐观。2016 年 1—4 月，浙江省民间投资同比增长 3.1%，比去年同期回落 7.3 个百分点，低于全国同期平均 5.15% 的增长速度；民间投资占全部固定资产投资比重为 55.1%，比去年同期回落 5.1 个百分点，低于全国平均 62% 的占比。

除增速下滑之外，浙江民间投资的行业分化也较为明显，房地产投资萎缩，基建、制造业投资仅有小幅增长。房地产投资方面，2015 年浙江省民间资本投向房地产的比例为 36.3%，2016 年受市场调整以及"去库存"影响，尽管销售状况良好，但房地产领域民间投资增速还是出现了大幅萎缩，1—4 月房地产开发民间投资同比下降了 4.7%，拉动浙江省民间投资增长－1.7 个百分点。制造业投资方面，占民间投资比例为 39.1%，随着经济结构优化升级、要素驱动转

① 本文作者金雪军、金赟，最初于 2016 年 8 月 15 日发布在《公共政策内参》第 16450 期。

换，技术改造创新投资在 2016 年成为拉动民间投资增长的核心力量，1—4 月制造业民间投资同比增长 8.4％，拉动浙江省民间投资同比增长 3.05 个百分点。从制造业细分项来看，今年以来民间资本在一些产能过剩领域逐渐退出，而汽车制造业以及电气机械制造业等产业的民间投资增速均超 10％，成为制造业投资发力的新亮点。基建投资方面，在积极财政政策的带动下，基建投资增长迅速，1—4 月基建民间投资同比增长 9.3％，但由于其在民间投资中占比较低，仅拉动浙江省民间投资增长 0.9 个百分点。

二、民间投资放缓的原因

民间投资反映经济内生动能，增速的下滑主要和当前宏观经济下行压力较大相关。在宏观经济下行的大背景下，市场需求不振，部分行业产能过剩，工业企业利润下降，投资回报率降低，民营企业融资困难，政策方面未给予民间投资足够的支持，都在很大程度上挫伤了民间投资的信心。

投资收益下滑。浙江的民间投资主要集中在制造业，受外贸波动影响较大。国际经济增速放缓致使发达国家的进口依赖度下降，需求不振导致出口表现不尽如人意，使外向型企业利润严重受损。近年来工业品出厂价格也持续下滑，尤其是部分产能过剩行业产品价格下滑幅度更大，连带利润增速下降，其中多数行业正是民间投资比重较大的领域，进而阻隔了民间资本的持续投入。产业转型尚处早期，而对过剩、淘汰产业的整治力度在不断加强，这个阶段的投资收益下滑率几乎无法避免。

生产成本增加。传统劳动密集型企业是浙江民营企业的典型代表，近年来中国人口红利消退的负面影响进一步显现，直接增加了劳动力成本，对劳动密集型产业造成沉重打击。同时，民营企业不同于国有融资平台，很少有政府隐性担保，也很少能享受增信的便利，因而其资金成本一直以来居高不下，融资难融资贵问题已经成为中小企业的心病。另一方面，在经济下行的大趋势中，信用风险频发，又进一步恶化了其融资环境，这无异于是雪上加霜。

市场准入障碍。在传统行业投资回报率增长乏力的同时，在一些利润较高的垄断性行业或者需求增长迅速的服务行业，由于相关政策配套措施不完善、落实不到位，存在显性或隐性的准入门槛，受此限制，民间资本事实上较难进入，更遑论分享投资收益、提振投资积极性。

政策环境不利。2016 年上半年的稳增长政策主要以国有部门投资为着力点，对民间投资、制造业投资影响较小，在诸多领域都呈现出"国进民退"的状态。在稳增长政策驱动下，基建投资高企，地方债和政策性银行债发行随之明显加快。而在货币政策未有进一步宽松的情况下，财政扩张会推高民企的实际贷款利率，对民间投资形成"挤出"效应。

三、对促进民间投资发展的政策建议

民间投资是我国经济稳定运行的重要支撑，在经济下行背景下对稳增长、促改革和防风险意义重大，因此扭转民间投资增速进一步下滑的态势已成为做好当下经济工作的关键。针对目前民间投资所面临的投资回报率较低、企业成本增加、准入门槛较高等问题，提出以下政策建议：

优化经济结构，开拓投资新领域。经济结构与市场需求错配是当前经济增长放缓的主要症结，由此造成整体投资回报率下降，进而形成对提振投资信心的桎梏。作为典型的市场化主体，民间资本具有天生的逐利特性，因此优化经济结构、对接需求结构的变化，提升整体投资回报率才是促进民间投资增长的根本所在。供给侧改革旨在调整经济结构，加速落后产能出清，促进行业转型升级。建议从供给侧改革的角度，坚决淘汰劣质企业、劣质项目，积极引导低端制造业向高端制造业转型，大力发展新兴产业尤其是高附加值服务业，从而促成一套优胜劣汰的筛选机制，为民间投资提供优质投资领域、投资标的，调动民间资本的积极性。此外，随着医疗改革、教育改革、养老改革的推进，需求红利的进一步释放也能为民间投资带来巨大机会，积极做好引导、对接，提供配套政策也是当务之急。

减税降费，切实减轻企业成本负担。民间投资与企业盈利能力具有显著的正相关关系，企业投资回报率提升才能激发民间资本的投资积极性。因此从削减成本的角度，建议继续推进积极的财政政策，更重要的是切实降低企业税赋负担。在实施减免税赋同时，为配合供给侧改革的思路，可采取结构性导向，为战略性新兴产业多降税，而对产能过剩行业、高能耗高污染行业少降税，甚至不降税。此外，还可以搭建金融服务平台，统一调配政策性金融资源，定向限制或下调商业银行对信誉良好的民营企业的实际贷款利率。又如，为政策性担保公司注资，利用其对资质良好的民营企业提供增信服务，为企业融资提供便捷高效途径，通过完善金融服务，缓解民营企业融资难融资贵的问题。

逐步降低准入门槛，营造公平竞争的市场环境。国企与民企在竞争型市场中应具有同等地位、享受同等待遇，唯有坚持公平竞争、尊重优胜劣汰，方能体现市场自身的调节功能，增进经济效率、优化资源配置。因此，要有明晰的规则保护，防止国企利用所有制身份逆向淘汰民企。李克强总理在今年5月主持召开国务院常务会议时，就曾明确要求降低民间资本的投资进入门槛。建议加快民间资本投资准入门槛的开放进程，逐渐消除某些行业中存有的行政管制与垄断问题，从而营造公平竞争的市场环境，进一步强化民间投资的自主决策权、保护其在公私合作项目中的话语权。例如，管理层可基于市场化定价机制，构建可行有效的投资回报制度，积极引入民间资本参与优质PPP项目等。

积极应对大数据发展的对策建议①

大数据时代的来临,使得大数据成为产业转型升级的助推器,经济社会发展的新动力,国民经济新的增长点。据麦肯锡预测,到 2020 年,大数据可带动美国 GDP 提升 2％至 4％,创造 170 万个工作岗位;据欧盟委员会预测,至 2020 年,大数据可带动欧盟 GDP 提升 1.9％,即创造 2060 亿欧元的价值。大数据技术的研发与突破、产业的变革与创新以及应用的普惠化是大数据发展中最活跃的因素。浙江在拥抱大数据时代的过程中应当树立大数据技术、产业和应用"三位一体"的发展思路,整体推进,建立完善大数据发展的产业链和生态圈,将浙江打造成为全国领先的大数据发展和应用中心。

一、国内外多区域积极抢占大数据发展高地

大数据是继传统 IT 之后下一个提高生产率的技术前沿,已经成为可以与物质资产和人力资本相提并论的重要生产要素,目前,国内外都在抢抓战略布局,积极抢占大数据发展的先手。

从国外来看,欧美发达国家在大数据发展中先行一步。首先,在国家战略层面规划大数据发展,并且已经形成国家战略、法律框架、行动计划的完整布局。其次,通过制定大数据开放共享、产业扶持以及资金保障等配套政策,推动大数据战略落地细化。最后,聚焦数据隐私保护,探索制定数据隐私保护法,应对数据爆炸带来的隐私安全问题。相较于欧美,亚洲大数据的发展整体落后,还处于探索与学习阶段,但是由于亚洲拥有全世界 60％的人口以及不断增加的

---

① 本文作者金雪军、凌剑峰,最初于 2017 年 5 月 12 日发布在《公共政策内参》第 17518 期。

上网人数,未来将有望成为全球大数据业务的主战场。

从国内来看,2015 年 9 月,国务院印发了《促进大数据发展行动纲要》,从顶层设计角度提出了我国加快建设"数据强国"的战略规划。同年 10 月,党的十八届五中全会公报首次提出实施"国家大数据战略",标志着大数据战略上升为国家战略。2016 年 1 月,国家发改委印发《关于组织实施促进大数据发展重大工程的通知》,提出通过实施一批大数据示范应用、共享开放、基础设施统筹发展、数据要素流通的重大工程项目,促进产业转型升级,培育发展新业态。2017 年 1 月,工业和信息化部印发《大数据产业发展规划(2016—2020 年)》,围绕强化大数据产业创新发展能力,提出了未来五年我国大数据产业的发展目标和重点任务。

从省、市来看,据不完全统计,自 2013 年以来已有 20 余个省级地方出台了本地区大数据发展规划,其政策各有侧重,发展各有特色。

表 1　各省市大数据发展特色

"大数据＋云计算"融合发展	北京、江苏、河南、青海等省市提出促进大数据与云计算深度融合,打造"大数据＋云计算"的创新、应用和产业发展高地
大数据基地(产业)建设	贵州、重庆、陕西、四川等省市纷纷提出建设综合型大数据基地,力图将大数据打造成为本地区的支柱型产业,引领产业转型升级
大数据普惠化应用	上海、广东、湖北等省市注重大数据在社会治理、民生领域、重点行业以及商业领域的普惠化应用

二、浙江省发展大数据的优势及瓶颈

浙江大数据的发展一直排在全国第一梯队,拥有得天独厚的发展土壤。首先,数据资源丰富,2016 年年末全省已登记商品交易实体市场 3926 家;截至 2016 年 3 月底,阿里云有超过 230 万用户,其中付费用户达 50 万,已经成为全球最大的云计算服务提供商之一。其次,基础设施完善,2015 年,浙江省人均移动电话 1.43 部,每百户城市和农村居民家庭电脑拥有量为 96 台和 38 台,互联网普及率达到 62.90%;无线局域网(WLAN)实现浙江主要公共场所全覆盖。再次,政务数据开放走在全国前列,2015 年 9 月上线的"浙江政府数据开放平台",实现开放 68 个省级单位提供的 350 项数据类目,包含 100 项可下载的数据资源,137 个数据接口和 8 个移动 APP 应用。最后,产业基础雄厚,2016 年全省信息经济核心产业增加值 3910.85 亿元,占 GDP 的 8.41%,对全省 GDP 的贡献率达到 15.9%。目前已形成 5 大产业矩阵、33 个细分领域、337 家大数据企业、395 个创新创业落点的大数据产业发展地图。

浙江在抢占大数据发展制高点的过程中也面临着一些瓶颈。首先，从数据资源到数据资产还差一步。2016 年初，贵州省出台了《贵州省大数据发展应用促进条例》，对大数据的采集、权属、交易等问题做了原则性、概括性的规定。在数据资产的管理中，数据的资产属性、数据确权、数据价值评估方法、个人信息保护、信息资源会计等问题急需政策的规范和廓清，需要我省在配套政策方面有所突破。其次，急需推动大数据与云计算、区块链等技术融合发展。大数据技术的主要优势是充分挖掘海量数据中的信息，提炼数据中的价值，大数据的发展对巨量的存储空间和快速计算能力提出了更高的要求，同时大数据发展一直面临着数据安全风险的挑战，需要多种技术融合，放大大数据技术优势。再次，急需组建大数据产业联盟。早在 2012 年北京就建立了中关村大数据产业联盟，贵州、上海等地也陆续建立起大数据产业联盟，提升大数据产业的整体竞争力。浙江省也探索建立了大数据应用产业技术联盟和钱塘工业大数据产业联盟，但缺乏一个能够覆盖全行业的联系机制，行业内的机构之间缺乏有效互动，需要政府进一步加以引导。最后，急需建立省级部门沟通协作的长效机制。大数据的共享开放、数据资源的管理等需要多个部门统筹协调，目前我省建立了大数据发展领导小组和省数据管理中心，承担大数据发展的顶层设计和具体实施，但部门之间还缺乏有效的互动联系机制，没有形成合力，需要我省在部门合作机制上有所创新。

三、浙江省积极应对大数据发展的对策建议

1. 积极推进数据资产化管理。数据资产化管理成为大数据时代政府、企业"盘活存量"的重要途径。政府需要尽快出台具有可行性的数据资产化管理政策体系，完善对数据的登记、确权、保全、价值评估和资本运作等的管理，制定数据滥用和维权的地方性法规，创新数据资产的财务管理和会计核算体系，建立大规模个人信息泄露应急管理机制，降低我省大数据资产交易的成本，提升我省大数据资产的竞争力。

2. 促进大数据与云计算、区块链技术的融合发展。政府需要考虑创新大数据的技术架构，在技术层推动"大数据＋云计算""大数据＋区块链"技术的互相融合、互相促进，积极探索大数据和云计算、区块链技术在存储计算、隐私保护、数据安全等多场景下的创新应用，放大多种技术融合带来的协同效应，提高大

数据存储的便利性、处理的灵活性、流动的安全性,为大数据技术的创新发展提供强有力的技术支撑,打造全国大数据技术开发应用高地。

3.组建大数据行业联盟。借鉴北京、上海、贵州等地大数据产业联盟建设的经验,积极推动筹建符合我省大数据产业发展需求的行业联盟。围绕大数据技术、产业与应用,运用市场机制聚合多方力量,汇集创新要素,实现产学研用等机构的有效互动。打造大数据技术标准化工程、创新创业孵化工程、宣传普及工程,积极推动大数据产业的跨界融合,推进行业内数据的开放共享、技术的研发与创新,进一步促进我省大数据产业的跨越式发展。

4.建立省级部门大数据联席会议制度。政府可以考虑在省级部门间构建适应大数据发展需求的长效工作机制,研究大数据顶层设计,推动大数据战略的落地实施,加强对大数据发展工作的监督和评估,促进部门和行业间的沟通协作,推进政府数据开放共享,强化数据资源统筹管理。

“最多跑一次”改革①

一、关于“最多跑一次”改革的评价

“最多跑一次”改革践行“以人民为中心”的发展思想，抓住了群众办事难、政府效率低这一全社会普遍关心的痛点，抓住关键、果断发力，不到三个月就取得了突破性进展，社会反响显著。对全省 10000 家企业的调查表明，超过 98.6% 的企业对这一改革举措表示“满意”和“基本满意”，对相关改革举措给予高度评价。可以说这是近年来社会认同度最高的改革举措之一，群众的获得感也十分明显。具体评价有：

第一，这是政府自身改革的深化。

从行政审批制度改革，到“四张清单一张网”，再到“最多跑一次”改革，这是浙江省政府坚决落实中央全面深化改革的决策部署，以简政放权、放管结合、优化服务三管齐下，推动政府自身改革不断深化。“最多跑一次”改革，不仅是“四张清单一张网”改革的深化和延伸，而且对政府的公共管理能力和水平提出了更高的要求，有新的改革内涵和举措，是政府自身深化改革的第三个阶段，充分体现了中国政府公共管理的新境界和新标准。

第二，这是建设服务型政府的重要突破口。

浙江在全国范围内率先提出以“最多跑一次”为主要内容的行政体制改革目标，也是建设服务型政府的重要突破口。建设服务型政府是行政体制改革和政府职能转变的主要目标，但多年来，进展并不十分明显，特别是群众办事难一

---

① 本文作者金雪军、蓝蔚青、杨舍利、黄翔，最初于 2017 年 5 月 18 日发布在《公共政策内参》第 17521 期。

直是全社会诟病的痛点,难以找到突破口。"最多跑一次"瞄准症结、抓住关键,为服务型政府建设找到了一个突破口,使服务型政府建设中多年难以真正落地的问题得以突破。

第三,这是"以人民为中心"执政理念在政府行政中的具体体现。

"以人民为中心"的执政理念是以习近平同志为核心的党中央治国理政思想的重要内容,这一执政理念必须贯穿到政府行政的方方面面。长期以来,政府部门的职能定位、职责划分、协调机制以及审批或服务方式设计,都是自上而下从政府自身供给角度出发,只考虑政府内部分工的合理性和管理的便捷性,很少考虑群众的具体需求。"最多跑一次"改革立足于群众和企业需求,真正以人民群众的需要为导向,对政府部门职责分工和行政流程形成倒逼机制,通过"最多跑一次"的刚性目标,倒逼政府各部门在机构设置、职责定位、职权划分、流程再造、考核监督等各个方面深化改革,使协调最方便、流程最短平、效率最高,显著提升人民群众的获得感,降低了企业的制度交易成本,提升了政务环境和政府公信力。这是政府行政逻辑的根本转变,也是"以人民为中心"执政理念在政府行政中的具体贯彻。

二、"最多跑一次"改革需要进一步完善之处

1. 从政府运行机制方面看:首先是政府部门内部职责分工和协调机制需要进一步理顺。"最多跑一次"实行"一窗口受理,集成办理",一定程度上解决了群众办事难。但"跑一次"与"一次需要多少时间"之间还存在落差,有群众反映,"跑多次"解决了,但"等很长时间"仍未解决,与群众的预期还有差距。从根本上说,这是政府内部部门职责划分和协调机制与"最多跑一次"的目标还有明显差距,部门之间责任不清、互相制约、互相推诿的现象还没有解决。其次,就是政府内部如何以"最多跑一次"为目标,深化行政体制改革需要加快推进,目前目标要求都明确了,但政府部门之间的职责划分、协调机制、办事流程等改革没有及时跟上,继续下去,会制约"最多跑一次"改革的深化及其具体效果。再次,"最多跑一次"解决了群众办事难,但事中、事后监管能否到位还没有具体明确,政府责任和企业、群众愿望如何有效对接也需要进一步研究。

2. 从信息公开、数据共享方面看:一是政务公开、信息公开水平与"最多跑一次"改革要求还存在明显差距,很多群众不知道政府办事流程、便民政策,很多企业不知道各级政府针对企业的各种优惠、减负政策。调查表明,即使对于

"最多跑一次"改革,有72.8%的企业只是知道改革名称但不了解具体情况,有8%的企业至今仍不知道这项改革,地区间更不平衡,个别市县比例更高,这是当前影响"最多跑一次"改革成效的重要原因。二是部门间信息孤岛现象依然存在,由于各种原因造成的政府部门电子政务领域中存在的基础设施条块割裂、网络互联互通不畅、公共数据不能共享和业务系统缺乏协同等问题,仍是制约改革推进的重要因素。

3.从技术支撑方面看:信息技术的快速发展和广泛应用为"最多跑一次"提供了可能,快速便捷的搜索引擎方便了企业和民众的各类查询,项目填表、资料申报、各级审批都可以在网上完成,但由于相应的技术支持没有跟上,包括一些办事大厅电脑及打印设备过少、联接共享平台没有建立,特别是公共数据共享和企业、个人信息隐私保护技术,都需要进一步加强和完善。

4.从政府服务标准化方面看:一是政府公共服务方面的标准不清晰,什么事项属于"最多跑一次",什么事项不属于"最多跑一次",至今没有明确标准;"最多跑一次"的具体标准是什么?不同部门之间要求是否相同等等,这些问题不解决,可能会引起群众的误解,降低对改革的认同度。二是推进政务服务标准化协调机制不完善,没有形成多部门协同推动公共服务标准化的工作格局和有效协调各相关部门的工作机制,对于涉及多个部门不同利益的公共服务标准,难以达成共识,对"最多跑一次"改革的解释和执行,各个部门各行其是,影响了整体成效。

三、深入推进"最多跑一次"改革的对策建议

1.进一步加大宣传引导和信息公开力度。充分利用报纸、传媒、微信、微博等各种媒体,广泛发动社区、高校、楼宇开展有针对性的宣传服务,要抓住具体事例宣传解读"最多跑一次"改革及其内容,消除盲点、不留死角,让更多的企业、更多的群众了解和知晓"最多跑一次"改革的内容和举措,避免误解和简单化认识,进一步提升社会认同度和获得感。依托浙江政务服务网、部门门户网站和行政服务中心或办事大厅,设置专栏、专门橱窗、咨询服务台,解释宣传"最多跑一次"改革及清单内容、办事指南,让群众民众能看到、能问到、能看懂。

2.进一步加强信息网络技术支撑。信息网络技术是支撑和提升"最多跑一次"改革的有效手段,可以说,"最多跑一次"改革是信息技术支持下的服务型政府建设。要充分利用互联网特别是移动互联网技术,打造全省统一的电子政务

云平台和大数据平台建设,提升网络技术水平,构建政务服务友好界面,改进用户体验,实现"一窗受理、一网通办、一号响应",让群众和企业办事"距离更近""时间更短"。要积极利用区块链技术分布共享和不可篡改性,开发新的应用,保证电子信息不能更改,确保信息能够被各个部门快速获得的同时,个人和企业隐私能够得到有效保护。

3. 进一步完善评估考核和问责机制。要确保"最多跑一次"改革持续深化且取得有效进展,必须建立完善对政府各部门推进改革举措及其成效的全流程监管和考核评机制,规范便民服务事项进驻和办事流程,要通过政务服务的第三方机构建立群众办事工作回访机制,让群众参与监督评价等方式,定期对相关部门进行评估考核,保证改革的持续推进。政府各部门要进一步细化"最多跑一次"改革的项目清单,对于已公布清单内的项目不能落实"最多跑一次",应当跟进问责,对多次有意为难、落实"最多跑一次"不力的部门和人员,要视同不作为、慢作为、乱作为,依法依纪予以问责,确保"最多跑一次"改革落地的执行力,避免政府公信力落空打折。

4. 进一步深化行政体制改革。紧紧抓住"最多跑一次"改革实施形成的倒逼机制,深化行政体制改革。一是注重行政体制改革顶层设计,省政府推进协调小组要在扎实推进"最多跑一次"改革的基础上,明确以群众需求为导向的行政逻辑,谋划深化行政体制改革的整体方案和改革路径,适时启动相应改革举措。二是进一步加快推进服务型政府建设,坚持民意导向、问题导向、目标导向,以"最多跑一次"为抓手,进一步明晰部门职责,优化协调机制和工作流程,提高政府工作效率。三是紧紧围绕"放管服"统筹推进各领域改革,特别是通过"最多跑一次"倒逼政府各部门转变以批代管、重审批轻监管的传统思维模式和工作方式,推动部门强化监管意识、创新监管方式,有效履行监管职能。四是注重基层政府服务能力水平的提升,随着"四张清单一张网"和"最多跑一次"改革的不断深化,基层政府职责任务不断加重、工作压力明显加大,但人员偏少、能力不足、技术支撑缺乏的问题也更加凸显,因此,必须把加强基层政府服务能力建设放在更加重要的位置,在机构设置、人员配置以及技术投入上要更多向基层倾斜。

5. 重视社会组织的作用。社会组织是社会治理的重要主体,要充分发挥社会组织在社会治理、提供公共服务中的积极作用。一是各级政府要动员社会组织积极参与"最多跑一次"改革,委托他们组织对"最多跑一次"改革的内容及事项清单进行讨论评估,并通过他们向企业、群众进行宣传,接受企业和群众咨询。二是通过购买服务方式,委托社会组织对政府部门"最多跑一次"改革进行评估、参与监督,定期收集并反馈企业和个人的诉求,提出完善建议,增强"最多跑一次"的针对性和实效性。三是鼓励社会组织承接相关服务和事项。

6.适时总结改革好经验、好做法并推广复制。省政府要及时总结各市县推进"最多跑一次"改革中的好经验、好做法,定期交流研讨,推动改革不断深化并取得成效。

深化温州金改　服务中小企业[①]

在温州金改推进的五年中,温州金融改革以服务中小企业为目标,从前期的备受质疑发展到现在的取得初步成就。温州不良贷款率连续四年下降,2017年3月降至2.48％;次不良率的关注类贷款连续三年下降,降至4.18％。截至2017年3月,温州市小微企业信用保证基金已为677家小微企业融资提供信用担保,累计承保金额12.07亿元。2017年浙江省重点工作中明确提出"继续深入推进温州金融改革"。在省委省政府的重点关注下,温州金改应乘胜追击,进一步深化改革力度。

一、对温州金融改革的评价

温州金改在金融创新方面的努力和目前取得的成绩值得肯定,但是改革中还存在着一些问题需要解决。

1.政策约束和税收优惠力度不够

温州民间借贷登记服务中心成立的初衷,是通过民间借贷的信息登记推动民间借贷的阳光化和规范化,但是目前登记的数量却远远少于民间借贷资本量。截至2016年上半年,温州各地民间借贷登记服务中心备案登记总金额约为340亿元,备案率仅为30％。出资人和借款人不愿意到借贷登记服务中心进行登记的主要原因,一方面是担心记录会影响在银行的借贷额度,另一方面是需要缴纳20％的利息所得税。如果进行登记,就意味着减少20％的收入。虽然《温州市民间融资管理条例》中明确规定单笔借款金额300万元以上等数额

---

① 本文作者金雪军、金赟,最初于2017年5月30日发布在《公共政策内参》第17537期。

较大的交易必须到平台进行登记,但是违规成本较低,处罚上限仅为 20 万元,或者是募集资金的 5%,所以制约效果并不理想。

2.服务小微企业的核心目标被淡化

温州金改最初是以化解民间资本借贷风险,服务中小微企业为目标,但在实施过程中逐渐着眼于更广阔、更宏观的金融领域,将改革范围扩展到农房抵押贷款、民间资本进入银行业等方面,弱化了服务中小微企业的核心目标。另外,民间借贷登记服务中心这样的服务机构为了创收维持运转,也开始寻求转型。2015 年民间借贷服务中心与建设银行签订合作协议,对接二手房贷款、信用卡、购车分期等个人贷款业务。广阔的服务范围将会分散政策资源,很难集中力量抓核心问题。

3.平台没有大型中介机构,风控不严格

民间借贷服务中心不收费、不担风险、不兜底、不设资金池,主要强调服务、引导、规范的功能,借贷双方需要自担风险。对投资者来说,最关心的问题之一就是资金的安全性。平台上没有中介机构,难以保证风险控制。P2P 行业的陆金所之所以收到投资者追捧,就是因为有平安集团这样的大型中介机构作为支撑,缺少大型机构支撑的平台很难吸引大量的投资者。另外,温州的互联网借贷平台也频频爆出"跑路",2014 年仅两个月就有"富城贷""融益财富""如通金""万通财富"四家 P2P 网贷公司倒闭,给"温州平台"蒙上高风险的阴影。

4.仍然存在较大的"两链"风险

2015 年成立的温州信用保证基金运营中心主要为小微企业提供信用担保,信用保证基金采用政府和银行共同出资的方式,小微企业不用抵押物也不用担保,凭信用就能获得贷款。虽然为小微企业融资简化了程序和障碍,但是却增加了企业违约风险和政府财政负担。除了信用保证基金,温州企业还自发抱团增信。瑞安首创中小企业互助还贷机制,互助还贷小组由企业自发组成,贷款银行和资金管理人签订互助还贷协议,企业仅需偿还银行利息即可完成转贷,企业间的相互担保又在一定程度上加剧了担保链风险。

二、浙江中小企业面临的现实困难

1.宏观环境紧张,实体发展不佳

全球金融危机爆发以后,发达经济体国家的经济出现了低经济增长与高失业率并存的状态,这种状态与全球经济增长的"大停滞"一直持续对我国宏观经济产生较强的冲击。2011 年以来,我国的出口增速持续下降,在 2015 年跌为负值,2016 年也继续为负增长,出口增速放缓在一定程度上制约了我国实体经济的发展。国内实体企业发展环境也进一步恶化,大量社会资本脱离实体经济流向虚拟经济,导致实体企业资金成本不断加大。另外我国实体企业还面临创新能力不足、综合成本持续上升的问题,转型升级迫在眉睫。

2.融资难融资贵,资金结构失衡

中小企业由于规模较小,经营稳定性差,信用等级低,缺乏抵质押品,难以从传统融资渠道满足资金需求。大量的中小企业只好将贷款需求转向民间借贷,导致民间借贷成本居高不下。最新的央行一年以内贷款基准利率为4.35%,相较于 2015 年 5 月同期下降了 13%。而温州指数发布的最新温州民间借贷一年期利率为 15.07%,相较于 2015 年 5 月同期仅下降了 4%。由于民间借贷成本较高,中小企业无法使用民间借贷资金进行长期发展,仅会选择通过短期借贷进行资金周转。2017 年温州民间融资综合利率指数一季度运行情况显示,温州民间融资短中期(1~6 个月)融资的比重高达 73.43%。目前中小企业中长期发展的资金来源,除自有资金外十分有限,这样缺乏弹性的融资结构将会制约企业的长期发展。

三、对深化温州金融改革的建议

1.明确金融改革的核心目标

在温州金融改革的推动过程中,应该始终明确"服务中小企业"的核心目标,将政策资源集中于解决几个核心问题,避免因政策过于分散而削弱改革效果。对于民间借贷登记服务中心这样的服务机构,可以通过补贴保障其日常运营,使其能专注于服务中小企业,而不用把精力放在开展新型业务进行创收上。

2.完善法律制度,加强执法力度

虽然《温州市民间融资管理条例》确定了民间借贷的合法化,但是违规成本较低,执行力度不够。如果要真正实现民间借贷的规范和良性发展,必须在登记备案制度上进行严格把控。这就需要从立法上进行更细致的规定,适当提高违规成本,保障相关法律规定的有效实施。在抓紧制约之手的同时,也需要给出优惠政策吸引投资人主动进行登记,可以通过利息收入方面的税收优惠政策减少投资人因登记而造成的损失。

3.进一步丰富金融机构种类

温州金融改革的十二项主要任务之一,是加快发展新型金融组织。温州民商银行的成立实现了民营企业进入银行业的突破,其主要为中小微企业服务,贷款利率远远低于民间借贷利率,给中小微企业带来了真真正正的实惠。但是目前温州仅有一家民营银行,服务范围和能力都有限,未来应探索放松区域性、专业性的新型金融机构准入门槛,让更多的资本服务中小企业。例如私募股权基金作为一种创新型金融工具,能够有效引导民间资本聚集到企业前期发展投资,帮助解决中小型企业融资难的问题

4.防范化解"两链"风险

温州金融改革既要放宽限制,给中小企业融资提供便利,同时也不能放松防范风险的警惕,防止造成民间借贷危机的进一步恶化。防范化解"两链"风险不能只依靠风险发生后的政府帮扶,而要在源头进行防范控制。通过建立具有温州特色的社会信用体系,充分利用大数据,推动政府信用信息、金融信用信息、企业信用信息的互联共享,让企业珍惜和重视自己的信用。

积极发展创新型经济 培育浙江
实体经济新动能[①]

一、创新型经济发展特征

创新型经济的发展应当把握三个方向。

一是要应对消费需求的变化。随着居民消费水平的提高、消费需求的增长,以及对消费个性化、便利化、智能化的追求,使市场上对产品、创新、技术的更新换代更为迫切,单单依靠企业自身的创新、创造已经不能提供有效的供给,迫切需要借助更加专业的"创新大脑"科研院所和高校的创新力量,也迫切需要政府出台相关的规划、政策、创新合理机制,引导创新的成果从高校到企业落地,满足市场需求,最终惠及人民,同时政府、市场和企业同样都需要高校提供创新人才,这就形成了政府、市场和高校的合力联动。

二是要抓住新技术革命的机会。以互联网、云计算、大数据、人工智能、物联网为代表的新技术与传统产业尤其是制造业的深度融合,不断催生出新产业、新业态,新模式,并向经济社会生活各领域广泛渗透,成为创新型经济赖以发展壮大的主要动力。一项新技术要从研究发明,申请专利到形成一个企业,再到最终走向产业化甚至带动一个崭新行业发展,首先要技术上可行,其次要产业具有发展潜力,最后还要资本的推动和经营。只有技术、产业、金融有机融合,才能最大程度地实现价值创造。

---

① 本文作者金雪军、黄翔,最初于 2017 年 6 月 10 日发布在《公共政策内参》第 17545 期。

三是要抢占区域创新网络发展的先机。知识资本已经成为区域经济发展中的重要资源,创新是知识流动的结果。政府、市场、高校、企业多方创新主体合力联动,技术、产业和金融的有机融合,使得知识在区域内加速流动、碰撞和交融,形成了区域创新网络,成为发展创新型经济的重要平台和抓手。

二、国内外区域发展创新经济经验借鉴

从国外看,美国波士顿128号公路经济带和美国硅谷经济带都是最典型的区域创新网络。自20世纪70年代以来,这两条经济带作为世界上电子工业主要的创新中心,以技术活力、创新精神和非凡经济增长备受世界关注。早期的128号公路发展得益于政府、高校和市场的联动,20世纪80年代经济开始滑坡,近年来通过产业结构的调整又重新复苏;而硅谷创新经济一直保持活力,并逐渐走向成功。从两个区域的创新要素分析(见表1),128号公路地区和硅谷都有著名大学和科研院所作为技术支撑,又有金融资本助推,集聚大量的创新资源,并且形成了高新技术产业集群。128号公路地区有良好的产业基础、更侧重产业链的打造和基础设施建设,后期转型也很成功,在这里政府引导起了很大作用;而硅谷以具有创新活力的中小企业为主,从无到有,形成了独有的创新文化网络和协同创新体系。

表1   区域创新网络

128号公路经济带	1.从纽约到波士顿的128号公路;2.坐拥哈佛大学、麻省理工学院等;3金融支持以联邦政府的国防支持基金为主,风险资本为辅;4.文化鼓励稳定、自力更生;5.早期得益于政府支持和基础设施建设,以大企业为主;6.更侧重基础研究和产业研发,是新的产业部门、新行业和新产品诞生的摇篮。
硅谷经济带	1.从旧金山到洛杉矶的硅谷经济带;2.坐拥斯坦福大学,加州大学伯克利分校等;3金融支持以风险投资和股票期权为支撑;4.文化具有冒险精神、开放的个性和合作精神;5.市场化运作,以具有创新活力的中小企业为主;6.更侧重产品在设计和生产环节的创新。

多元化和相互渗透是创新型经济的特点,比较波士顿128号公路地区和硅谷的发展,两者都值得借鉴。对于浙江而言,既应该大力发展创新创业的硅谷模式,又应该发展产学研结合的128号公路模式,将两种模式有机地结合起来,再赋予中国特色,就可以发挥出更大的潜能。

从国内看,北京提出建设中关村科学城、怀柔科学城和未来科技城三大科

学城,打造全国科技创新中心。上海继金融中心、贸易中心、航运中心后,提出要建设具有全球影响力的科技创新中心。江苏以城市群为单位,建设苏南国家自主创新示范区。广东借鉴美国的128号公路模式,以广深沿线为主轴整合创新资源,打造科技创新走廊。全国重要省市都在积极构建区域创新网络,完善区域协同创新体制机制。

三、我省发展创新型经济的优势以及瓶颈

我省的创新型经济一直走在全国前列。"八八战略""四换三名""五水共治""四张清单一张网""最多跑一次""八大万亿产业",省委、省政府发展经济路径一脉相承,贯穿其中的主线就是创新。特色小镇、众创空间、高新区、科技城、集聚区、城西科创大走廊以及钱塘江金融港湾等平台载体为新动能的培育提供了纵深空间。同时浙江拥有浙江大学、清华长三角研究院为代表的"创新大脑",以阿里巴巴、华三通信、海康威视、聚光科技等为代表的"创新引擎",以及雄厚的金融资本和完善的金融体系,为浙江创新型经济的发展提供了土壤和养分。

积极发展创新型经济是浙江产业和信息经济顺应新一轮新技术革命和新型城市化发展趋势的必然选择,既能延伸改造浙江的传统产业,延伸产业链,拓展新市场,接力新技术新经济,还能优化区域的协同创新,推进城市化进程,为实体经济新旧动能的转换提供有力支撑。

我省发展创新型经济仍面临一些瓶颈。从省、市层面看,杭州和宁波都已获批创建国家自主创新示范区,如何构建杭甬跨地区的创新协同机制,乃至以此为核心构建全省创新型经济一体化发展的机制,值得进一步突破;从区域创新网络看,"十三五"期间,我省提出要重点打造城西科创大走廊和钱塘江金融港湾,这两大平台一个代表科技创新,一个代表金融资本,既在空间上衔接,又在资源上互补,如何建立联动发展机制有待突破;从创新要素来看,创新文化的构建,创新精神的培育,创新人才的培养和引进,产学研的结合,对传统动能的改造提升,以及对新技术的监管,都是需要进一步关注的问题。

四、浙江发展创新型经济的对策建议

一是建议探索构建环杭州湾创新协调机制。借鉴苏南国家自主创新示范

区创新一体化发展机制，以杭州和宁波两个国家级自主创新示范区为依托，整合环杭州湾沿线城市（杭州、宁波、嘉兴、绍兴、湖州）创新资源，建立市场化运作与政府宏观引导相结合的创新协调机制。探索建立环杭州湾统一的协调机构并建立健全长效工作联动机制，明确各市在创新产业链中的定位，跨区域协调产学研科技创新工作，探索人才流动、技术攻关、成果转化、资本推动、信息共享等创新要素协调统筹的创新平台，通过重大科技基础设施和创新平台协调统筹布局，激活环杭州湾沿线城市创新要素。同时鼓励政府引导，组建环杭州湾企业技术研发创新联盟，以市场化为主导，有效推进创新企业上、中、下游对接和联系。

二是加强城西科创大走廊和钱塘江金融港湾联动发展。城西科创大走廊与钱塘江金融港湾，是浙江经济发展中互为依靠、互为支撑的两个重要的区域创新网络。浙江应当借鉴上海科创中心和国际金融中心建设经验，把两大平台的建设有机结合，实现联动发展，释放两者协同促进的聚变效应。首先要强化科技金融支撑，通过探索开展投贷联动，专利知识产权市场化、完善科技创新需求的多层次资本市场等金融服务促进科技创新，科技成果转化，产业化应用，助推城西科创大走廊建设；同时城西科创大走廊要反哺钱塘江金融港湾建设，将科技要素融入金融领域，以新技术助推互联网金融等新兴金融业态发展和资本市场完善，从而提升金融服务效能，打造具有更强核心竞争力的金融平台。鉴于空间上的衔接，两大平台可以在政策措施、机构业务、监管规范和组织实施方面协调协同。

三是以特色小镇理念构建创新生态体系。对于众创空间、孵化器、产业园、高新区、科技城、集聚区等发展创新型经济的地方平台，以特色小镇理念构建政府为引导、市场为导向、企业为主体、产学研结合的创新生态体系。并且可以借鉴中关村政府—市场—社会组织联合治理模式，共同搭建产业联盟和社会组织群。对于创新生态体系内的新产业、新技术、新业态、新模式，审批和监管应当主动适应培育发展新动能的要求，不能没看清楚就套上"枷锁"。

四是加强构建创新文化，培育创新精神。通过扶持一些多元、跨界推动创新的文化活动，宣传创新典型，树立创新榜样，营造包容、开放的创新氛围，鼓励创新，允许试错，让政府与企业，高校与企业，创新企业家之间，以及企业家与员工之间形成具有"干在实处、走在前列、勇立潮头"的浙江创新"文化"网络，吸引更多创新主体尤其是年轻的创新人才向浙江汇聚，成为发展创新持久弥新的动力之源。

发展我省金融万亿产业:既需固投 也需智投[①]

2015 年,金融业首次作为万亿级产业之一进入我省政府工作报告。同时,我省在"十三五"金融产业发展规划中提出"构建五大金融产业、四大金融平台、三大区域金融布局的'大金融'产业格局,加快金融机构、金融市场、金融业务创新,进一步推进金融产业实力强和金融服务实体经济能力强的'金融强省'建设"。那么,我省与兄弟省市相比,金融产业短板在哪里? 如何发展我省金融万亿产业?

一、我国东部六省市金融机构基本情况对比

据统计,浙江省拥有银行 11288 家,证券公司 3 家,期货公司 11 家,信托公司 4 家,人寿、财产保险公司 4 家,金融控股集团有 4 家。由于尚未得到 2017 年我省金融业发展数据,因此根据 2016 年年末金融业发展情况,本文对我省与北京、上海、广东、江苏和山东等省市进行比较(见表 1)。

表 1　各省市部分金融行业相关企业数量[②]　　　　　　(单位:家)

地区	金控集团	银行	证券	保险	
				财产	人寿
北京	24	4557	23	21	30
上海	10	4029	16	13	18

---

① 本文作者金雪军、刘建和、何美娟,最初于 2017 年 11 月 27 日发布在《公共政策内参》第 17594 期。

② 注:银行和证券公司数据来自东方财富 Choice,其他数据为作者收集整理。

续 表

地区	金控集团	银行	证券	保险	
				财产	人寿
广东	9	14771	21	9	8
江苏	2	13056	6	2	3
山东	1	14944	2	3	1
浙江	4	11288	3	2	2

1. 金控集团

我国重点金控集团主要集中在北京、上海和广东。如北京的中信集团总资产7.24万亿港元,净资产6958.51亿港元,净利润626.39亿港元,持有银行、证券、保险、期货、信托和租赁等业务牌照;上海的交通银行资产规模8.40万亿元,净资产6300亿元,净利润672.10亿元,持有银行、证券、保险、信托和租赁等金融业务牌照;广东的平安集团资产规模5.58万亿元,净资产4900亿元,净利润623.94亿元,持有银行、保险、资产管理和互联网金融等业务牌照。而我省金控集团在数量、资产规模和业务牌照数等均远低于北上广三省市。如浙江的阿里集团,2016年总资产为5068.12亿元,净利润412.26亿元,不到平安集团的1/10。

2. 银行业

我省银行类金融机构包括农信社等数量大大少于广东、山东和江苏等地区,尤其是总部在我省省内的商业银行均以小型商业银行为主,其中包含10家城市商业银行和1家农村商业银行。商业银行虽然在数量上有一定优势,但银行总资产多在2000亿元以下,其他省市除天津以外均有资产规模超过10000亿元的商业银行。

3. 证券、保险和信托

据证监会公布的证券公司名单,北京、上海、广东拥有的证券公司数量是我省的4至5倍。我省证券公司数量少,而且规模和盈利能力也并不乐观。以我省财通证券2016年业绩为例,净利润仅为17.77亿元,与其他省市的公司相比差异巨大。如上海的国泰君安和海通证券净利润分别为113.53亿元和89.31亿元,广东的中信证券净利润为109.81亿元,而北京的中信建投净利润也达到53.13亿元。我省保险业和信托业的情况与证券业较为类似,在数量和规模上也均落后于北上广苏等省市。截至2016年末,我省保险法人机构共4家,数量仅约为北京的1/13、上海的1/8、广东的1/4,且全部亏损,仅2016年4家公司合计亏损达 12.76 亿元。我省期货业发展情况要强于江苏和山东，永安期货 2016 年净利润为 46376.05 万元，排在全国第一位。但其他 3 家期货公司业绩均在 1.50 亿元以下，与上海和广东的期货公司相比仍有一定的差距。

二、制约我省金融行业发展的突出问题

1. 我省金融行业公司数量较少。从表1的数据来看，六省市可以分为两层次：第一层次为北京、上海和广东，第二层次是江苏、山东和浙江。除商业银行外，第一层次的省市中金融机构数量明显大大高于第二层次。而我省不仅处于第二层次，且在第二层次中优势不大，除金控集团以外，商业银行、证券公司和保险公司数量均弱于江苏，即使与山东相比优势也不明显。

2. 我省金融企业普遍资产规模不大、盈利能力不强。比如，2016 年全国商业银行净利润排名前 20 位中，我省仅宁波银行 1 家，而北、上、广三省市就占有了 15 个名额；我省的 4 家信托公司，全国的净利润排名均在 25 名以外；而金控集团、证券公司、保险公司等资产规模和净利润均大大低于北、上、广三省市同类企业。

3. 金融从业人员数量较多，但高端人才相对较少。从六省市的金融从业人员数量来看，我省金融从业人员数量达到 37.96 万人，规模位居六省市第四位。但是受限于金融机构数量少、规模小，中高端人才的数量较少。以我省湖州、衢州两个绿色金融改革创新试验区为例，兴业银行总行从 2011 年开始成立环境金融部，但是湖州市分行并没有独立的绿色金融部门，绿色金融专职人员也仅 1 人；而衢州市甚至还没有成立分行，也没有绿色金融专职人员。见表 2。

表 2　六省市金融从业人员数量

地区	金融从业（万人）	地区	金融从业（万人）
北京	43.16	江苏	33.32
上海	33.03	山东	38.83
广东	43.15	浙江	37.96

三、加快我省金融行业发展的若干政策建议

1. 推动我省金融机构做大做强需要加大"固投"力度。值得注意的是，近年

来美国和我国上市公司的发展表明,在行业中处于领先地位的大规模企业其业绩成长也处于领先水平。我省金融机构数量少、规模小的现状与浙江省作为经济大省并不相称。因此,有必要对我省本土金融机构进行政策扶持,尽快加大金融机构固定资产投资力度和规模,支持金融机构做大做强。寻求机会让金融机构上市融资,获得资金优势。创造条件利用产业发展基金、并购基金,引入混合所有制改革,在省属国资或地方国资的支持下,并购相关金融资产,以更快速度做大做强。

2.发挥浙江特色,建设我省金融机构的优势高地。在金融行业上,北、上、广地区已经具备了一定的优势地位。如广东、江苏分别有9家上市银行,而广发证券和华泰证券也是老牌的A股上市券商。而我省A股仅有宁波银行、杭州银行2家上市公司,浙商证券和财通证券也只是新晋A股上市券商。正是如此,要充分发挥浙江特色,促进本土金融机构发展,如台州的民泰银行、台州银行、泰隆银行等民营银行、财通证券的资管业务以及我省即将开业的全国第一家科技保险公司——太平科技保险股份有限公司运用保险助力科技企业发展的保险创新业务。一方面支持这些金融机构利用自身特色做大规模,另一方面也在金融行业中打造金融机构的优势高地。

3.加大"智投"有利于提升传统金融业软实力。传统金融业发展的一大挑战在于缺乏领军人物和大批训练有素、通晓国内国外金融市场和新兴金融业态的金融人才。党的十九大报告再次强调多层次资本市场的建设。未来金融业的发展和多层次资本市场建设往往跨越多个金融市场,包括商业银行类、证券投资基金类、信托保险类、互联网金融类、私募类等。银行理财和信托产品也常常涉及多个投资市场。因此我省金融业需要大批跨领域的金融全才,有必要注重人才队伍建设,要突破分业经营的局限来培育金融人才,着力引进和培养经营管理人才、跨行业的复合型人才和行业领军人才。

关于建立绿色发展报告制度的建议①

绿色发展是经济社会发展的重要任务。目前全国缺乏相关标准,宁波市北仑区率先对临港重工业绿色发展模式进行了探索。

一、北仑区编制与发布绿色发展报告的实践

建立绿色发展报告制度是生态文明体制改革的重要内容。《宁波市北仑区绿色发展报告》回顾了"十二五"期间绿色发展的历程,研究了资源环境要素约束下地区产业结构调整的路径。

1. 认真摸清家底。通过资料收集、数据分析建模、现场调研等工作,收集整理北仑区在社会经济发展、资源能源消耗、污染物排放等方面的发展概况,呈现了北仑区环境质量的演变,分析北仑区资源环境及污染物排放的乌兹涅茨曲线,总结了 2006 年以来北仑区在绿色建设方面的成果,概括了绿色发展实践的北仑特色,为科学分析打下基础。

2. 科学制定指标体系。在摸清现有"家底"的基础上,北仑区邀请清华大学环境学院为北仑量身定制了一套指标体系,纳入了与自然资源资产相关的 4 项指标,紧密结合自然资源资产负债表编制研究,在评价指标体系基础上,进一步将各项指标经无量纲化处理和加权,得到单一的绿色发展指数表征的综合绩效,可以通过定量分析呈现地区的绿色发展水平。

3. 分层次编制发布。北仑区政府确定了绿色发展报告编制技术单位,制定了改革实施方案,明确了目标任务。在现场调研、收集相关资料和数据、对数据

① 本文作者金雪军、方汝洋、卢姣姣,最初于 2017 年 12 月 13 日发布在《公共政策内参》第 17601 期。

进行加工分析的基础上建立方法模型,制定绿色发展指标体系和指数计算方法,形成研究报告。研究报告征求部门意见,开展专家评审,完善后正式向公众发布,并将研究成果进行专题汇报和集中宣传。

4. 深入总结经验。基于多目标线性优化方法,研究北仑区"十三五"期间在四种主要污染物排放总量持续减排的同时,使资源能源及污染物容量资源在各产业间优化分配的经验,识别资源环境强约束行业和弱约束行业,指出要坚持实施生态带动战略,带动产业转型升级和城市有机更新,促使生态环境成为支撑区域可持续发展的新优势。

5. 进一步完善报告。区委改革领导小组重点督办,地区各部门高度重视,听取专家意见,对报告进行修改完善,区生态建设领导小组成员单位密切配合,以编制绿色发展报告为契机,找准薄弱环节,提出对策建议,为加强绿色发展能力献计献策。

二、编制与发布绿色发展报告的意义与作用

1. 公开了绿色发展信息。《报告》的发布有助于满足群众对政府信息公开的需求,增强公众对生态环境的关注,鼓励人民群众积极参与绿色发展,有效促进全区积极转变发展方式,推动绿色发展。

2. 提出了统一评价体系。对绿色发展的质量和效益提出统一的评价指数和体系,并测算了全区的绿色发展水平,通过数据对比、图表分析,全方位、立体式地向社会公众呈现北仑区的绿色发展成果。

3. 明确了绿色发展指南。《报告》指出了全区绿色发展急需改善的地方,展现了全区历年来绿色发展的实践结果,为决策者评价各项绿色发展政策绩效提供参考依据,发现了地区绿色经济发展的长板和短板,提出了消除这些短板的具有可操作性的建议。

4. 提出了绿色发展途径。《报告》提出通过资源能源、温室气体排放及污染物排放容量等资源要素承载力在各产业间的优化配置,以资源环境要素倒逼产业结构深度调整。同时完善区域安全及环境风险防范体系,打造循环经济发展新格局,搭建智能化生态环境管理信息平台,倡导绿色生活方式,努力将北仑区打造成为经济社会发展与生态环境保护共赢的示范区。

5. 促进了多元主体参与。区委审议并通过了《关于发展生态文明建设美丽北仑的决定》,确立了以区委、区政府主要领导亲自抓生态,各分管领导分头抓

落实,人大、政协主要领导全面参与,生态建设办公室具体部署、全区各部门齐抓共管的工作机制,通过宣传动员,全区上下广泛参与、形成合力,基本形成人人主动参与、共建生态美好家园的良好氛围,创建工作基本做到家喻户晓、深入人心,企业和公众维护生态环境的意识普遍提高。

6.加强了媒体监督。中国能源报、中国网、网易新闻、浙江在线、浙江环保新闻网、宁波日报等多家媒体对《宁波市北仑区绿色发展报告》进行报导,并在浙江政务服务网进行信息公开,详细报道了北仑区召开的绿色发展报告编制动员培训会议和绿色发展报告专家论证会,通过视频、图片、文稿等多种渠道,借助《报告》顺利发布的这一契机,向社会公众传达绿色发展精神,并有效发挥新闻媒体对编制和实施绿色发展报告的监督作用。

三、进一步做好编制与发布绿色发展报告工作的建议

根据对北仑区绿色发展报告制度的实地调研,结合全省对绿色发展的要求,对该制度的优化实施提出相关政策建议。

1.加强总结推广。完成北仑区绿色发展指数数据库及信息化建设,总结其编制经验和成果,为本省乃至全国其他地区提供可借鉴的方式方法。同时考虑到浙江省各个市县发展阶段和模式上的差异,要强调根据各地级市具体情况构建具有针对性的绿色发展评价体系,以满足不同发展阶段的具体需求,同时根据发展环境的变化不断变更和完善评价指标。

2.构建实践体系。建议在区县层面,立足地方主导产业,有序规划调整产业布局,有针对性地设计相关产业污染管控、节源节能措施,形成可复制、可推广的示范型实践经验。在地级市层面,通过绿色发展评价体系的构建,合理有效地评价自身发展质量,跟踪调节发展的正负效应,不断提升绿色发展水平。

3.开展研讨交流。可以召开省市各级现场会、交流研讨会,进行意见交换和经验交流;建立委员会制度,定期研究地区实施绿色发展报告制度中的重大问题,分享发展成果;建立部门联席交流会制度,为决策者提供目标明确、路径清晰、动力强劲、重点突出、政策含义清晰的战略性想法或观点。

4.优化监督工作。建议省市各级政府成立相应的领导协调机构,切实加强领导、明确责任、互相推进,监督绿色发展报告内容的实施情况,以确保绿色发展制度各项工作落到实处。同时要进一步推进环境管理体制改革,出台网格化监管工作方案,建议在街道挂牌环保办,明确各级政府环境监管主体责任,建立

"全面覆盖、层层履职、网格到底、责任到人"的网络化环境监管体系；进一步加强信息化管理平台建设，运用科技化手段，强化监测监控能力，落实监督责任，实时跟进生态文明建设体制机制改革情况，建立健全生态规划管理、控制、实施的制度体系。

中美贸易摩擦的影响及浙江应对建议①

　　3 月 22 日,美国总统特朗普正式签署备忘录,宣布对总值 600 亿美元规模的来自中国进口商品加征关税,并限制中国企业对美国投资并购,美国对外贸易政策加速转向。浙江作为外向型经济大省,出口对浙江经济增长发挥引擎作用。2016 年,浙江出口规模占全球市场的 1.7%,已超越印度,相当于全球排名第 17 的西班牙的出口额。出口依存度为 38.0%,高于全国平均水平 19.4 个百分点。同时美国是浙江主要出口贸易市场,2017 年浙江向美国出口 545.8 亿美元,约占全省出口的 19%。浙江"开放型经济强省"的建设是浙江经济转型升级的重要方向,充分调动和利用国内国际两个市场,关乎浙江未来经济发展的潜力和前景。中美之间的贸易摩擦势必会对浙江对外贸易和"开放型经济"建设产生不利影响,如何看待和应对中美贸易摩擦已经成为摆在浙江面前的紧迫课题。

一、中美贸易摩擦的发展趋势分析

　　1. 贸易摩擦是"美国优先"口号下的具体行动

　　特朗普在竞选伊始便提出"美国优先"口号,与奥巴马、克林顿等总统"笨蛋,问题在经济""是的,我们行"等竞选口号聚焦于国内问题不同,特朗普的"美国优先"口号站在了全球角度,其实质是将国内问题国际化,以国际视角解决国内问题,用全球化的思维反全球化。因此,与之前使用"反倾销"为理由不同,此次贸易摩擦使用的是已经过时的"301 调查",企图通过贸易摩擦破坏"中国制造

　　① 本文作者金雪军、凌剑峰、杨舍莉,最初于 2018 年 4 月 4 日发布在《公共政策内参》第 18623 期。

2025"的发展势头,保持美国在新兴技术领域的优势领先地位。

2.未来的贸易摩擦将是一种"多边摩擦"

特朗普在竞选过程中不仅多次提及了与中国的贸易损害了本国利益,也表达了对其他合作伙伴如加拿大、德国、日本、墨西哥和韩国的不满。其上台之后更是反对和退出 TPP、降低公司所得税率,引发德、法、日等国的抗议。在"美国优先"口号下,特朗普新贸易保护主义有可能引发全球范围内的贸易和投资保护主义倾向,如日本政府 3 月 23 日在内阁会议上决定对中国和韩国产的部分钢铁产品征收反倾销关税。因此,未来贸易摩擦将可能是中国、美国、欧盟、加拿大、日本等主要市场主体之间多种形式、多种层次的摩擦。这无疑会增加贸易摩擦的广度和深度,提升贸易摩擦的控制难度,加深解决贸易摩擦的复杂程度。

3.未来的贸易摩擦将是一场持久战

一是贸易摩擦将可能明面化、长期化。特朗普为了契合选民利益需求,让选民直观感受到"美国优先",贸易摩擦将可能更加明面化。同时要考虑到特朗普连任的可能,这意味着其贸易保护政策的延续和贸易摩擦的长期化。二是贸易摩擦将聚焦高科技产业。高新科技是国家之间竞争的前沿阵地。目前我国数字经济的规模已超过美国,人工智能的发展已经仅次于美国。未来中美两国贸易摩擦将会更聚焦于科技领域核心技术、话语权和产业标准等的竞争。三是中美经济博弈将会以贸易、货币、资源和资本等多种摩擦形式展开。其中贸易摩擦是前哨战、货币摩擦是阵地战、资源摩擦是要塞战、资本摩擦则是补给战。这将是一场多层次、多领域和全方位的经济博弈。

二、中美贸易摩擦对浙江的影响分析

1.给我省对外贸易的发展带来了较大的不确定性

本轮由美国制造的贸易摩擦不仅包括传统劳动密集型产品,还将针对"高新技术"产品,美国贸易代表办公室已经把"航空航天、信息和通信技术、机械"列为将要征收关税的行业。而机电产品、传统劳动密集型产品为浙江出口主要商品,同时,高新技术产品出口份额逐年提高。2017 年,高新技术产品出口增长13.6%,占全省出口比重为 6.5%。以安防产品为例,去年海康威视对美出口3.74 亿美元,大华股份 1.54 亿美元,浙江生产的安防产品在北美、拉美市场占据主要市场份额。本轮贸易摩擦将对浙江本土产品的出口,特别是机电产品和高新技术产品造成很大的负面冲击。

2. 不利于我省引进外资

美国是浙江第四大投资来源地。截至 2017 年底,美国共在浙江投资设立 6145 家企业,实际外资 69.5 亿美元,其中来自美国世界 500 强的投资项目就有 68 个,包括波音、辉瑞、杜邦、英特尔等。随着特朗普的新贸易保护主义政策的逐步施行,美国的再工业化也逐渐推动,吸引全球资本流入美国,对我们吸引外资造成困难。

3. 不利于我省企业对外投资并购

海外投资并购是浙江产业转型升级的重要支撑,是浙江企业获取先进技术、海外资源、市场渠道的重要手段。2017 年,浙江实施海外并购项目 118 个,并购额高达 53.85 亿美元,占同期对外直接投资的 55.85%。并且并购项目大都集中于医药、航空、汽车等高端制造业领域。其中美国是浙江第二大对外投资目的地,截至 2017 年底浙江在美国共投资 1355 家企业,总投资额 174.4 亿美元,此次特朗普签署备忘录要求限制中国企业对美投资并购,将直接限制浙江企业的对美并购行为,不利于浙江产业的转型升级,进而影响浙江开放型经济强省建设。

4. 对不同企业、行业、地区有不同的影响

一是对于尚没有产品定价权,抑或利润比较薄的企业影响很大。当前这样的浙江企业比例不小,如果提升 15%～20% 的关税这些企业就会面临生存问题。二是对某些特定企业产生重大影响,进而可能影响地区经济发展。比如本次对美反制裁将提高废铝进口关税。虽然浙江废铝进口额只有 1.6 亿美元,但其中兰溪的一家企业占到 43%。反制裁将影响这家企业的生产、生存。而这家企业在兰溪经济中占有重要的位置,进而会对兰溪经济的发展起到重要的影响。

三、积极应对中美贸易摩擦的对策建议

1. 善于利用法律武器应对国际贸易摩擦

一是鼓励和支持浙江相关行业协会成立熟悉国际商法程序和规则的律师团队,以司法诉讼形式处理有关贸易争端。二是支持企业发起贸易救济调查申请,在 WTO 框架内通过贸易救济规则解决贸易争端。三是在浙江范围内和立法权限内,探索制定更完备、更适应国际竞争的法律法规,保障浙江企业面临贸易

争端时有法可依,并可考虑在中国(浙江)自由贸易试验区、中国(杭州)跨境电子商务综合试验区、义乌国际贸易综合改革试点等开放前沿平台上先试先行。

2. 开展国际经济贸易新趋势相关的课题研究

一是研究发布世界贸易形势发展报告。重新评估新形势下国际贸易局势的新发展、新挑战,以及如何应对的新策略。二是加强对包括美国、欧盟、日本、加拿大、墨西哥等重点贸易国家经贸政策趋势的研究。监控重点国家经贸政策变化,防控政策带来的贸易摩擦风险。三是加强对重要贸易国家的商法制度研究。未来,贸易摩擦重点将从简单的商品摩擦转向更为根本的制度性摩擦。目前我们对其他国家,特别是将要重点对接的"一带一路"沿线国家的商法制度理解和研究很不到位,有必要未雨绸缪,开展针对重点贸易和投资国家的商法制度的系统性研究。

3. 综合权衡、重点突出的评估贸易摩擦带来的影响

一方面需要从企业、产业、行业、地区等多个角度综合评估贸易摩擦带来的影响,还要考虑其带来的直接影响和间接影响,从而分类、分程度、有针对性地制定相应的应对策略。另一方面关注重点项目、重点企业、重点行业。比如说舟山的"大飞机"项目,这些重点项目、重点企业、重点行业是浙江经济转型升级的关键节点。省里应当时时关注、积极协调,尽量减少贸易摩擦对这些项目带来的影响。

4. 加快提升浙江经济开放水平

一是转变经济开放的思路。贸易摩擦会倒逼中国市场开放,但这是被动的、不受控制的,急需转向科学主动地推动经济开放,有效把控开放的力度、领域和行业等。二是在中国(浙江)自由贸易试验区、中国(杭州)跨境电子商务综合试验区等高层次开放平台先试先行跨境人民币支付结算,探索构建与"一带一路"沿线国家的人民币支付结算朋友圈,提升支付结算的便利和安全。三是继续以"最多跑一次"改革为牵引,撬动浙江营商环境深度优化,以优质、高效的营商服务促进本土企业的发展,加强对全球资本的吸引力。

5. 加快对接融入"一带一路"

紧抓"一带一路"倡议实施机遇,完善浙江企业在全球供应链的布局,以更好地应对日益复杂的国际贸易环境。研究出台《浙江企业对接"一带一路"战略实施意见》,以具体、系统的措施组织浙江企业与"一带一路"沿线市场的对接,鼓励更多具有独立知识产权和高附加值的机电产品和高科技产品走向更多的新兴市场国家,减少由美国贸易摩擦带来的冲击。

关于加强防范我省上市公司债务风险的建议①

一、我省上市公司经营及负债基本情况

目前,我省共有 A 股上市公司 420 家,其中各类国资企业 44 家,外资企业 17 家,民企 359 家;分属 11 个行业,其中制造业 318 家,信息技术业 19 家,房地产业 13 家,批发零售业 13 家,文体娱乐业 11 家,建筑业 11 家等。见表 1。

表 1　浙江省上市公司 2018 年一季度经营及负债情况②

项目	公司数（家）	利润率（%）	非经常性损益占比（%）	净资产收益率（%）	资产负债率（%）	自由现金流（元）
按性质分:						
国资类	44	16	17	7.32	47.16	25876656.36
外资类	17	17	8	14.64	34.54	−106596678.25
民企类	359	12	12	8.66	35.23	−68419632.57
按行业分:						
采矿	2	13	16	1.77	28.77	57524227.32

①　本文作者金雪军、刘建和、何美娟,最初于 2018 年 6 月 29 日发布在《公共政策内参》第 18652 期。

②　数据来源:同花顺 iFind 数据库。

续　表

项目	公司数(家)	利润率(%)	非经常性损益占比(%)	净资产收益率(%)	资产负债率(%)	自由现金流(元)
电力、热力、燃气及水生产和供应	2	11	1	4.92	41.38	−199322441.12
房地产	13	17	21	9.82	67.48	−935169815.86
建筑业	11	3	4	8.25	63.96	−102272649.80
交通运输、仓储和邮政	4	17	9	15.81	33.92	9265913.60
金融	5	33	1	9.18	78.92	620688141.77
科学研究和技术服务	2	9	35	11.05	18.88	−1156527.53
批发零售	13	6	51	11.01	54.78	−41900107.21
水利、环境和公共设施管理	4	24	2	8.37	47.01	−156561997.46
卫生和社会工作	4	21	16	13.59	35.00	45799774.44
文体娱乐	11	25	14	9.60	32.24	179209302.81
信息技术	19	19	42	8.83	33.15	−131966618.16
制造	318	12	10	8.59	32.93	−41518548.52
综合	2	3	9	2.01	49.88	166912548.60
租赁和商务服务	8	4	118	8.59	44.50	−32421762.00

从性质来看,我省民企类上市公司利润率和净资产收益率较低,自由现金流状况较差;我省国资类上市公司资产负债率较高,净资产收益率较低。

从行业来看,金融业、房地产业、建筑业、批发零售业和综合类行业资产负债率较高;建筑业、综合类、租赁和商务服务业、批发零售业等行业利润率较低。其中,批发零售业、信息技术业、科学研究和技术服务业等行业非经常性损益占净利润的平均比重较高。

二、关于经营及负债情况的具体分析

从国资类上市公司来看,批发零售业有 4 家上市公司利润率在 5％以下,3 家上市公司资产负债率达到 70％以上;制造业有 8 家上市公司利润率不超过 5％,而且有 4 家企业的资产负债率超过了 50％;综合类上市公司有 1 家企业的利润率较低且资产负债率在 60％以上。

外资类上市公司相对情况稍好,利润率在 10％以下的企业有 6 家,均为制造业上市公司。其中,资产负债率超过 50％的仅 1 家,资产负债率接近 50％的有 2 家。值得注意的是,这 3 家企业的自由现金流均为负值。

由于民企 A 股上市公司数量多,因此民企的债务问题尤其值得关注。从民企来看,利润率不超过 5％的上市公司有 104 家,其中资产负债率超过 50％的有 38 家。如房地产行业 2 家、建筑业 2 家、批发零售业 1 家、制造业 6 家、租赁和商务服务业 1 家,这些企业不仅资产负债率超过 70％,而且利润率也较低,不少企业的自由现金流甚至为负值。有一家企业资产负债率达到了 110％以上,而且利润率、自由现金流均为负值。

三、相关建议

1. 主动排查我省上市公司及其他企业的债务信用风险,建立应急机制。在外部融资渠道收紧的情况下,也有作为 500 强企业的公司出现了债务问题。而我省 A 股上市公司中有不少企业处于低利润高负债的情况。建议我省从企业和金融机构两个方向对上市公司及非上市企业的债务信用风险情况进行排查,重点梳理净利润水平低、资产负债率高和流动性负债占比大的企业,做到早识别、早预警、早发现、早处置,在债务问题爆发前主动预防、果断处理,建立债务处置应急机制,最大程度降低不良影响。

2. 合理管控宣传口径。在某企业集团爆出债务问题后,各类新闻媒体及移动互联网平台进行了连续跟踪和报道。同时该企业集团上报省政府领导的《关于债务危机情况的紧急报告》在微信群等移动互联网平台大量转发,对该企业集团债务处理带来不利影响。建议我省合理管控宣传口径,降低负面信息传播对债务风险处理的不良影响。

3. 借鉴已有经验,加大债务置换力度,利用优质资产激活现金流。在排查过程中,一旦发现类似企业,可以借鉴已有企业债务处置的相关经验,及时监控和防范债务风险。建议充分利用已有的债务风险化解经验,如临时流动性资金支持,加大债务置换力度,利用债转股和产业基金合作等模式提高流动性,及时处置优质资产激活现金流,以减轻债务压力,同时切断债务风险溢出效应,阻隔债务危机链条,避免连锁反应。

关于进一步加强防范我省金融风险的建议①

2017年金融工作会议提出金融监管的发展方向在于主动防范和协调监管。习近平总书记指出要强化监管,提高防范化解金融风险的能力,要求把主动防范化解系统性金融风险放在更加重要的位置,科学防范,早识别、早预警、早发现、早处置,着力防范化解重点领域风险。党的十九大报告中继续强调"健全金融监管体系,守住不发生系统性金融风险的底线"。2018年4月23日的中共中央政治局会议继续指出,防范化解重大风险、推进改革开放、推动市场健康发展成为下一步金融发展的重要方向。因此,进一步主动防范和化解金融风险很有必要。

一、金融风险警钟长鸣

虽然党和国家持续强调主动防范金融风险的重要性,但全国范围内个别金融风险案例仍然值得我省借鉴和警惕。这些金融风险事件主要有网络平台公司违法违规和债务信用风险两大类。

1.网络平台公司发生多起违法违规案件。如福建泉州晋江的"沃客"理财传销案,深圳"趣钱网"P2P平台发行的"普银币"集资诈骗案,广州的"云联惠"网络传销案和上海的巨如互金平台非法吸收公众存款案等等。

2.上市公司债务信用风险事件多次出现。今年以来,随着各类再融资渠道收紧,多家民企或上市公司出现信用风险事件。尤其是5月份,多家上市公司或控股公司的债券出现信用风险甚至兑付违约事件。

① 本文作者金雪军、刘建和、何美娟,最初于2018年7月3日发布在《公共政策内参》第18653期。

二、当前金融风险暴露存在的特点

1.金融风险的暴露具有跨行业特征。从网络平台的违法违规案件来看，相当多的网络平台跨行业运行，如深圳"趣钱网"P2P平台和泉州晋江的"沃客"理财均发行了虚拟货币，而广州的"云联惠"网络传销则以消费全返为诱饵。

2.违法网络平台案件具有庞氏骗局特征。从网络平台的违法违规案件来看，保本承诺、固定超高收益、基础产品复杂等往往容易诱发金融风险，甚至本身存在诈骗嫌疑，具有庞氏骗局特征。

3.债务信用风险由再融资压力引发资金链问题。资本市场去杠杆举措如定增新规、减持新规等加大上市公司的再融资压力。以我省的某企业集团为例，发债难、融资成本不断提高导致其出现严重的流动性问题。

三、相关建议

1.成立地方金融风险防范中心。为加强金融监管协调，补齐监管短板，2017年全国金融工作会议提出建立国务院金融稳定发展委员会。广州市金融局则专门成立"广州金融风险监测防控中心"进行地方金融监管。因此建议我省和各地方政府设立地方金融风险防范中心，将各类平台包括网贷和众筹、科技金融、私募基金、融资担保、小额贷款、区域性股权交易中心、融资租赁、商业保理和典当等各行业纳入统一协调监管范围。从而实现"监控—预警—处置"联动，主动有效防范和化解地方金融风险。

2.建立金融监控数据中心。2018年4月，国务院办公厅发布了《关于全面推进金融业综合统计工作的意见》（国办发〔2018〕18号），全面部署金融业综合统计工作。由人行统筹，牵头成立统筹金融业综合统计管理工作小组，掌握金融家底，建立国家金融基础数据库。因此建议我省全天候、多维度利用互联网技术收集网贷、众筹、科技金融、私募基金、融资担保、小额贷款、区域性股权交易中心、融资租赁、商业保理和典当等运营信息，大范围、深程度进行数据监测，推进地方金融综合数据统计和监管信息共享；利用区块链、人工智能和大数据等技术手段探索建立地方金融风险预警系统，实现事前和事中监控，及时发现带有恶意诈骗或者非法集资等违法行为，主动防范金融风险。

3.主动排查我省上市公司及其他企业的债务信用风险。发生信用风险问题的某企业集团具有净利润率水平极低、盲目多元化、股份质押占比高、流动性负债占比大等问题。因此建议我省从企业和金融机构两个方向对上市公司及其他企业的债务信用风险情况进行排查,重点梳理净利润水平低、资产负债率高和流动性负债占比大的企业,做到早识别、早预警、早发现、早处置。一旦发现类似企业,可以借鉴某企业集团的处置化解经验,置换债务、激活现金流,减轻债务压力,切断债务危机链条。

4. 吸引多学科跨专业背景人才。正是由于当前金融行业的跨界发展背景,尤其是违法违规的网络平台往往存在多行业交叉、基础产品复杂等问题。建议我省利用人才奖励、人才工程等优惠政策吸引多学科跨专业背景人才组建地方金融风险防范队伍。尤其是科技金融、人工智能和大数据等专业人士,利用他们的经验和专业能力构建地方金融风险防范机制,及时监控和防范金融风险。

关于进一步防范我省上市公司流动性
风险的建议^①

2018年5月,我省民企某集团爆出450亿元债务危机。该集团控股两家A股上市公司,尤其是其中一家上市公司,因集团的债务问题而导致股价出现较大幅度的下跌。事实上,不仅是我省的该企业集团,北京、湖北也有企业集团旗下上市公司受到集团公司的负面影响而出现风险问题。正是如此,有必要进一步防范我省上市公司由控股集团的债务风险而导致的流动性风险问题。

一、我省部分上市公司债券发行、控股股东股权质押及资产负债情况

因集团公司债务问题而导致上市公司流动性风险可能的触发点主要有四个方面:公司债续发失败,股价下跌导致大股东质押股权强平,商业银行为防范流动性风险提前抽贷,以及集团公司涉及高成本民间借贷影响还款。其中任何一方面出现问题都可能引发集团公司流动性风险从而影响其控股的上市公司。笔者利用同花顺iFind数据库统计了与上市公司相关的公司债发行及其控股股东股权质押数据,发现我省上市公司中有39家上市公司发行公司债(未包含银行间债券市场数据),238家公司存在大股东质押股权的情况。

1. 对于同时存在债券发行和大股东质押股权行为的上市公司来说,个别上市公司控股股东累计质押股权数量占持股比例较高,且2017年年报和2018年一季报中资产负债率较高。

① 本文作者金雪军、刘建和、韩超,最初于2018年8月12日发布在《公共政策内参》第18664期。

2.部分上市公司控股股东累计质押股权占比较高,个别占比甚至达到100%。如果对应上市公司股价持续下跌,一旦发生强行平仓,可能导致上市公司控制权转移,甚至影响公司正常经营活动。

3.从资产负债率高的部分上市公司的债券发行和控股股东累计质押股权占比数据来看,房地产行业和建筑行业的上市公司普遍资产负债率较高。

二、相关建议

针对目前我省部分上市公司负债率和控股股东股权质押占比较高的情况,笔者提出以下几点建议:

1.主动排查,建立扶持名单。针对容易触发流动性风险的相关数据对我省上市公司进行排查,提前规避因上市公司控股股东债务问题而影响我省上市公司经营的流动性风险。分析相关公司的主营业务,结合排查名单,针对经营情况良好、行业排名前列,很大程度上可能因为流动性风险而导致问题的潜在风险公司进行筛选。针对行业排名、税收贡献和发展前景等方面进行评判,形成扶持名单。

2.借鉴已有经验,利用多种扶持手段。对于扶持名单中的企业,可以利用临时性流动性资金支持、对高成本负债进行债务置换、优质资产处置激活现金流、商业银行停止抽贷、债转股和基金支持等多种手段进行扶持。

3.并购重组,扩大行业发展优势。上市公司是“凤凰行动”计划的并购重组主体,可借鉴凤凰行动计划,在省级层面成立债转股扶持基金,帮助经营情况良好的企业渡过流动性难关。同时,有资金实力的省级国企可以利用债转股契机,通过协议转让、表决权委托和承债式收购等各种方式获得低成本股权,提高行业集中度,扩大发展优势。

4.由专业机构和专业人才提供专业扶持方案。部分上市公司控股集团公司往往跨界运营,因此在排查和扶持过程中有必要由专业机构提供市场化的全面解决方案,需要通晓相关行业和金融市场运作的专业人才。

新时代社会智库发展的若干问题与对策①

2017 年 2 月 6 日,中央全面深化改革领导小组通过了《关于社会智库健康发展的若干意见》,旨在更好地规范和引导社会智库的健康发展。党的十九大报告指出:要深化马克思主义理论研究和建设,加快构建中国特色哲学社会科学,加强中国特色新型智库建设。作为中国特色新型智库的重要组成部分,社会智库是政府工作领域必须重点研究和解决的崭新课题。那么,在新时代的背景下,中国社会智库的发展情况如何? 存在哪些问题? 可供参考的对策有哪些?

一、发展动向:社会智库建设的总体状况

《全球智库报告 2017》发布了 2017 年全球智库总数为 7815 家,其中美国拥有 1872 家,且占据全球前 10 位顶尖智库的 5 个席位。我国智库总数为 512 家,体量位居第二,但是国际话语权还严重不足。在特殊成就类别中,5 所中国智库上榜"2017 全球最佳社会智库 145 强"。

中国社会科学评价研究院发布的中国智库综合评价 AMI 指标,通过法律属性、业务属性筛选后,统计共得到 101 家社会智库的样本智库,其中进入榜单的 20 家社会智库有 13 家位于北京,其余 7 家分布在河北、上海、湖南。

虽然,目前浙江省已初步形成各级各类官方智库、半官方智库、高校智库、社会智库等智库群,但是智库建设仍处于起始阶段,缺乏具有全国影响力的高端智库,高层次、高水平的成果和领军人物较少。

---

① 本文作者金雪军、宋昀书、何扬飞,最初于 2018 年 9 月 3 日发布在《公共政策内参》第 18668 期。

二、成长掣肘:社会智库发展存在的问题

虽然浙江省的社会智库发展势头渐热,但仍然面临着不少难题。这些问题都在不同程度上制约了社会智库的进一步发展。

(一)羁绊重重,机制匹配不足

对比国外的智库发展,我们不难发现,要想智库发挥出启发新思想、提供政策建议、储备和提供专业人才的作用,并充当起政府与民众间的沟通桥梁,离不开政府的保驾护航与正确引导。但就目前而言,我国在国家层面对于社会智库的管理准则与行业指导规范并未建立,省内相关政策法规也还未出台。

一是进入机制不明确,注册登记难。由于当前关于社会智库公益法人的地位和身份尚不明确,使其在注册、非营利组织认定和审批的过程中受限很多,审批难度较大,在注册时就出现杂乱无章的情况。二是咨政渠道不畅通,参与决策难。如兰德公司等智库都为政府提供了很多政策咨询服务,在公共决策领域发挥着巨大作用。然而由于我省在扶持社会智库参与决策咨询上缺乏制度性的安排,决策咨询的需求方与供给方信息不对称,智库成果转化缺乏有效的渠道和平台。若科研成果局限于单一的学术研究上,就无法发挥出更多的作用。三是管理机制不完善,缺乏评估与监管机制。许多社会智库在成长初期频繁召开论坛、活动来吸纳人才、扩大影响,但自主研究能力与专注研究的意识薄弱,出现了智库平台化、空心化、重商业、轻公益等问题。智库资源分散、条块分割、缺乏统筹规划,低水平重复研究较多,造成科研资源的很大浪费。

(二)两极分化,发展现状失衡

今年是改革开放的四十周年,浙江也将步入发展的新时期,对于智库产品有着不断增长的刚性需求,社会智库的活力、实力和潜力都将对浙江的发展起到不可替代的作用。但资料显示,浙江的社会智库呈现出两极分化的情况:少部分社会智库已经达到高端智库的水平,例如浙江省舆情研究中心。大部分社会智库流于"有库无智"的情况。也就是说,当下社会智库的数量很多,但是真正有产出的社会智库却很少。这种"东边日西边雨"的两极分化状态可能会直接阻碍社会智库发展的类型化、多元化、合作化,进而影响社会智库的咨政质量与水平。同时,从更长远的角度而言,这种不平衡的发展状态将直接影响浙江

省特色新型智库的建设步伐,削弱智库竞争能力与发展水平。

(三)闭门造车,信息来源单一

智库的研究水平在很大程度上取决于信息收集与分析。这就意味着社会智库的信息来源渠道必须保持畅通,而目前省内多数社会智库仍处于"闭门造车"的状态,主要有以下两个原因。

一方面,与政府的信息不对称。由于社会智库是体制外的智库,所以常常和政策的需求方会有沟通上、资源共享上的隔阂。而且,政府对于社会智库的信任度并不高,因此在提供信息时经常披露不完整信息或者保留部分关键信息,使得社会智库很难拿到支撑其研究的准确信息,影响了社会智库研究成果的质量和准确性。另一方面,与其他智库的交流互动少。智库可以说是浙江省的一个新兴市场,而市场要想良性发展离不开合作与交流。但是,当前社会智库多局限于"闭门造车",与国内智库间的合作、国际组织间的交流少之又少,既不重视"走出去"研习,也不重视"请进来"指导,这在很大程度上影响了社会智库的研究能力提升和对外影响力的扩大。

(四)人才阻梗,研究能力受限

如果说机制是社会智库的核心,那么人才就是社会智库的动力,社会智库要有成果输出,必须先有智力的输入。但纵观浙江省的社会智库,我们不难发现,社会智库仍陷于人才困境中。

一是人才从哪里来?迫于社会智库的属性,其研究团队多为兼任专家或退休人员,少有专门性的、年轻化的科研团队,故而存在人才吸引的难题。二是人才怎么管理?在现有的体制和观念的制约下,社会智库人才的管理和流动受到很多因素的影响,没有独立的人事权、缺乏合理的考评机制与薪酬体系等等,都让社会智库"留人难"。三是人才如何发挥作用?有了人才并不代表有了成果,有"人"无"果"依旧无法提升智库水平。因而当下的社会智库没有合理的职称考评、绩效激励等措施,使得科研人员人浮于事,拿不出有水平的成果。

三、任重道远:推动社会智库建设的政策建议

(一)完善体制与机制,引导社会智库健康发展

一是加强对社会智库的服务引导,鼓励其发挥为党和政府提供公共政策研

究和决策咨询的功能,从专业、客观的角度为决策者在制定政策过程中提出具有战略性、前瞻性和可操作性的建议。二是社会智库的从业者需找准自身定位,坚定、专注于智库应该做的事业,在擅长的领域扮演好自己的角色。三是建立智库信息获取、智库成果上报的规范化、制度化的渠道,拓展社会智库参与党政决策过程的渠道,消除社会智库和政策需求方的隔阂。

(二)扩展经费来源渠道,提高智库财政管理水平

为了使社会智库稳定、独立、可持续的发展,政府可以建立多元化的资金支持方式,例如政府直接财政支持、以奖代补或鼓励建立基金会等形式。社会智库层面则应通过拓展社会捐赠渠道、吸引项目投资等方式,通过自身实力来吸引更多的资本。与此同时,社会智库也应加强财务管理能力,可通过招募专业财务管理人员、聘请专业财务老师进行培训等途径,保证科研经费、办公经费的正确使用,在"开源"的同时,也做到科学合理的"节流"。

(三)构建浙江"旋转门"模式,推动人才合理流动

在新时代背景下,浙江的"旋转门"模式应侧重人才管理、人才流动。一是参考企业的人力资源管理部门,建立智库团队的人员档案管理、职业发展规划等,实现智库人才的人力资源科学化管理。二是改革智库人才评价体系,在研究职称评定、绩效考核等方面进行改革,以更好地激发研究动力。三是完善人才吸引的配套机制,给予智库人才以落户、住房保障等优惠政策,解决其"后顾之忧"。四是适时地尝试智库人才的身份转化,建立社会智库成员与政府官员之间的灵活互换的、能进能出双向选择的人才流动机制。

(四)打造社会智库品牌,凸显智库专业化水平

一是明确研究的专业性是立身之本。充分发挥社会智库细分领域的专业性优势,开展细致化研究,推动产品品牌化、系列化,保证学术独立性、自主性。二是立足于地方,先服务于地方。发挥浙江走在全国前列的优势,通过研究"浙江现象"、总结浙江经验,提出有可复制性的政策咨询,提高咨政转化率和时效性。三是开展更易被大众接受的、可读性更强的政策宣讲、政策解读工作,在引导社会舆论方面发挥积极的作用,赢得提升影响力的主动权。四是坚持研究与传播并重。形成精细化的运营链条,发布各种类型的智库产品,提升自身的活跃度、知名度和影响力。五是完善机构管理的组织化和日常运营的流程化,建

立内部考核机制和激励机制，增强内部组织框架的活力。

(五)建立合作交流机制，促进社会智库良性互动

一方面，从浙江省内的角度而言，社会智库应当加强与其他各类智库的合作与交流，尤其是一些专业性很强的社会智库，可以和高校智库、企业智库进行项目合作、经验交流，增强彼此的专业技术水平。同时，社会智库也应该主动与政府部门交流，增强自身参与政策咨询、社会治理的主体意识和责任意识。另一方面，从国际角度而言，既要"打开大门"，邀请国外的智库机构和研究团队来浙江交流经验、合作项目、吸引人才，也要"走出家门"，到访其他国家的智库，借鉴其长处与优势，以提升自己来扩大对外影响力。

关于浙江打造最佳营商环境的建议①

　　近几年我省紧紧抓住"最多跑一次"改革这个"牛鼻子",不断加快改革步伐,在经济发展方面呈现出良好的态势,营商环境得到了较大的改善。但是,对标国际营商环境指标,相比于国内上海、北京等先进城市,我省在营商环境方面存在一些差距,在政务服务、外资利用、人才引进、商务成本、法治环境、政策宣贯等方面存在以下短板:

　　一是行政审批程序比较繁杂,政务服务速度仍需加快。主要表现为行政审批事项过多、程序繁杂,各部门数据共享仍需深化。二是高端外资集聚效应较弱,"以外引外"能力有待提升。首先在发展总部经济、引进跨国公司地区总部方面还相对较弱。其次,距离城市国际化发展要求,部分地区的社会配套服务存在明显差距。三是科技创新支撑能力不强,"招才引智"水平有望提高。首先表现为创新投入不足,2017 年浙江省 R&D 经费支出与生产总值比为 2.45%,远低于北京的 5.7%、上海的 3.78%。其次缺乏具有基础性、前瞻性、引领性的"国字号"创新大平台。在跨境电商等新兴战略领域,本土的高端新型专业人才供应存在巨大缺口。四是商务成本居高不下,融资难题依然存在。企业用地、用电、用工方面成本居高不下,此外融资难、融资贵是制约民营企业发展的突出问题。五是社会信用体系建设不足,法律制度仍需完善。我省信用制度信息网络公开还需强化,信用共享制度还需持续扩大到各领域、各行业以及其他地区。浙江民营企业的知识产权保护力度还较弱,在专利申请、品牌注册、品牌国际化、互联网经济领域方面还存在很多不足。六是政策获得感不强,宣传贯彻仍需加强。突出表现为政策多变有痛点、政策宣传有堵点、政策落地有难点。

---

　　①　本文作者王淑翠、金雪军、何军,最初于 2018 年 9 月 13 日发布在《公共政策内参》第 18670 期。

对此，我们提出浙江打造最佳营商环境的对策如下：

一、紧抓"最多跑一次"改革，优化政务服务环境

对标国际水准，将改革进行到底。当前，美国、新加坡、英国等发达国家纷纷提出放松管制，以缩短办理时间、降低收费标准为硬指标，改善本国企业的国际竞争力。省委书记车俊在全省全面深化改革大会上强调，要以"最多跑一次"改革为"牛鼻子"，深化"放管服"改革。全面推行企业投资项目标准化"无差别受理"，优化商事登记办事流程，实现线下"一窗受理"、线上"一口受理"，压缩办事时间。加快推进工商登记全程电子化，全面推行"证照分离""多证合一""证照联办"，从"最多跑一次"到"一次不用跑"推进。全面深入推进"一张网"建设，对全省各部门、各地区政务网站的数据和信息等开展多系统、深层次的整合共享，最大程度实现政务信息和监管服务的公开透明，加快建设网上服务型政府。以构建"亲、清"新型政商关系为基础，厘定"为"与"不为"的界限，做到"权为民所用，情为民所系，利为民所谋"，努力打造服务高地，推动政务服务便利化。

二、立足全球产业链，打造开放公平投资环境

在全球产业分工和投资新格局下，产业链从单个企业的竞争演变到全球产业链的竞争，高端制造业、现代服务业和基础服务设施要相辅相成，共同打造具有国际竞争力的产业生态系统。因此，浙江应以中国（浙江）跨境电子商务综合试验区改革试点、中国（浙江）自由贸易区的建立为契机，充分发挥 G20 杭州峰会、世界互联网大会（乌镇峰会）后续效应，进一步加大现代服务业和高端制造业等领域的开放，积极融入全球经济的发展。中国（浙江）自由贸易试验区要发挥舟山群岛的地理优势和海洋资源，围绕燃料油交易中心、国际海事服务基地、航空产业等打造新型产业集聚区，促进地区经济国际化发展，努力成为外贸经济增长的新高地。进一步打造"一带一路"重要枢纽，将上海、宁波、南京、义乌等城市的国际飞机、轮船、火车通道相互打通，实现长三角区域国际物流一体化。培育全球跨境贸易最优生态圈，推动 eWTP 杭州实验区与跨境电商综试区融合发展，建设跨境贸易线上综合服务平台，早日把杭州建成全球网络贸易中心城市。坚持内外资公平竞争，在外商投资企业的科技研发、知识产权保护、标准化建设、业务牌照和税费标准等方面，适用和国内企业相同的政策规定，保障

国民待遇。同时鼓励内外资企业、科研机构开展研发合作,促进技术发明的交流共享。

在习近平总书记关于"一带一路"和"推动形成全面开放新格局"的战略引领下,我省对外要积极参与发展经济共同体,扩大对外交流合作。对内要进一步激励市场需求和供应,扩大进口鼓励出口。利用好线上和线下两个市场资源,线下着重发展旅游会展休闲等服务业和高科技新型优势产业,线上扩展以阿里巴巴、亚马逊、WISH 等互联网平台为载体的全球网络贸易,重点推动中国原创、优质、特色产品和服务的出口,提升浙江贸易的国内外影响力。

三、聚焦科技创新,建成海内外人才高地

系统集成创新政策,丰富创新创业平台。鼓励我省企业牵头承担国家级的科技创新和研发中心等国家级重大创新载体建设任务,资助扶持院士、国家级专家到企业建站指导。落实创新财税激励政策,着力落实高新技术企业的部分税费减免政策,进一步减轻企业的税费负担。建设全国一流的科技成果交易中心,吸引国内外科研机构技术创新成果来浙交易,通过举办技术成果专场拍卖会、推介会等形式,支持科技成果在我省的产业化和市场应用。提高科研经费中的间接费用比重,项目经费使用实行授权管理,对劳务费不设比例限制,提高科研人员的合法合理收入。

加强对海外人才的服务力度,提高人才服务的便利化程度。为外籍高层次人才提供签证、"中国绿卡"等服务便利,开通全流程在线申请服务。把外企人员也纳入省"151"人才工程、省博士后科研项目等高级人才选拔培养机制。在海外高层次人才的法制建设方面,要充分借鉴美国、加拿大、英国等发达国家的投资移民、技术移民制度,给予海外人才在住房保障、医疗保险、养老保险等方面的精细化服务,加快吸引全球高端人才来浙创新创业。加强对全省外资管理人员的培训,依法保障外籍人士的合法权益。在全省教育层面中,应加大对学生们的创新创业教育,给予他们各种激励政策,鼓励学生们在校留杭创业。加强对浙江高校建设"双一流"目标的支持力度,吸引更多的海内外优秀人才充实到现有教师队伍,提高基础研究水平。支持国有职业院校和民办职业技能学校的发展,建立产学研长效合作机制,有效改善高技能产业工人规模和质量。

四、改善融资难题，降低企业商务成本

推动金融创新，改善融资难题。一是确保互联网金融规范发展，积极探索发展第三方支付、互联网金融门户、互联网征信等在内的互联网金融机构，建立一批具有全国竞争力的互联网金融企业。二是要进一步提高海内外金融企业在浙的集聚效应，鼓励金融业综合运营，支持银、保、证兼并重组，鼓励业务和产品跨界创新。三是要鼓励银行加强对高层次人才的创业融资，如中国工商银行杭州科创支行对浙江省内的国千、省千人才创业者，提供了 300 万到 500 万元的个人信用贷款，以及基准利率的优惠贷款条件。

按照有效降低制度性交易成本的要求，在用电、物流、融资、社保、减负等方面提供组合拳的降本政策，在执行国家法律统一规定基础上，我省给予最大程度上的降费。建立符合产业导向和项目准入要求的项目库，进行常态化、动态式管理，淘汰高耗能、高污染、高库存产业，推动要素向高产出、高技术、高成长性企业和优势产业集聚，倒逼供给侧改革和产业结构转型升级。

五、树立社会治理理念，营造最佳法治环境

要以社会治理理念作为总体指导思想，包括自上而下的法律监管和自下而上的协商监管。结合我省数字经济发展重点，完善对互联网平台监管的法律和措施，避免互联网平台发展失控带来负面效应。明确"平台"这类新型组织形式的商业性质和社会功能，建立"政府管平台、平台管个体"的互联网时代管理理念，厘清政府和平台各自的监管权限，依法保障互联网平台上各群体的话语权，优化平台生态环境。要求平台上成立各类主体相关协会和纠纷仲裁机构，鼓励协会与平台对话沟通实现共治共创共享。调整工商、税务、社保等政府相关部门的配套制度和职责，以应对"平台"这类新型商业组织。完善以《浙江省电子商务条例》为主的互联网平台法律法规相关条款，处理好平台与消费者、平台与商家、平台与监管者以及平台之间的关系，从而规范和促进平台的发展。

有效治理恶性竞争和不诚信行为。政府官员要带头守信，坚决杜绝"新官不理旧账"，提高政策的连贯性。通过监察委和社会监督加大力度查处企业的商业腐败和不诚信行为。利用"最多跑一次"改革将尽可能多的信用查询、核实事项搬到网上去，人社、公安、交通、建委、银行等积累信用数据较多的部门要加

快信用数据的连接共享。加大知识产权的保护力度,大幅度提高知识产权侵权行为违法成本,实施惩罚性赔偿制度,积极发挥知识产权保护中心的作用。

六、加强政策宣传,优化政策实施环境

打造最佳营商环境除了高瞻远瞩的顶层设计和科学完善的政策制度,更需要营造效率与效果并重的政策实施环境。一是打造高效率的政策宣贯环境,研究加强涉企优惠政策一体化整合、一窗式兑现、一站式宣传、集中式推送,提升企业的政策获得感和满意度。二是要构建宽严相济的监管格局,推进市场监管综合执法改革,健全部门和区域间执法协作机制,联合互联网平台实现大数据集成化监管、智能分类化监管,实行相同或类似事项不同部门"最多查一次"。三是对平台经济、社交商务、跨境电商、共享经济等新经济实行包容式监管,先发展再监管,为新技术、新业务、新模式的发展创造宽松的成长空间。

我省推进"数字政府"建设必须解决的几个问题①

一、"数字政府"建设必须适应"数字经济"的发展

根据上海市社科院发布的《全球数字经济竞争力指数(2017)》,中国数字经济竞争力位居世界第二,规模为 3.8 万亿美元,增速约为 16.6%,发展潜力巨大。数字经济发展对更高水平的数字化政务服务提出了更高的要求。一方面是政府将面对一个全新、庞大、复杂的崭新经济形态。新兴信息技术不断革新,全面渗透实体经济,在广泛互联的基础上不断融合与创新,新产业、新业态、新模式不断呈现,这对政府的治理能力提出更高的要求。另一方面是政府将面临"线上平台市场"治理难题。数字经济的重要特征就是平台化,阿里、腾讯、百度等都是典型的平台型企业,政府所面对的是由越来越多的线上平台所组成的新市场,必须通过更为前沿和细致的数字化、法制化管理,才能有效监管和治理这类市场。

为此,我们建议:以数字经济发展为牵引推动数字政府建设,以数字政府建设支撑数字经济发展。当前,浙江将数字经济作为推动经济发展的"一号工程",应该正确把握和适应数字经济发展的新态势,借鉴企业数字化管理、服务经验,积极推进政府治理理念、政务服务、组织形态等的数字化转型,积极适应数字经济发展的新态势。通过数字经济和数字政府的建设,共同推动整个社会

---

① 本文作者金雪军、凌剑峰、杨舍莉,最初于 2018 年 10 月 15 日发布在《公共政策内参》第 18672 期。

的数字化水平,建设高水平"数字浙江"。

二、现有的网络基础设施难以支撑数字政府运转

从全国范围看,我省网络基础设施多项指标位居全国前列,但根据宽带发展联盟发布的《中国宽带速率状况报告(2018年第二季度)》数据,我省固定宽带用户网络下载忙闲时加权平均可用下载速率和网页浏览的忙闲时加权平均首屏呈现时间分别位列全国第九位和第八位,仅处于全国平均水平。"网速慢"成为我省政府数字化转型的一大瓶颈。从全省范围看,各地市信息基础设施建设水平存在较大的差异,且存在与领头的杭州市差距有愈加拉大的迹象。杭州、宁波、嘉兴、温州的基础设施建设水平较高,其中杭州的信息基础设施建设水平居全国前列;金华、台州、舟山、绍兴和湖州5市处于中流水平,丽水和衢州信息基础设施建设较为落后。我省现代信息基础设施建设总体呈现发展不充分、不均衡态势,难以适应和助推政府的数字化转型。

为此,我们建议:构建与数字政府建设需求相配的现代信息基础设施。推动我省信息基础设施建设和升级,极力破除基础设施建设瓶颈;加大信息基础设施建设投资,扩大对弱势地区和弱势人群的宽带投入,着力缩小区域差异;提升宽带网络的覆盖、网速、应用体验。力争把浙江打造成为全国信息基础设施建设最为先进的地区之一。

三、"互联网十"技术的运用处于初级阶段难以匹配数字政府建设要求

一是"互联网十"技术的深度运用面临的主要制度障碍在于政务部门传统条块分割的组织架构,部门间线上合作网络不连通、系统不贯通、数据不汇通,给政府、企业、公民办事增添障碍,也使得业务流、服务流很难转变成为真正的数据流。二是浙江在全国率先一步对数据的标准化、电子文件的规范化等进行了探索,在数据的管理、应用方面成果显著,但是总体来看,我省的公共数据还处于"收集—处理—归档"的初级阶段,大量的政务数据资源处于睡眠和闲置状态,没有进行深度挖掘,下一步急需政府在理念、技术方面实现突破使数据从目前的"跑腿"向成为政务服务优化的"向导"转变。

为此,我们建议:强化"互联网十政务服务",让数据驱动政府治理的数字化

转型。一方面是加快体制机制的创新，有效破解部门利益和系统差异导致的信息壁垒，统一平台、统一标准、统一系统差异，构建统筹利用、统一接入的政府数据资源共享平台和共享体系，推动深层次的数据交换、共享、开放。另一方面是充分发挥新兴技术在大数据处理、挖掘方面的优势，对数量庞大、信息碎片化的政务信息进行深度挖掘和关联分析，准确把握企业群众的新需求、新期待，为企业和群众提供个性化、精细化、人性化的政务服务。强化互联网手段在政务服务领域的广泛运用，真正形成"用数据决策、用数据管理、用数据服务"的公共管理与服务机制。

四、数字法制化滞后难以为数字政府建设提供系统的制度架构

数字政府的建设，不仅是信息技术方面的竞争，更是政策法制软环境的竞争。我省数字化建设势头迅猛且成果显著，但数字化法制建设滞后，缺乏前沿、系统的法律法规，数字化与数字法制化建设呈失衡状态。一是"数字化办公"相关规章制度的缺位。具体包括政府网站建设的标准化、网站建设的信息安全、无纸化办公等问题。二是政府信息公开和共享相关法律法规缺失。具体包括政府信息公开权责不明晰、信息审查制度缺失、信息产权界定及保护模糊。三是公民隐私权条款的缺漏。公民办事相关隐私保护政策条款或信息数据保护建设基本处于空白状态，难以建立一个公众信赖、诚信度高的"数字政府"。

为此，我们建议：加快数字法制化建设，保障数字政府规范有效运行。浙江省在信息化、数字化建设上居于全国领先地位，但要在"数字政府"建设中走在前列，亟须以政策与法制并肩突进巩固自身实力。一是出台保障"数字化"办公高效运行的法律法规。加强标准化技术与规范化流程的制度设定，积极开展电子证照、电子公文、电子签章等在政务服务中的应用。二是明确政府信息公开权责。确保政府各部门所发布信息的合法性、真实性和权威性，建立信息追责制度。三是以知识产权保护为抓手，探索政府部门间资源共享、信息互联互通的法制途径。明确政府信息产权归属，建立信息知识产权保护机制，加强对数据库的知识产权管理和运作。四是建立个人隐私数据保护及隐私泄露追责制度。

五、深化公共部门与私人部门嵌入式合作,提升新技术应用和用户在线体验水平

新技术的应用有助于解决政务管理上的多项难题。如云技术能有效解决信息数据的储存问题、区块链技术有助于推进信息资源共享与透明政府建设、人工智能的发展或将打造"定制型政府"。同时,新技术的应用仅仅是数字政府建设的一个起点,后期运营也是关键,用户在线体验的成熟度将成为决定政府口碑的重要准绳。私人部门在技术开发、在线运营上具有雄厚的人才、技术优势,公共部门需积极深化与私人部门深度的、嵌入式的合作,提升新技术应用和用户在线体验水平。

为此,我们建议:完善公共部门和私人部门的合作机制。浙江省省内拥有以"阿里系""浙大系"为代表的多个国内领先的信息技术"独角兽",深化与这类部门的合作,有助于提升我省"数字政府"建设水平和领先优势。要保持"数字政府"政务平台和体系的开放性、兼容性,支持企业按照市场化、法治化规则参与"数字政府"建设,确保数字政府平台和体系可根据经济社会发展要求持续优化和拓展。

对优化中外合作办学促进省级政府教育统筹的几点建议^①

中外合作办学作为国际教育交流与合作领域的一种重要形式,是经济全球化背景下我国教育与国际接轨的一种有益探索和尝试。在中外合作办学兴起之前,促进学生跨国流动是培养国际化人才的主要途径。随着归国留学生数量的增多以及教育回报率下跌,国内家庭对于高消费的海外留学越发谨慎。中外合作办学以相对较低的上学成本开辟了"不出国留学"的途径,成为我省继公办教育和民办教育之后的"第三驾马车"。

一、我省中外合作办学现状

自 1996 年我省举办第一个中外合作办学项目以来,我省中外合作办学快速发展,逐步形成了全方位、多层次、宽领域的崭新格局。在《中外合作办学条例》出台后,尤其是 2010 年《教育规划纲要》颁布实施以来,我省中外合作办学发展势头迅猛,社会关注度、信誉度、品牌度大幅提升,促进教育对外开放、推动教育改革和拓宽人才培养途径的作用得到进一步凸显,有效地满足了人民群众多样化的教育需求。

1."量"的分析

从中外合作办学的规模来看,我省目前共有中外合作办学机构 15 个,包括宁波诺丁汉大学等独立设置的具有法人资格的办学机构,以及浙江大学爱丁堡大学联合学院等非独立设置的二级学院。截至 2018 年 7 月,我省共有中外合

---

① 本文作者金雪军、朱玉成,最初于 2019 年 5 月 7 日发布在《公共政策内参》第 19717 期。

作办学项目 136 项,其中本科院校 52 项,高职高专 56 项,高中 18 项。从中外合作办学领域来看,除义务教育和政治、军事、宗教等领域外,涉及其他各个层次。其中全日制普通高校在校生数超过 2 万人,本科及以上项目比例超过 48%。从地域分布来看,除衢州市外,全省各地市均设有中外合作办学项目。

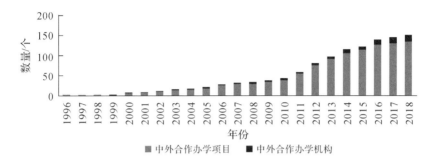

图 1　中外合作办学机构和项目数量分布(单位:个)

2.“质”的描述

第一,推动了政府角色转型,对行政管理体制和监管评估机制等进行了有效探索。在入口审批环节,贯彻落实了两级政府独立审批制度;在过程管理环节,逐步完善了年度报告和复核工作制度;在出口把关环节,建立健全了学历学位认证制度。第二,推动了办学体制创新,为中外合作办学可持续发展奠定了基础。通过在政府支持和鼓励学校在办学理念、招生办法、培养模式等方面积极探索,给予先行先试的优惠,推动设立了一批办学起点高、合作基础好的办学机构和项目。第三,推动了权力结构调整,初步形成了“政府管、学校办、社会评”的新格局。通过积极探索“教育行政部门依法审批、办学单位自我质量保证、社会中介组织参与评价”相结合的管理体系,初步形成了“以学校自主自律辅助政府宏观管理”的新格局。

二、我省中外合作办学促进省级政府教育统筹存在的问题

1. 缺乏准入把关和入口引导,存在“低水平、重复性”建设

在中外合作办学过程中,不同办学机构理应基于自身独特条件形成不同的办学目标,构建学科专业的多层次、多元化格局。从我省中外合作办学的学科布局来看,现有项目主要集中在管理、语言、教育和金融等学科上,呈现出明显的“重管、教、文,轻农、医、法”的特征。这种现象既反映出就业市场对上述学科

的需求，也反映出当前学科布局存在着一定的盲从性和趋利性。我中外合作项目举办最多的专业是管理学，占 36％；语言学（19％）和教育学（14％）等办学成本低的专业占有较高比例，反映了成本因素的作用；农学、医学、法学所占比例均在 2％ 以下，较实际社会需求差距明显。当前，学科专业的低水平、重复性建设已成为制约中外合作办学健康发展的关键因素，办学主体在市场条件下的盲目扎堆和趋利性行为始终是制约中外合作办学可持续发展的一大隐忧。从政策执行复杂性的向度来看，要解决上述问题，如果没有政府的宏观引导和整体把握，单凭市场单方面的力量往往难以解决。

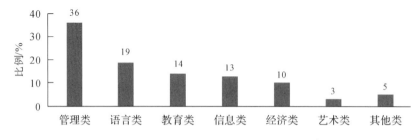

图2　中外合作办学专业分布比例（单位：％）

2.缺乏合理授权和跨部门联动，"重文件审批、轻后续管理"

相对于传统教育体系而言，中外合作办学具有特殊性。它既不同于公立学校与政府之间的高度联系和依赖关系，又不同于民办学校与政府、市场的三方关系。审视政府在中外合作办学中的管理角色定位，主要存在两个问题：第一，在中外合作办学的审批、评估和监管中过度依赖教育行政部门，缺乏合理的授权和跨部门联动机制。中外合作办学情况比较复杂，其管理牵涉多个部门，比如外籍教师出入境涉及公安、劳动、公证等部门，引进国外设备涉及外汇、海关、税务、文化等部门。但目前除了教育行政部门外，其他部门显然并没有将此当作自己分内的工作，导致中外合作办学的各项审批和管理事务需要多头处理，降低了中外合作办学双方的积极性。第二，尽管政府治理范式逐渐从"教育管理"转向"教育治理"，但计划经济时代指令性管理的痕迹并未完全消除，仍存在"重文件审批、轻后续管理"的现象。中外合作办学更多被视作传统教育体系的延伸，尽管传统教育管理领域并没有包括中外合作办学，但其管理模式却仍然作用于中外合作办学，导致政府的行政因素过度渗入。同时，对于国外优质教育资源引进之后如何有效地结合本土化，缺乏有针对性的配套机制。中外合作办学是一种复杂且具有高度权变性的教育形式，政府应厘清自身的职能定位，使教育管理体制与灵活的办学形式相适应，并进一步理顺"组织权与管理权、目标引导与绩效管理、结果导向与过程控制"等关系。

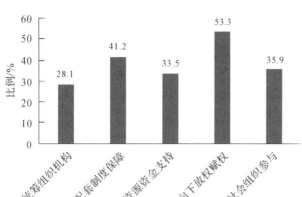

图3　中外合作办学管理机制上存在的主要问题(单位:%)

3.缺乏系统的监管评估体系,对社会第三方力量运用不足

我省中外合作办学除少数列入国家统招范围外,大部分采取的是自主招生形式,因此招生与学位认证作为中外合作办学的入口与出口都起到至关重要的作用。第一,政府在准入和审批环节缺乏明确的标准,在审批中主要依靠书面材料和主观经验,缺乏把关的有效性和客观性。在中外合作办学的准入过程中比较依赖政府的行政机制,缺乏权责明确、统筹有力的审批制度,在资源投入上与实际需求也尚有差距。即使是教育部国际合作司,负责审批的相关处室也仅有 2~3 人,而目前全国有上千个中外合作办学机构和项目,工作人员很难对大量材料进行及时核查和反馈。第二,政府监管的权力过于集中,对社会第三方力量的运用存在不足,导致对违法办学、胡乱收费等行为未形成强有力的威慑力。我国教育监管多属于自上而下开展的有目的、有计划的行为,由于管理部门习惯于直接插手教育市场,从事大量具体而微观的监管活动,这不仅使自身负担日渐加重,并越来越暴露出监管力量不足、监管覆盖面有限等弊端。随着中外合作办学规模的扩大和合作程度的不断加深,迫切需要我们构建起"多主体、多维度、全过程、立体化"的监管体系和可操作性的程序,否则低水平办学和非实质引进等问题就难以得到有效的解决。

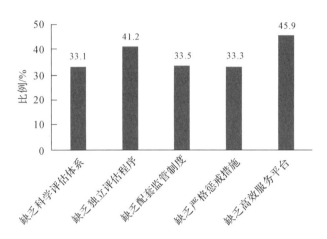

图4 中外合作办学质量保障上存在的主要问题(单位:%)

三、对我省中外合作办学促进省级政府教育统筹的建议

1. 在入口环节加强准入把关,通过择优扶持强化方向引导

在教育资源引进的入口环节正确判断待引进教育资源的优异程度,在办学期间定期对办学活动进行评估是中外合作办学能够健康发展的重要保障。政府作为把关者,应着眼整体、抓好配套,在审批入口环节进行质量把关,弥补和纠正市场失灵。政府的责任在于解决宏观层面的布局问题,在市场出现巨大波动的时候用总需求管理平滑它。中外合作办学项目数量庞大,实施单一的审批制度易缺乏弹性和灵活性,为提高准入把关的效率,可考虑将单一的审批制改为灵活的注册制。例如可借鉴我国香港地区或阿联酋的注册制模式,将政府把关的重点转到严格注册条件和完善认证资格上来。政府作为引导者,可着力支持一批起点高、合作基础好的项目先行先试,通过择优扶持打造一批高水平、示范性项目。对于那些前期投资大、办学周期长的重点学科,政府可给予相应的政策扶持或进行必要的财政补贴。当引导性、示范性项目建成后,政府对其他中外合作办学的限制就可适当放松。也就是说,可以从直接干预转变为扶持引领。

2. 强化治理型、服务型政府角色,加强第三方组织参与

基于我国传统高度集中的管理体制所带来的效益不佳等问题,中外合作办学能否健康发展的关键在于政府在管理过程中承担什么角色。政府作为治理者,应聚焦宏观管理职能,由管微观向管宏观转变,由管事务向管政策转变,由

管方法向管方向转变,更多运用法律、政策、财税、监管、信息服务等手段,加强和改善宏观治理。通过有效推进"政府主动放权、管理者积极赋权、学校合理用权、社会有效督权"协调发展,真正形成"中央政府政策引导、宏观调控,地方政府依法行政、有效管理,办学单位自主管理、自律办学,市场力量主导资源配置,学术组织完善组织自律,行业机构进行质量评估,社会各界参与舆论监督"的综合体系。政府作为监督者,应继续推动管理主体与监督主体实质性分离的改革,有效整合市场、行业协会、学术组织等社会力量,形成一套相互支撑、运转协调的监管体系。政府可从教育监管的微观操作层面抽离,以系统健全的法律规范优化自上而下的行政模式,以统筹协调的运行机制改进层层审批的集权现状,以多元参与的综合监管替代主体单一的行政监督,从外部机制上确保中外合作办学的健康发展。

3. 推进"管、办、评"分离,完善多层次服务支持

我省中外合作办学数量庞大,运作模式千差万别,在评估上不应只靠政府的力量,而应充分发挥市场、行业协会、学术组织等多元主体的作用。政府作为评价者,应继续推进"管、办、评"分离改革,从评价的直接操盘者转到对评价标准的审核和对评估机构的监管上来,打造权力有限但能力突出的政府。政府改革的可行空间是采取"抓大放小"的方式将重心集中于自身能够胜任的职能上,探索"责任清单"下的有限参与模式。政府可考虑将原先承担的评估职能剥离给有条件的第三方组织,支持和鼓励第三方力量参与中外合作办学质量的评价。政府作为服务者,主要责任是筑牢基础、扫清障碍,建立有利于提升效益的制度,做好基本公共服务。可考虑成立"中外合作办学工作小组",统筹负责中外合作办学的日常管理工作。同时,完善省级政府层面的"两个平台"和"两个机制"建设,继续扩大政策性、普惠性教育投资,完善土地、财政、信贷和税收等优惠政策,在更高层次上实现优质教育资源的交流和互动。

关于警惕我省个别上市公司"存贷双高"现象的建议①

一、我省部分上市公司存款和贷款情况

"存贷双高",通常指的是公司不仅在账面上拥有充足的货币资金,同时也具有很多短期借款、应付票据甚至债券发行。其目的可能有两点:第一,隐瞒公司当前存在的困难,让投资者无法获知公司的真实财务状况;第二,避免股价下跌,保护大股东进行股权质押。可见,这种资产负债结构不合理的情况极有可能透露出公司存在潜在的资金周转困难情况。笔者利用同花顺 iFind 数据库统计了我省个别上市公司的存款和贷款数据。

一般来说,货币资金和应收票据项目金额总量高意味着公司有足够的资金用于周转,然而如果短期借款和长期借款项目金额总量同样很大,甚至短期借款和长期借款项目金额总量更大,就很有可能存在实际货币资金与账面数据不符的情况。除此之外有些上市公司会将多余资金用于购买理财产品,在财务上通常将其作为其他流动资产。从 2018 年年报数据可以看出,我省部分上市公司也存在类似现象。在我省账面货币资金金额较大的上市公司中,有的上市公司长期借款和短期借款项目金额总量接近甚至超过账面资金金额的七成,且长期借款和短期借款项目金额总量也远大于其他流动负债项目金额。

同时,上市公司发行债券的利率一般高于银行贷款利率,公司发行债券表明公司可能无法获得支持正常运营的贷款。从 2018 年年报数据可以看出,我省共有 49 家上市公司存在应付债券,有的上市公司的长期借款和短期借款项

———————————

① 本文作者金雪军、刘建和、王向宸,最初于 2019 年 5 月 15 日发布在《公共政策内参》第 19719 期。

目金额总量超过其账面资金金额。相比于上一季度,我省存在应付债券的上市公司数量有所上升,且应付债券金额也有所增加。

除了应付债券这种筹集长期资金的方式,上市公司为了解决临时性或季节性资金困难常会选择发行短期债券的方式,在财务上通常将其作为其他流动负债项目,因此其他流动负债项目的金额过高意味着公司资金状况不佳。在我省账面资金金额较大的上市公司中,相对于账面资金,我省大部分上市公司的其他流动负债项目的金额较小,而有的上市公司的其他流动负债项目金额接近其账面资金金额。

二、相关建议

针对目前我省部分上市公司存在存贷双高这类资产负债结构不合理的情况,笔者提出以下几点建议:

1. 主动排查我省存在"存贷双高"和财务费用净利润占比过高现象的上市公司。对公司"货币资金"的真伪、来源、用途、资金管理方式、大股东资金诉求等方面进行深究,对于财务信息质量较低的上市公司进行主动防范,做到早识别、早预警、早发现、早处置,在流动性风险问题爆发前主动预防,最大程度降低不良影响。

2. 通过扶持和并购重组并举解决上市公司"存贷双高"和财务费用过高问题。对相关上市公司进行有效甄别,对于经营情况良好、行业排名前列的上市公司进行扶持,利用产业扶持基金和纾困基金等解决暂时性的流动性困难;对于暂时经营困难的上市公司,借鉴凤凰行动计划,尽早通过优质资产注入、债务置换、协议转让的办法进行并购重组,避免流动性问题扩大。

3. 帮助建立股份公司和控股股东间资金防火墙。控股股东可能通过上市公司股权质押等行为进行融资,甚至采用季度中占用上市公司资金季度末转回等方式直接占用上市公司资金。有必要建立股份公司和控股股东间的资金防火墙,防控因控股股东流动性风险传导影响上市公司流动性。

4. 借鉴已有经验,建立资金集中管理体系。对于我省存在"存贷双高"现象的上市公司,尤其是子公司众多的集团公司,可以通过银企联合设立财务公司,建立资金集中管理体系,使公司实时、准确、全面的把握上至集团公司下至各个子公司的资金收付、贷款担保等资金信息,实现公司账户信息同步和数据共享,提高资金配置效率,降低资源浪费,防范金融风险。

关于新外商投资法对浙江经济的挑战、机遇与政策建议[①]

2019年3月15日，十三届全国人大二次会议表决通过了《中华人民共和国外商投资法》，取代原来的《中外合资经营企业法》《外资企业法》《中外合作经营企业法》（即"外资三法"），制定新的《外商投资法》对贯彻落实党中央扩大对外开放，促进外商投资决策部署是非常重要的举措。为此，有必要对外商投资法本身以及对未来浙江省企业投资、经济、产业、对外开放等领域的作用和影响进行分析和思考，对下一步工作提出政策建议。

一、新外商投资法的特点

新制定的外商投资法具有包容性、统一性、创新性。原有的外资三法在面对新的问题时存在无法解决的困境，新外商投资法整合为一部共通的基本法后，消除了现存中的重复性法规，解决了相关产业政策之间的冲突矛盾，表现出对外资商的包容性。新外商投资法实现了内外资统一的企业组织形式，确立了外商投资制度的基本原则和立场，各层级立法主体依据统一的内容进行梳理，并且不需要再区分是外商投资企业还是非外商投资企业。其次，新法对管理制度进行创新，建立了以负面清单管理制度、信息报告制度和安全审查制度为主的外商投资管理制度。同时，突出了保护和促进，淡化管制等措施，这为外商投资创造了比较好的营商环境。原来立法模式是强调企业组织法的形式，现在立法模式是围绕投资行为，不是强调投资的组织形式，这也更加符合投资本身的需求。

---

① 本文作者金雪军、沈清漪，最初于2019年7月3日发布在《公共政策内参》第19732期。

二、新外商投资法对浙江经济的机遇

(一)进一步促进对外开放,优化投资环境,提高外资企业的信心

新外商投资法规定实行高水平投资自由化便利化政策,意味着我国全方位开放的姿态,建立更国际化的外商投资管理模式和体系的目标和决心,其中准入前的国民待遇政策表明我国对外资和内资的平等待遇精神,使国内企业和民营企业有更好的发展机会,创造良好的营商环境。新法对投资保护的措施将坚定外资企业继续投资中国市场的信心,将进一步加大对外商投资的合理合规的保障,消除外资不敢投不愿投的疑虑,为外商在浙江投资迎来新一轮的发展机遇提供助力。

(二)带动新的外商投资热潮,提升国内市场

新外商投资法的实施将促进各地区的经济规划,引入国外的技术、资金和人才带动产业发展。新法中的负面清单政策以及进一步放宽准入标准,将增强外商投资动力,促进金融机构发展,为市场可持续发展提供了资金保障,推动我省开放型经济的进一步发展。

(三)保护知识产权,促进产业发展

新外商投资法中包含的股权并购政策能促使高端企业减少对知识产权转让的顾虑,引进更大更多的外资项目,扩大外资规模。同时,新外商投资法加强保护知识产权,规定外商投资过程中技术合作的条件由投资各方协商确定。在强调了知识产权重要性的同时,也明确了国家行政机关注重知识产权和技术合作,更加注重保障外商投资的知识产权等合法权益,为外资企业维权提供保障,有利于更多的科技创新和高端制造业的进驻,提高专业技术水平,提升新产业的质量,加快我省产业转型升级。

三、新外商投资法对浙江经济的挑战

(一)市场竞争激烈化,产业竞争加剧

新外商投资法的实施会导致浙江越来越多的外资企业和内资企业同台竞

争，观念落后的企业在竞争中面临淘汰的压力。随着市场逐步开放，外资竞争会加剧产业竞争，国内企业需掌握核心竞争力，提高科技、研发水平，学习外资企业成熟的技术和经验以及全球战略，抓住机遇。

（二）与各行业法规衔接问题，新旧外商投资法冲突

每个行业都将出台相对应的关于外商投资法的行政法规，执法不一致和各部门缺少联动会导致法律法规的冲突。新法的实施意味着旧法的调整与修改，但新法存在的缺陷和衔接上的问题表明新法仍需补充和完善。与旧法的冲突会导致政府与企业清理和疏通上的困难，例如《外商投资法》规定了五年过渡期，在这五年过渡期里，按原有企业组织形式的外商投资企业存在无法调整的问题。

（三）缺少相应的配套条例，政府监管职责不明确

新法的实施会带来许多问题，对许多主管部门以及财务部门带来大量的法制任务，需出台配套法律政策，相应的规范作为依据。新《外商投资法》在很多方面从法律上做出了解答，但如何操作还要具体的实施细则，这决定了在下一步国际引资过程中处于怎样的地位。此外，新外商投资法对许多部门分工不明确，存在中央与地方之间，各政府部门之间多头管理的问题，有关外商投资主管部门的权责划分和监督管理体系也十分模糊。地方政府需高度重视新外商投资法的管理和服务是否与新的发展机遇所匹配，能否适应新一轮的外商投资新高潮。

四、对浙江落实新外商投资法的政策建议

（一）加强研究和对接

浙江省需加强对浙江外商投资法的研究，调整外资结构，研究重点引资产业，开放投资平台，率先落实各项举措。在借鉴国际经验的同时突出浙江特色。同时，浙江省需重视外商投资法出台后的过渡问题，原有政策与现有政策之间的对接问题，包括法律方面的对接，以及对发展目标、转型升级的目标的对接。通过外商的投资促使经济高质量地发展，加快产业转型升级。对引进的外商有机对接，提升省内企业的竞争能力。

（二）加强与国际法的匹配，细化实施细则

结合国际法和国内双边投资协定，维持经济发展和可持续发展之间的平衡，维持东道国的规制权和保护投资者利益之间的平衡。在新的双边投资协定中减少争论和利益损失，需建立完整的风险评估体系，对风险进行防范。另一方面，浙江省就新法实施内容还需细化，应分析各种情况，落实一些在省的权限范围内有重点、有选择的举措，例如如何保障条款落地等问题有待补充说明，防止不同部门执法出现冲突。此外可以在制定相对统一的以区别于其他省份的政策优惠下，针对省内地区之间差异性的一些优惠政策，以体现浙江的必要的竞争优势。

（三）建立良好的外商营商环境，打造集聚平台，注重人才储备

要注重面上的营商环境打造和点上的集聚平台的构建，浙江省需完善各部门监管机制，防止新法落实中出现混乱和失误。通过出台合适的地方性法规制度帮助落实各项工作，加强政府与企业之间的沟通和交流，明确企业需求和困难，保护企业利益，营造公平公正的营商环境。此外，提升平台能级，通过线上线下等方式提升服务能力，完善人才引进政策，保障人才储备充足。在引进高质量外资的同时打造专业人才队伍，培养专业技术和管理能力，学习先进的经验和理念，促进企业做大做强，促进浙江发展。

（四）加强外资和民营的联动，大力吸引外资，打造核心竞争力

各级政府应着眼于增强内外联动性，打造公平透明的营商环境，营造稳定、透明、可预期和公平竞争的市场环境，为吸引外资提供条件。内外资企业的共同发展有利于经济健康发展，体现内外资企业在市场的无差别地位。还可通过外资外企进驻城市，推动城市发展；加强自贸区发展，比如浙江省舟山群岛新区，受限于人才、经济和基础，可通过外商投资政策加快开发。

关于杭州打造"中国新零售示范之城"的建议^①

消费已经连续五年成为经济增长的第一引擎,其中新消费也呈现出巨大想象空间,成为拉动内需市场的新引擎。2019年浙江省政府工作报告中,"消费"作为关键词被提了17次。全国两会政府工作报告中,"线上线下消费融合发展"的新零售元素十分鲜明。浙江省响应和落实国务院办公厅《关于推动实体零售创新转型的意见》文件精神,坚持政府引导、市场主导、创新驱动、示范带动的原则,利用自身数字经济优势,整合省内外各方资源,大力支持杭州打造全国首个"新零售示范之城"。

一、杭州与新零售

新零售的概念指以信息技术为驱动、以消费者体验为核心、以大数据重构人、货、场关系的一种泛零售商业模式。各类商业主体应根据商品、服务和效益的商业本质,开展线上线下相融合的商业探索和实践,优化和创新新零售模式。杭州是中国新零售的诞生地,相比于其他城市,杭州的营商环境优势就是创新实验和政策包容。2016年新零售概念提出以来,杭州诞生了数十种新零售的创新业态,可以说,杭州也是中国新零售的实验室。杭州新零售业态归纳起来主要有以下三种类型:

(一)从线上走到线下

有"三种模式":一是借助平台营销,如阿里的盒马鲜生、永辉的超级物种、

————————

① 本文作者王淑翠、金雪军,最初于2019年7月11日发布在《公共政策内参》第19735期。

苏宁易购的苏鲜生等。二是自营线下单体店,如阿里天猫国际线下店、网易考拉海淘爆品店等。三是新零售购物中心,如阿里的亲橙里。

(二)从线下走到线上

有"三种模式":一是传统商业转型升级,如联华华商的鲸选、物美的小而美等。二是借力电商平台赋能升级,如天猫小店等。三是百货商场＋新零售,如银泰西选、快闪店等。

(三)其他形式

一是无人零售,如阿里的淘咖啡、五芳斋的无人餐饮店、7.7未来便利店等。二是跨境电商＋线下体验店,如网易考拉武林中央商场店、网易严选等。三是现场生产＋现场消费＋线上线下融合,如九加久滨江体验店等。

二、杭州的问题与不足

(一)规则层高度不足,尚未形成新零售发展的标准和体系

新零售业态牵涉的审批部门多,证照办理难度大。如盒马鲜生和超级物种的油烟排放、天猫小店的店招审批等,现有审批制度需要改革和突破。在监管统计上,目前还没有建立新零售的统计指标体系,统计困难。在规划布局上,杭州市已经初步形成了市、区(县、市)两级联动的新零售业态规划布局,但市区两级层面力不从心,落实上难以形成合力。在发展机制上新零售作为企业自主创新的一种新商业模式,其行业健康发展需要政府科学的宏观引导。

(二)商业层力度不够,尚未形成国际国内知名的品牌效应

新零售选址困难,如盒马鲜生、超级物种等新零售业态对门店选址要求较高即要求地段好、面积大、停车位多,而这样的地段基本已被传统商业占用。作为杭州零售业最为发达的湖滨商圈,新零售元素明显不足,缺乏国内和国际知名度,没有形成标杆示范。全国来看,新零售处于起步发展阶段,尚未形成具有全国影响力和国际竞争力的新零售品牌和成熟模式。

(三)技术层厚度不足,尚需解决人才瓶颈及数字技术设施

杭州市具备数字技术与行业经验的高端人才远不能满足数字经济融合产

业发展的需求，特别是人工智能人才、机器人工程师、云计算人才、移动互联网人才等缺口较大。技术应用不足导致当前零售业网络仍处在数据的原始社会，同时数据孤岛仍然大量存在。此外，新零售信息协同难度大，线上线下融合方式需要信息实时共享，包括在采购、订单、库存、结算、商品推广、消费者数据等多个领域实现信息传递，这对新零售合作企业提出更高要求。

（四）消费层活力不足，尚需用开放思维来扩内需促出海

目前杭州市消费质量有待提高，表现为商品和服务质量得不到保证，售后服务不够全面、及时、通畅，缺乏统一行业质量标准和信誉评价体系，顾客满意度不够高等问题；外来国际品牌数量有待扩大，国际品牌商品价格偏高，对国内消费者的吸引力不够；本土品牌的国际化特征不足，很多产品缺乏世界品牌注册和宣传意识，出口产业结构调整缓慢，优势产业利用跨境电商出海意识和运营能力明显不足。

三、具体建议

（一）提升新零售的规划层次，形成三级联动的统筹推进机制

一方面要加强统筹领导，提升规划层次。杭州市"中国新零售示范之城"的潜在竞争对手为北京、上海和深圳，级别均比杭州高，建议加强省、市、区三级联动，并成立示范区建设领导小组。争取将"新零售示范之城"列入省级试点，按照特色小镇的思路进一步强化资源融合、产业融合，彰显新零售产业竞争力特色。在监管统计方面尽快建立和颁布新零售的统计指标体系。另一方面要加大简政放权力度和产业扶持，依法向下释放经济社会管理权限，发挥"最多跑一次"的改革红利，鼓励国内外一流新零售品牌实体落地，完善品牌集聚等政策。培育一批标准领先、品质卓越的"杭州制造"品牌并推动其国际影响力，引导企业迈入标准时代、质量时代、品牌时代。

（二）培育适合新零售的商圈生态，推动消费力提速扩散

首先，全面推进延安路国际化街区、湖滨路国家高品位特色街建设，改造建设景观小品、城市家具和导视系统等，升级基础设施和消费场景，植入VR技术和智能服务。其次，鼓励商户建立新零售行业协会，对试点范围内的公共资源

进行市场化经营运作和协作共享。第三,要激发全社会参与活力,在突出盒马鲜生、蔚来汽车、网易考拉等龙头企业的基础上,通过政府提供数据支撑,大力引进联合办公、孵化器以优化新零售商务环境,将示范区建成新零售初创企业的聚集地。最后,推动新零售创新业态向大型居住区、新建城区和乡镇村复制渗透,争取新零售在杭州城乡的全覆盖。

(三)依托数字人才发展新体制,构造新零售产业生态系统

第一,制定数字人才战略,以需求为导向会同相关部门编制发布杭州新零售领域紧缺人才目录,通过打造产业优势、营造创新生态系统、提供多方位保障条件加快海外创新创业人才聚集。第二,推动零售领域的商品数字化和数据共享化。运用云计算等新型算法,有效挖掘新零售数字背后的商业逻辑,实现精准生产、精准营销和精准消费。第三,建立企业之间的深层次信任关系。以信息技术为支撑,实现线上、线下企业,上下游企业之间的协同运营,并整合多渠道信息,建立智慧物流体系,将信息流与物流相结合,实现线上线下信息同步共享,进而提高信息利用效率。

(四)创新消费载体和场景,加快建设国际消费中心城市

首先,创新和改造线下零售业态,通过线上引流和产品组合优化,改善线下零售业的坪效和资金周转率。杭州要充分利用盒马鲜生、超级物种、跨贸小镇、保税区等创新型零售业态,通过丰富国际品牌和高质量货源吸引国内消费者来杭州进行放心消费。其次,积极发挥政府有形之手和市场无形之手的作用,利用跨境出口平台让中国的名、特、优产品出海,提高中国品牌的海外知名度,强化杭州出口源特征。第三,整合线上和线下两种渠道,线下着重发展以休闲旅游、会展服务、体育赛事为主题的服务产业和体验经济,线上着重扩展以速卖通、亚马逊、WISH、网易等跨境平台为载体的跨境零售进出口业务,提升杭州贸易的国际影响力。第四,发挥区、县和企业的积极性,让"洋"节和"土"节、"新"节和"旧"节、"名"节和"造"节相得益彰,应用新媒体和新技术提升杭州在全国的节庆消费影响力。

提前谋划和破解"高收入之墙"①

——浙江"十四五"规划思路

　　"高收入之墙"是国际上一些学者提出的概念,它反映了后发追赶型国家人均 GDP 达到 13000 美元之后,由于后发优势基本释放殆尽,以能源重化工产品大规模生产和消耗,生产主要满足居民基本消费需求为特征的工业化阶段大体结束,导致经济增长率"非正常回落"的一种现象。二战后,全球有近 20 个国家和地区在跨越"中等收入陷阱"后对"高收入之墙"发起了冲刺,但成功突围的国家不到 10 个,严格意义上的较大的国家则只有日本和韩国。2017 年,我省已顺利跨越"中等收入陷阱"进入高收入区间,"十四五"期间将直面"高收入之墙"的挑战。通过将国际上近 20 个经济体正反两方面的经验教训与我省情形相比较,我们得出的基本结论是——我省"十四五"期间突破"高收入之墙"面临五大主要挑战:全要素生产率挑战、城镇化挑战、资源环境挑战、国际竞争力挑战和包容性增长挑战。如果战略、政策得当,我省成功突破"高墙"、在新的增长平台上继续保持较长时段的较高速度增长是完全可能的。

一、"十四五"期间我省破解"高收入之墙"的五大挑战

(一)全要素生产率挑战:产业升级与增长动力转换受阻

　　我省此前主要依靠中小企业为主体的"集群生产"和以国际分工为特征的"全球生产"扩大竞争优势,这种以模仿为主的区块集群战略维持了我省几十年

---

　　①　本文作者金雪军、朱玉成,最初于 2019 年 9 月 9 日发布在《公共政策内参》第 19745 期。

的高速增长。但随着我省经济水平越来越接近发达国家,若要顺利实现弯道超车,不仅需要在经济总量上与发达国家趋于接近,更重要的是要在赶超中转变生产函数,进行赶超动力的转换。这样的赶超具有二次赶超的特征,而不是简单的一次赶超。二次赶超的这种特征有利于帮助我们理解,为什么有些国家经济总量增长了,与发达国家的差距却在持续拉大。其根本原因就在于这些国家只完成了一次赶超,而没有进行赶超过程中赶超动力的转换。我省在赶超到了一定阶段以后,也需要转变赶超的结构基础和赶超的动力机制,实现总量赶超与结构赶超并举。

(二)城镇化挑战:城乡二元分割与资源配置效应放缓

在刘易斯二元经济增长阶段,我省劳动生产率提高的很大一部分来自外来人口和农村劳动力向高生产率的工业部门转移所创造的资源配置效应。2018年,我省城镇化水平已达 68.9%,开始迈入城镇化 S 形曲线的稳定阶段。过去支撑我省城镇化进程的大规模劳动力转移即将减缓,劳动力无限供给以及城乡资源配置效应都将趋于减弱。与发达国家上百年城镇化进程相比,我省的城镇化只用了几十年时间。"萝卜快了不洗泥",超常规的城镇化在带来强大集聚效应的同时,也引发了一些问题。随着我省经济从二元发展阶段逐渐转向新古典增长阶段,传统的粗放型城镇化不再具有可持续性,未来需要更加关注城镇化的质量和效益。

(三)资源环境挑战:粗放式增长带来资源约束和环境污染

根据环境库兹涅茨曲线,环境污染状况在时间上呈现一定的变化轨迹,而且与经济发展存在着某种倒 U 形曲线的关系(图 1),但这并不意味着我们可以躺在库兹涅茨曲线上等拐点。虽然"十三五"期间我省生态环境保护不再"欠新账",但仍未走出"还旧账"的阶段。随着我省生态环境保护进入治理与修复并重时期,我省需继续追求经济增长的最小成本化,用相对较低的资源环境成本争取长期的经济增长空间。只有在生态和环境得到有效保护的基础上,经济增长才是有价值的增长,才是实实在在、没有水分的增长。

(四)国际竞争力挑战:产品竞争力面临"比较优势真空"

作为高度依赖出口的沿海经济大省,我省企业大多重"生产、加工、制造",轻"研发、营销、品牌",产业分工长期处在国际价值链"微笑曲线"的底端。与前

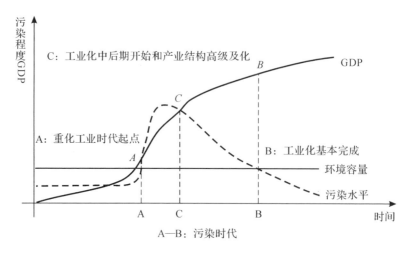

图 1　环境库兹涅茨曲线

端的研发设计和后端的服务营销等相比，加工制造不仅收益少、风险大，而且还要承受整个产业链绝大部分的成本和负效应。随着越来越多的低收入国家开始参与代工竞争，马来西亚、越南、泰国等新兴国家在国际上"低价抢单"，我省制造业的低成本优势正在逐渐消失。同时，我省进入产业链价值高地又面临诸多困难，创新驱动、服务支撑的根基和动力尚不强健。"旧的渐弱，新的未起"，出现了两头受挤压的"比较优势真空"。

　（五）包容性增长挑战：经济增长与公平发展失衡

　　我省居民收入差距持续在高位徘徊，根在增长方式和分配机制不均衡。长期依靠投资和出口拉动增长，使我省居民收入中资本对劳动收益的比重越来越高，财富过于向企业家和有产阶层集中。同时，经济资源和财产存量的市场化，导致居民收入差距随资产性和财产性收入的增加而持续扩大。发达国家在初次分配差距较大的情况下，最终的分配状况未见显著差距，根本原因是再分配机制起到了有效的调节作用。在 2010 年前后，经再分配调整后美国的基尼系数从 0.5 下降到 0.38，英国从 0.52 下降到 0.34，法国从 0.51 下降到 0.3，德国从 0.49 下降到 0.29。这些发达国家通过行之有效的再分配政策，使基尼系数平均下降了 10 个百分点以上。这是值得我们学习和借鉴的。

二、"十四五"期间我省破解"高收入之墙"的政策选择

(一)创新发展:打造创新驱动新引擎,以产业结构调整拉动经济结构升级

第一,创新驱动需"优化存量",聚合创新要素以实现产业结构升级的"突围"和经济结构调整的"破题"。产业转型升级的本质是技术进步,技术进步需要资本和平台。前者要求企业实现利润以完成资本积累;后者要求"大院大所大企"等创新领头羊,产业技术创新战略联盟等创新孵化器,知识产权保障体系等创新大环境,这些是政府应当着力的调控点。第二,创新驱动应"扩容增量",发展新的特色经济以构建区域经济新增长极。我省经济触及高增长边界对"转方式"形成了直接压力,在"高收入之墙"出现之前,新的特色经济应取得实质性进展。我省应提出并实施"转方式"的路线图乃至时间表,围绕数字经济、信息技术和物联网、海洋新兴产业、节能环保产业、生物产业、文化创意产业、时尚制造业等新的特色经济实现"扩容增量",打造创新驱动的新支柱、新引擎。第三,创新驱动要"加载因子",从"招引"人才向"吸引"人才转变以实现智力"升级"。美国硅谷和武汉光谷吸引人才的关键在于推动产业集聚,创造集群效应。我省应提升"产业聚人"的含金量和激发力,聚焦重点产业对口引才,从"招引"人才向"吸引"人才转变。

(二)协调发展:统筹城乡协调发展,加速推进产城融合与"人"的城镇化

第一,推动劳动力市场城乡整合,使城乡资源在流动和融合中实现整体发展。传统城镇化是"单向"流通的,城乡协调发展则应该是"双向"的。既应支持农民"带资进城",推进新型城镇化;也要鼓励城镇居民"带资、带技术下乡",加速农业现代化;还要推动留守农民增收,让农民充分享受土地、森林、水域等农村产权红利。第二,推进就地和就近城镇化,提升人的融合性感受。可充分依托我省块状经济、局域经济的现状,通过特色小镇、中心镇等微型城镇带动附近农民就地和就近城镇化。对农业转移人口,重点是要解决其"市民化"问题;对"半耕半工"群体,关键则是解决其权益保障的问题。第三,以"撤点并校"教育资源吸引外来人口,改善小城镇人力资本条件。以溢出的小城镇教育资源吸引

外来人口是低成本的,以高质量的基础教育服务留住外来人口也是高效率的。如果能让外来人口子女平等的进入小城镇基础教育体系,而非"农民工子弟学校",相信可以吸纳更多人口常驻浙江。

(三)绿色发展:建设环境友好型社会,在生态环境改善中求增长

第一,将绿色发展融入社会发展全过程,充分兑现生态环境的"生产力"。绿色发展既要坚守"底线思维",强化以质量为导向的总量控制,把 GDP 中那些高消耗、高污染的成分尽可能挤掉;也要发扬"创新思维",发展生态经济、循环经济、旅游经济、健康经济,推动生产方式和生活方式绿色化,开辟绿色发展新动能。第二,理顺生态保护的利益关系,完善区域间协同保护和生态补偿。推动属地管理、分级负责,强化协作保护和重点修复,防止污染产业梯度转移;落实全面覆盖、责任到人,"谁污染、谁付费、谁负责",运用经济手段影响行为者的经济利益以达到环保目的;完善价值兑现、生态补偿,优化资源环境权益交易体系,健全纵横向生态补偿机制。第三,发展"循环经济""共享经济",促进分享经济、再生资源产业发展。扶持补助"循环经济",再生资源产业是需要政府大力扶持的环保产业,政府在垃圾分类、垃圾回收上的适当撬动可为垃圾的减量化、资源化和无害化创造条件。做大做优"分享经济",减少资源误配、错配,推动社会分散、闲置资源的协同化集聚、复用与供需匹配。

(四)开放发展:及时推进竞争力的适应性转换,有效引导企业"抱团出海"

第一,瞄准产业价值链高点,在产业链"微笑曲线"两端集中发力。及时推进竞争力的适应性转换,从低成本的加工制造向研发设计和服务营销两个产业链高附加值端点移动,从排浪式的低成本优势向特色化的质量型优势过渡,推动浙江制造向浙江创造、浙江速度向浙江质量、浙江产品向浙江品牌转变。第二,依托区位优势和国家发展战略,打造"丝路＋""金砖＋""湾区＋"等若干聚焦发展平台。超越长三角体系下经济大省的固有定位,借助海洋优势、区位优势和"一带一路""中国—东盟"自贸区等机遇推进港口经济圈和海洋经济发展。第三,推进高水平"引进来"和大规模"走出去"。充分发挥我省经济基础中市场经济较为发达的优势,积极引导有竞争力的企业"抱团出海",大力开展对共建国家的战略型、资源合作型投资,继续加强对发达国家的学习型、技术导向型投资,依靠"走出去"在全球市场寻找新的增长点。

(五)共享发展:实现包容性增长,发挥初次分配和再分配的收入调节作用

第一,着力提高劳动所得在初次分配中的比重,"让工薪阶层富起来"。我省居民工资性收入占可支配收入的半壁江山,缩小收入差距应先从提高工资性收入开始。我省应响亮地喊出"让工薪阶层富起来"的口号,通过建立居民收入增长和经济发展同步、劳动报酬增长和全要素生产率提高同步的机制,确保低收入群体收入逆势增长,工薪阶层工资增长同步于甚至高于经济增长。第二,强化财政的"填谷"作用,优化社会公共保障体系。对低收入群体来说,为其提供高水平的社会保障与均等化的公共服务更有利于实现分配公平。我省应着力缩小城乡社会保障水平差距,强化最低生活保障和社会救助托底,推进城镇非户籍人口基本公共服务全覆盖。第三,发挥税收的"削峰"作用,通过再分配政策对收入分配进行二次调节。使税收体系更好地发挥分配调节作用,通过行之有效的再分配政策实现"提低""扩中""限高"齐头并进,朝人民群众期待的方向缩小分配差距。

数字经济对社会治理的影响和对策①

  2015 年,习近平主席在第二届世界互联网大会上提出"推进'数字中国'建设";2016 年,G20 杭州峰会发布《二十国集团数字经济发展与合作倡议》;2017年,"数字经济"一词首次出现在我国政府工作报告;2018 年,浙江省委经济工作会议提出:把数字经济作为"一号工程"来抓,提出"今后五年,浙江将大力发展以数字经济为核心的新经济,加快构建现代化经济体系"。

  现如今,数字经济已成为推动经济发展质量变革、效率变革、动力变革的重要驱动力,也是全球新一轮产业竞争的制高点和促进实体经济振兴、加快转型升级的新动能。20 世纪 90 年代以前,信息的储存、传输和使用基本都是以纸张为载体,无论是在空间还是时间上都存在很大的成本消耗,此外,进行信息和数据的计算处理能力也存在不足。随着数据开始进入人类社会生产生活的方方面面,由网络所承载的数据、信息和知识,正在成为推动市场发展、社会治理手段革新的重要驱动力。更重要的是,相比其他生产要素,数据资源的可复制、可共享、无限增长和供给的禀赋,能够打破传统要素的有限性,为持续增长和永续发展提供了基础与可能,成为数字经济发展新的关键生产要素。

  然而,在数字经济快速发展的时代,社会治理也面临着新情况和新问题。一方面,大数据、云计算、区块链、物联网、人工智能等信息技术的使用迅速拓展了社会治理创新的空间和格局,使公共服务资源配置更为优化,有利于社会治理的精准分析、精准服务、精准治理、精准监督、精准反馈;但另一方面,数据智能、网络协同等新的治理方式,与行政机关传统的许可、审批、处罚等监管方式也存在着衔接和协同无法磨合的问题。因此,如何充分发挥数字经济"一号工

---

  ① 本文作者金雪军、陈思瑾,最初于 2019 年 12 月 17 日发布在《公共政策内参》第19765 期。

程"效能,通过发展数字经济以完善社会治理,从而更好地服务不同社会群体,更有效地管理好国家和社会的公共事务,成为我省数字经济治理工作下一步重要探索。

一、对社会治理的影响

当前,我国数字产业已形成全面而深刻的经济与社会应用;进一步,通过探索与建设智慧医疗、智慧城市管理、智能交通、智慧社区等,将有利于实现数字经济与社会治理的有机结合,发挥数字经济在社会治理上的全面性、科学性、高效性、精准性和公正性的特质,推进社会治理的数字化和智能化发展。

1.提升社会治理的全面性

随着手机、电脑、互联网等信息技术的普及,以及电子监控、政务 APP、电商等在我们日常生活中应用的普遍化,数字技术已经与当前社会经济生活紧密关联,可以说无所不含,无所不在。在政府使用数字技术治理过程中,云计算使分散的计算、存储等 IT 资源转化为规模化、集约化、专业化的运营和服务,进而将专用的服务变成公用的服务;而大数据技术依托云计算的分布式处理、分布式数据库、云存储、虚拟化等技术,不仅可以对海量无序的数据资源的增减和变化进行实时跟踪,而且能够保障从质和量上的大量、准确归集,从中筛选出有价值的数据信息,实现有效数据信息的快速处理与储存;从而使政府不仅能够把握各个区域各个时间段全面且详实的社会信息,更可以准确、有效、全面地实现针对个人、社区、街道、区乃至区域实现整合治理,从而做到更好地统筹协调,系统部署。例如,针对当前人类社会治理中人流、物流、车流、信息流、资金流等的密集现状,我国绝大部分省份和地方政府已经通过居住证制度和"出租屋门禁+视频""视频云+平台系统"技术的结合,全面推行网格化管理,实时采集、更新住房基本数据,向动态管理模式转变。

2.提高社会治理的科学性

将大数据技术和人工智能技术结合使用时,人工智能从自动生成的海量社会数据中筛选识别出有价值的信息,通过对数据和政策理论的学习和演算,能够为政府决策提出的最优化选择和更为客观的政策预测。这一系列基于数字技术且服务于政府治理的数据分析工具,能够帮助政府做出描述性、指向性甚至预测性的科学分析,真正做到"胸中有数",为决策提供科学依据,从而逐步实现社会治理模式由"亡羊补牢"和经验决策向"防患于未然"和科学化、协同化、智能化转变。例如，杭州市在井盖上安装了内部设有传感器的电子标签，从而对井盖下的排污情况进行有效监控，同时如果井盖出现移位或者是排水出现异常，电子标签会自动报警，城市管理部门就能够及时处理。此外，针对交通拥堵，通过将人工智能引入到车辆监测之中，搭建的立体化、全方位的信息采集网并结合大数据分析，也可以有效把握区域内基本动态信息，实现高峰期对红绿灯的科学调度，提升车辆通行效率。

3. 带动社会治理的高效性

智能化移动终端的普及和相关培训机制的完善，为社会公众获取公共信息、表达诉求意见、提出建议批评、实施民主监督提供了更为高效便捷的技术手段。例如，乡镇（街道）和城乡社区通过政务服务网建设和"最多跑一次"改革普遍建立了信息服务点，有条件的基层还获得后台管理的部分授权，有些还建立了基层事务线上管理系统。随着区块链在基层事务管理中的广泛使用，真实高效的信息共享机制将会进一步搭建，这不仅有利于政策信息和政务服务的高速流通和高效落实，减少行政沟通成本，打破信息壁垒和信息鸿沟，也有利于提高公众参与积极性，为提高社会治理的社会化水平奠定技术基础。

4. 强化社会治理的精准性

综合运用以大数据、云计算、区块链、人工智能为代表的数字技术，可以全面系统地分析和掌握不同地区、不同群体对社会服务、社会保障、社会治理等方面差异化、分层化、多样化的需求，实时掌握动态，及时回应，对症下药，精准推送，实现时间和内容双精准，大大提高治理政策和治理措施的针对性和有效性，提高治理的精细化水平，更好地满足社会治理中"以人为本"的现实需求。例如数字技术应用到税收管理方面可以准确防范税收流失、堵塞税收漏洞的难题，基于互联网采集平台对股权变动、关联交易、招投标、税务缴纳等信息的实时、全面、精准采集，并进行税源分析和风险管理，通过进行数据综合整理加工分析，查找涉税疑点，可以更有针对性地开展税收风险管理工作。

5. 保障社会治理的公正性

物联网、人工智能等新一代信息技术促使电子政务向"智慧政府"发展，并且具有分析、预测、预警、模拟、调度、自动监控和辅助决策功能，在政策理论建模合规且数据采集准确的基础上，数字技术在社会治理中有助于排除人情关系和感情因素对社会治理的干扰，避免恶性舆论及媒介审判对于司法公正的负面效应，确保社会治理的公平公正。

二、数字经济下社会治理面临的挑战

1.来自传统思想观念的挑战

数字技术在社会治理领域的应用,对社会治理的开放性、协同性、整合性有更高的要求。"最多跑一次"改革带来的"一窗受理""就近受理""掌上办理""一网通办"等新的政务服务形式,推动着政府机构的职能、分工、权限、工作流程的大幅度调整,也推动了传统政府服务观念的转变。但信息处理系统的整合仍然受到条条牵制,信息流通和共享仍然面临种种障碍,一些环节仍然需要人工二次录入,既影响效率,又影响数据的准确性和智能化管理。其次,一些政府工作人员治理理念滞后,仍然把社会治理等同于政府管理,认为加强和创新社会管理就是要加强对社会的管控,没有认识到社会治理是一个多主体协同管理的过程,片面重视自下而上的信息采集和自上而下的指令发布,忽视为基层治理提供服务功能,缺少公众参与、民主监督和基层自治的模块。最后,部分政府在处置数据的权利和权力的过程中,缺少对于在虚拟社会如何正确划分政府、公民和各种中介组织、平台的权力和权利的边界,如何分配各种数据产品带来的利益的准确认识,而是把数据服务简单商业化,这与数字治理的公共服务产生了矛盾,未能真正让公民享受这种数字服务便利性,反而不利于政府和公民实现数字经济共享的成效。

2.来自传统评价标准的挑战

传统的评价标准重项目、重过程、重演示,忽视准确的绩效评估。这导致一些地方政府和部门应用数字技术忽视社会治理的实际效果,而是将数字技术和传统治理方式简单嫁接,变成高科技形式的"面子工程"和"政绩工程"。不仅固化了传统的组织结构和工作流程,而且造成线上线下的重复劳动,未能体现社会治理扁平化、网络化的特征。各部门搞了大量的APP,为了显示成效又要求社区工作者为他们"圈粉",占用了基层大量精力,甚至导致手机拖不动。此外,部分政府部门为追求数量,导致数据质量不高,缺乏核实,更新不及时,反而造成了数字不经济,数据不完整、不系统的,甚至是片面的,不利于科学化、精准化的政府决策和政务服务的展开。

3.来自法律规范不足的挑战

数字经济发展的迅猛,但从法律、政策上来讲,监管、司法的使用目前尚未满足数字经济的发展需求;数据安全、个人信息犯罪等方面的法律服务市场也尚未健全。其中，最核心的是数字所有权问题，可以延伸到数字使用权、管理权、占有权等。如果数字所有权不明确，后面那些使用权，管理权将都失去讨论的价值。如果不加快数字所有权立法，促进数据资源共享的融合和流动，包括构建数据有序流通的法制格局，数字经济在社会治理方面将举步维艰。

4. 来自基础建设不完备的挑战

随着数字经济的发展，建设通畅、安全、可靠、高效的通信网络，并辅助以具备大数据储存、传输和运算承载力的硬件设施是进一步推进数字治理必不可少的环节。在通信网络广泛覆盖的基础上，如何构建管带融合信息网络，增强通信安全保障能力，提高信息资源共享能力，首先需要的就是对信息基础设施建设的完善。一方面，在信息基础设施的铺设范围上，需要在乡镇、道路等实现密度更广、质量更高的网络覆盖；另一方面，更要关注公共行政部门信息基础设施的软硬件革新。例如，在推进电子政务过程中，就存在政府网站卡顿、网络不佳或者政府电脑无法带动软件程序等问题，不仅降低了数字技术在社会治理中的体验感，而且还损耗了政府服务的效率。

5. 来自用户体验不成熟的挑战

尽管传统的公共服务渠道略显过时，但相较于政务网站、手机应用端等"高大上"的新技术渠道，人工服务依旧会是绝大部分民众在寻求公共服务的首要选择。这主要是由于用户对于服务操作方法的不熟悉，对于具体政务领域专业知识的不了解，以及在独立申请办理服务业务的生理和心理条件的不具备三方面因素所导致。例如，当用户所申请事项相对重要且线上办理过程中出现不确定、不清晰的地方时，绝大部分申请者都会选择中止办理，优先询问有相关专业人士或者直接去柜台由政府人员完成，从而出现与"最多跑一次"相反的"多跑一次，至少放心"的现象。这种现象导致政务服务网和手机端不但没有实现对于办理成本的缩减，反而削弱了自身效用，甚至造成后台运营成本的多余损耗。此外，由于相关使用操作指导大部分仅局限于线上指南，缺少线下面对面、一对一的宣传、培训和指导，所以很多人并不清楚如何操作、去哪操作，如何跟踪、去哪跟踪，因此在数据层面上出现注册用户和有效使用数量的显著差异。由此可见，针对"不敢用""不会用""不便用"的现实诉求，更多的民众会优先选择一对一的个性化指导或者代办。

三、运用数字技术优化社会治理的对策建议

1.聚焦治理绩效,加快政府内部运作的数字化转型

在搭建政府社会治理线上平台的同时,建议制定政府内部运作数字化的制度、法规、标准,优化指导方案,系统改造业务流程,转变工作方式,完善业务数据库和电子档案库,补上业务项目和历史数据短板,实现受理平台与部门业务系统之间、政务数据与社会数据之间的有效对接和实时更新。一方面,打破部门间信息壁垒,实现政府内部部门间信息渠道统一、畅通;另一方面,使内部"网上办公"的水平与对外"网上办事"的水平相匹配,从而进一步提高行政效率。

2.坚持以人为本,推进数字技术更好地为人民服务

社会治理必须坚持全心全意为人民服务的根本宗旨,一切为了人民,一切依靠人民。不仅要通过电子政务让数据多跑路、使百姓少跑腿,而且要寓治理于服务之中,不断提升公共服务均等化、普惠化、便捷化水平。一方面,要拓展和强化社会治理线上平台的民生服务功能,融入教育、医药卫生、交通、就业、社保、住房、环保、安防、家政、垃圾和闲置物品处理等便民服务板块;开放民生公共数据,提供权威政策信息和民生服务信息;另一方面,应加强对于政务网、手机端的使用宣传和培训,明确使用流程、细化使用指南,可以在线下政务大厅采取线上办理的同时提供人工辅助,对办理民众直接指导,提升使用信任度从而提升使用率;也可以将部分政务服务通过产品外包形式,转接给诸如支付宝、微信、美团等平台,提升服务渠道的自我升级和激励机制,通过政企合作,实现民众政务需求的利益最大化。切实地增强公众参与社会治理的积极性,促进政府主导下的多方参与,协同治理,良性互动。

3.强化基层实践,建立基层的社会治理线上平台

基层是社会治理的基础。目前街道和乡镇人口众多,人员流动性大,工作生活节奏快,传统的面对面的交往和服务方式存在困难,建立基层的社会治理和综合服务信息化管理平台有利于解决多元化的现实需要。有条件的地方可以运用云技术搭建基层社会治理的云上平台,也可以在县(市、区)的社会治理线上平台设置街道、乡镇和城乡社区版块,下放部分管理权限,实行后台的分级管理,还可以指导基层建立微信公众号,逐步加以规范。这类党政搭建、多方参与的虚拟平台不仅可以发挥党政组织的政治引导和社会动员作用,实现基层的公共事务公开,而且可以成为各种合法的社会组织展示自己、了解需求、提供服

务的渠道，也可以为居民群众的民主参与、民主监督提供有效途径，提高基层社会自治的能力与活力，促进社会多元主体的合作创新。

4. 推广数字技术，提高社会治理智能化水平

提高原始数据自动生成能力，根本改变政府归集数据依赖于部门报送的状况，消除"二次加工"对数据的真实性和可信性的影响。提高数据的甄别、筛选能力，提高数据质量。大力倡导对公共数据的深度挖掘和关联分析，提高公共数据利用率，自觉用大数据辅助决策、评估政策实施效果。实行线上实时监管、智能监管以及对监管主体的监管，提高社会治理系统监测、评估、分析、预警的效能。构建基于大数据的社会风险预警机制，加大风险管理工具和技术平台在社会风险的监测、分析、预判和决策中的应用，科学制定社会风险评估量化指标，综合运用大数据挖掘和分析、云平台试验仿真等前沿技术，及时精确地发现和定位社会治理数据异常现象，提高防控的效率和准确性，充分实现社会风险源头治理。

5. 完善法律法规，提高数字治理法治化水平

目前我国针对数据共享相关立法方面相对滞后，围绕数据共享的指导性细则也并不具备，这与我国目前政府及公共事业部门、企业的数据共享平台建立的现状并不匹配。这种先实践再立法模式，对于数据实践将存在非常大的法律和安全风险。因此，应尽快制定数据共享方面的法律制度，同时出台相关细则及行业规范。其中，所有权是数据立法的核心，法律应首先解决数据的权属问题，最大限度划分出数据的个人权利和公共权利，以便后续法律有针对性地进行数据安全、个人数据隐私及数据资产保护。

同时，政府应通过一系列的数据相关法律法规规范等建立相应的隔离带、遗忘区，最大程度保护个人数据安全，规范数据共享。

以政务服务上链推动区块链技术行业发展[①]

数字科技的浪潮汹涌而至,不断渗透政治、经济、文化等各个领域,促进产业转型与升级,引领世界步入以"数据要素"为主要动力的时代。数据的巨大价值得到了越来越多的认可,而如何将数据安全高效稳定地储存成为了各行各业面临的严峻挑战。工信部信息中心在发布的《2018 年区块链白皮书》中提到,区块链技术为跨级别、跨部门的数据互联互通提供了安全可信任的环境。其本身的分布式、不可篡改、公开透明等特性可以有效提升政务服务的效率和信任,从而为数字政府建设乃至治理现代化的推进创造条件。

一、大力推动政府政务服务上链的意义

区块链是数字经济的基础设施之一,在政务领域有很大的落地前景。中共中央政治局就区块链技术发展现状和趋势进行第十八次集体学习中指出,探索利用区块链数据的共享模式,实现政务数据跨部门、跨区域共同维护和利用,为人民群众带来更好的政务服务体验。因此,把政府上链作为推动区块链发展的突破口有三个重要意义:

一是助力"最多跑一次"改革,打造高效透明的数字政府。根据腾讯研究院联合中国人民大学统计学院指数研究团队发布的《国家数字竞争力指数研究报告(2019)》显示,中国数字经济竞争力位居世界第二,仅次于美国但仍然有很大差距。我国是数字化发展的领跑者国家,数字经济发展的潜力巨大意味着对数字化政务服务的要求,已经转向全面的、深层次的业务信息安全。

① 本文作者金雪军、宋昀书,最初于 2019 年 12 月 24 日发布在《公共政策内参》第 19766 期。

区块链具有全程追溯、全程记录、不可篡改的特点,通过分布式架构将账本数据存储在每个节点上,去中心地把执行逻辑公正、透明的展现出来。政务上链后,用户不仅可以查看自己证明材料的全程使用部门、办理时间等信息,一旦发现相关操作存疑,还可以立刻反馈并进行历史追溯,为百姓带来了便利的政务体验。

区块链具有高效整合、及时共享的特点,提高多部门参与效率降低沟通成本。部门数据信息被同步到每个节点,形成"块"的局部结果,再由"链"连接各个"块"。在保证互信的前提下,提升政务数据内部共享、外部开放的安全性,高效整合了部门业务协同办理的能力。

二是有利于抑制炒币现象。区块链产业中的"币"是指与区块链代币或虚拟货币的发行融资、流通运行等相关的活动。比特币等虚拟货币不断暴涨暴跌让一些人嗅到了投机炒作的机会,不少机构甚至打着区块链的幌子从事非法集资、传销等非法活动。区块链技术与加密货币相伴而生,但区块链技术创新不等于炒作虚拟货币。政府上链可以说明区块链技术在经济社会转型发展中是可以应用并能发挥积极作用的,也说明"无币区块链"也是可行的,从而可以进一步推进区块链在经济金融领域继续稳妥探索,同时引导其在解决社会发展实际难点、痛点方面发挥更加有益的作用。

三是推动区块链技术产业的发展。目前区块链行业仍处于初期阶段,部分探索应用仍面临难题,落地需要稳妥推进。政府率先为区块链技术提供了很多的政务实际应用场景,成为创新的试验田,起到了至关重要的培育作用,技术和服务也有了相对稳定的资金投入支持。同时监管部门加强监督引导区块链技术行业的规范、安全和标准,严厉整治传播违法违规信息、借用区块链概念进行的非法交易等行为。既包容试错又严禁违规,在有序竞争中为区块链技术产业打开广阔的应用空间。

二、地方政务服务上链可借鉴的经验

2016年区块链在"十三五"规划中首次被提及后,今年中共中央政治局在第十八次集体学习中关注了区块链技术发展现状、趋势、应用问题。区块链的前景广阔,但是技术永远是工具和手段。政务大门已经向区块链敞开,各地陆续推进政务上链,帮助解决百姓生活中"看病难、上学难、办事难"等真正关心的问题。通过设立试点,探索绩效明显的、可复制的示范案例,形成雪球效应推广跟进。那么区块链在各地的政务领域中有哪些应用呢？

例如，北京市海淀区在以二手房交易为主题的服务事项中，以不改变原来审批流程为前提运用证照链、认证链、事项链等，在北京市率先推出"不动产登记＋用电过户"同步办理的新举措。打通政务服务与公共服务两个领域，创新主题服务，极大地提升群众办事的"获得感"和政务服务效能。

杭州市已成功搭建首条政务区块链底层系统"政务服务链"，并试运行于杭州市"最多跑一次"的可信身份认证场景中。这标志着杭州市数据资源管理局已初步具备区块链的搭建能力，也意味着未来在多个"政务＋区块链"的场景中拥有了自主可控的技术基础。

今年浙江省依托省政务服务平台，推动医保部门与医疗机构的电子票据改革进入区块链应用阶段，实现操作有留痕，结果可倒查。建立信息共享和运用机制，实现电子票据的生成、传送、储存和报销全程"上链盖戳"，全面反映医疗收费、票据监管、医保报销等环节信息。今年 8 月 1 日，浙江台州医保中心受理了全国第一笔医保异地报销业务。这在为城乡居民提供更加便捷、贴心、更加优质的医疗服务同时也杜绝了重复报销的可能，有利于保障资金安全。

此外，区块链技术还被运用于电子证据生态领域，构建一种新的契约签署及履行形态。传统审理方式认定网上生成证据的真实性往往成为案件审理的难点。以往的常用存证方式需将证据由线上转线下，转换成纸质或光盘的过程不仅耗时耗力也极大地增大了篡改风险。如今的互联网法院，在执行案件中运用区块链智能合约技术，形成奖惩机制、立案、审判、执行的全流程智能化。

三、实现政务服务上链的主要抓手

区块链技术可以解决信息的真实性与及时性，区块链技术也可视为大数据的"大保险"，政务领域既要体现高效又涉及大量个人、政府、商业数据，有着极高的数据安全需求。政务服务平稳上链可以把握以下抓手：

行政服务大厅上链，最大化增加综合窗数量，集成多部门职能服务。借鉴北京海淀区政务上链经验，每一位窗口工作人员只需将身份证拍照上传 APP，系统可立即识别身份证，调取相应的户籍、婚姻状况、个人征信等信息供工作人员核验。根据区块链生成的鉴证信息办结，可以有效防范假人假证，避免各项信息重复录入，同时也对申请材料登记环节减时间、减材料、提效率。

政务部门工作上链，降低沟通成本，提升协同合作效率。从全国看，"数据孤岛"现象严重,部门信息壁垒利益桎梏问题依然严峻,只有推进各领域信息共享利用,才能让数据真正发挥作用。通过区块链分布式加密、共享的方式,将分散的信用数据、行政管理数据和执法数据等实时准确地互联互通,形成"共享公共账本"。同时,由区块链技术建立的不可篡改、可追踪溯源的无缝隙闭环机制,可以解决部门间的信任问题,避免平台连接造成隐私泄露和数据安全隐患,撬动部门协作高效、稳定运行。

四、政务服务上链可能引发的新问题及对策

一是区块链技术自身还不成熟,各地的普及度和接受度不同。尽管区块链迎来了发展热潮,但其按比特币诞生起算也仅十年左右,仍处于探索阶段。很多地区对区块链技术的了解普及接受程度较低,目前的政务链也仅是局部试点,这导致打通更大范围的信息和信任难度较大。因此期望区块链与各领域相结合或扩展政务服务节点,都需要加快支持培育区块链行业的技术条件和相关体制机制改革步伐,通过大量的落地应用打消公众疑虑。

二是防止公共平台重复建设,避免陷入新的部门割裂。需要建立统一的工作链,避免一哄而上,造成过度投资、重复建设,导致各部门在平台建设的节点设置上重新陷入碎片化。整体谋划区块链技术行业的安全体系和标准规范,为更深入广泛推进区块链集成应用奠定基础。

鉴于政务服务领域已有综合性的"行政便民大厅"等线下线上实践,各部门之间办事流程也已有梳理,完全可以作为政府服务上链的基础。总之,加快政务服务领域的上链步伐,撬动区块链技术行业服务于生活中更多的领域,将衍生成为经济社会发展的新动能,成为打造诚信社会体系的重要支撑。

浙江、江苏、广东对日本投资的"黏性"比较分析及建议①

一、日资企业经营状况调查

本文的调查数据来源于日本贸易振兴机构的专题调查。该机构对海外日资企业开展调查始于 1987 年,每年都要对海外日企开展大规模抽样调查。

1.《2019 年度亚洲、大洋洲日资企业实况调查——中国篇》调查结果。2019 年,日本贸易振兴机构对中国 1519 家企业进行调查,有 694 家企业进行了有效问答。从调查结果看,广东有 9.7％的日资企业有压缩产能、回迁或转移到第三国的意向,浙江为 7.1％,江苏为 5.7％。究其原因:一是市场萎缩。2019 年,国内市场销售下降的日资企业达 66.7％,同比提高 29.2 个百分点;二是成本增加。生产成本增加的企业占比 56.4％,同比提高 14.7 个百分点;三是出口低迷。出口下降的企业占比 38.5％,同比提高 15.6 个百分点。

2.针对华东地区日资企业回迁意愿的调查结果。在华东地区的日本投资企业有 2 万多家,其中我省有 3505 家,占比约 17.5％。今年 4 月,日本国际贸易振兴机构上海代表所对在华东地区的 710 家日企进行了调查。结果显示,华东地区 86％的制造日企没有回迁或转移计划,14％的企业有回迁或转移的意向。其中有 7％的企业计划回迁日本,5％的企业考虑还是在中国国内转移,2％的企业有转移东盟的意向。

① 本文作者金雪军、刘建和、卢雨佳,最初于 2020 年 7 月 13 日发布在《公共政策内参》第 20836 期。

二、基于六个维度的几个判断

营商环境越好,对投资的黏性越大。本文从投资环境、市场环境、制造成本、供应链配套、工资薪酬、人才供给六个维度,对浙江、江苏、广东日本投资企业的"粘性"进行比较分析。

一是从投资环境看,江苏对日企的投资黏性相对最大。调查显示,今后1~2年,江苏有49.1%的日资企业计划扩大生产规模,而广东的占比为32.9%,浙江为28.6%。我省的日资企业选择"维持现状"的相对较多,占比达64.3%,而广东选择维持现状的企业占比为57.7%,江苏为45.3%。

二是从市场环境看,浙江对日企的市场粘性相对最大。浙江日资企业的市场主要在国内。2019年,浙江日资企业产品内销占比达77.6%,出口占比22.4%;而江苏日资企业内销占比68.3%,出口占比31.7%;广东日资企业内销占比62.3%,出口占比37.7%。

三是从制造成本看,江苏对日企的低成本黏性相对较大。2019年,生产同样的产品,如果在日本生产的制造成本为100,相比之下,在浙江的制造成本为85.5,在江苏的制造成本为80,在广东为80.2,江苏最低。我省制造成本相对较高,究其原因,一是电价较高。去年3月,我省发布《关于开展燃煤机组上网电价市场化试点的通知》,明确统调燃煤机组的基准价暂按每千瓦时0.4153元。而相同时点,江苏、安徽标杆电价为0.391元/千瓦时、0.384元/千瓦时;二是房租价格较高。2019年,杭州主城区二手房均价在每平方米4万元左右,而苏州主城区二手房均价在每平方米3万元左右。

四是从供应链配套环境看,江苏对日企的配套黏性相对较大。2019年,日资在当地采购原材料及零部件的数据表明,江苏日企从当地企业采购最多,在当地采购的比重高出我省14.8%百分点,说明江苏日企对当地企业的龙头带动作用较大,与日企配套的当地企业数量较多。

2019年日资企业采购原材料及零部件的供应链

省 份	从当地企业	从当地日资企业	从其他外资企业
浙 江	53.2%	38.8%	8.1%
江 苏	68%	26.5%	5.6%
广 东	52.4%	40.7%	9.3%

五是从职工薪酬看,广东日企的收入黏性相对最高。调查表明,广东的工资相对最高。广东日资制造企业工人收入比浙江高 11455 元/年,工程师收入比浙江高 36608 元/年,管理人员收入比浙江高 66069 元/年。从工资增长率看,广东的工资增长率也最高。2019 年广东为 7%,江苏为 6.7%,浙江为 6.4%。

2019 年日资制造企业全年平均收入(元/年)

城　　市	工人工资	工程师	管理人员
杭　　州	70575	104943	157571
苏　　州	84888	125336	218638
广　　州	82030	141551	223640

高端产业高收入,广东的日资企业主要集中在汽车和汽车零配件等高端制造产业;江苏的日资企业主要集中在电子通信、装备制造、新材料等高新技术产业;浙江的日资企业主要集中在家电、机械制造等中低端产业。

六是从人才供给看,江苏日企反映存在招聘难的企业相对最少。工资收入较低,必然会体现在人才的招聘上。调查显示,在制造业行业,江苏日企反映普通工人招聘难的占比为 43.2%,广东为 44.3%,而浙江有 53.9%。江苏和广东基本没有日企反映存在技术人员和管理人员招聘难的问题,而浙江有 46.2%的日企反映技术人员招聘难,35.7%的日企反映管理人员招聘难。

三、结论与建议

1. 研究结论

一是我省日资企业的市场主要在中国国内,这些企业回迁日本的可能性较小。我省日企有 77.6%的产品在我国内销,高出江苏 9.3 个百分点,高出广东 15.3 个百分点。

二是江苏、浙江、广东对日本投资的黏性比值为 4:1:1,江苏对日本投资的黏性相对最大。通过上述 6 个维度的比较,江苏在投资环境、制造成本、供应链配套、人才供给等 4 个维度的黏性较大,浙江在市场环境方面黏性优势突出,广东在职工薪酬方面黏性力度最大,江苏对日本投资的黏性竞争力明显优于浙江和广东。

2. 原因分析及建议

一是我省企业的研发能力不及江苏,研发能力决定与外资产业配套的竞争力,我省要加快补齐企业研发机构相对较少的短板。

江苏与日资企业的配套能力较强,主要原因是江苏企业的研发能力较强,这是日资企业的首选因素。2018年,江苏规上企业有R&D活动的企业数19669个,占比42.5%,新产品销售收入28425亿元;而我省规上企业有R&D活动的企业数10769个,占比25.9%,新产品销售收入23308亿元。可见,我省企业在设立研发机构方面的短板比较明显。建议,我省要加大对企业设立研发机构的引导和扶持力度,鼓励设立项目研发孵化基金,引导制造业企业到国内外设立研发中心、孵化中心等"飞地""离岸"机构,不断提升企业设立研发机构的覆盖面。

二是我省的县域投资环境不及江苏,江苏日资企业产业园的规模是我省的五倍,我省在投资"硬环境"和"软环境"均有待进一步优化。

去年12月19日,中国发展网中国投资环境评估中心发布了《中国县域投资环境评估报告(2019)》,在中国县域投资环境竞争力前300强中,江苏省有41家,占比13.7%,浙江省为31家,占比10.3%。昆山市、江阴市、张家港市、常熟市、晋江市、慈溪市、义乌市、宜兴市、长沙县、简阳市名列前十名,其中,江苏占了5个,浙江2个,足见江苏的投资环境吸引力更大。从日资企业集聚区看,苏州高新园区的日资企业超过了500家,而我省最大的中日(平湖)产业合作园日资企业只有100多家。可见,我省营商环境有待进一步优化。建议,我省要紧扣"打造长三角外商投资洼地",高水准承接上海辐射和产业转移,进一步优化政府信用、政府服务等"软环境",提升基础设施、产业配套等"硬环境",吸引更多外商集聚投资。

三是低端产业低收入,我省日资企业的收入明显低于广东、江苏,某种程度上折射出我省外商投资的产业层次亟待提升。

在我省投资的日本企业主要集中在中低端的家电和机械制造业,这些企业有相当一部分是从上海转移出来的,比如中日(平湖)产业合作园90%的日资企业是从上海转移而来,定位基本上是生产基地,在浙不设研发部门。所以,这些日企专业技能要求不高,支付给员工的工资也不高,从而形成了低技能、低收入、低吸引力的闭循环。可见,我省外商投资产业层次有待进一步提高。建议,我省要围绕"打造长三角高端制造业基地",借此次疫情全球产业链供应链调整之机遇,淘汰转移一批中低端外资企业。同时,加强产业园区的5G、工业互联网、人工智能等基础设施建设,提高外商投资产业准入门槛,促进我省外商投资园区产业迭代升级。

关于"十四五"期间浙江高质量发展的若干建议^①

全球疫情下的"百年未有之大变局"也是"新变局"。新一轮科技革命和产业革命的加速、经济增速下行的趋势、中美经贸摩擦加剧并向科技竞争领域扩散等挑战,将引发全球经济秩序与格局的巨大改变。

危机并存、极不确定的国际国内复杂形势,是"十四五"时期发展环境的主要特征。如何在不确定性中寻找确定性、危机中育新机、变局中开新局,精准把握推进浙江省高质量发展的问题和抓手,是"十四五"浙江发展的重要课题。立足区域特征、发挥区域优势、聚焦高质量发展,浙江可以作为中国接轨世界的主阵地。

一、"十四五"期间浙江需要高度关注的几个主要问题

1. 浙江直面"高收入之墙"挑战,未来经济增长如何拉动

以前中国经济严重依赖出口,出口占 GDP 33％,现在约为 17％预计会继续往下。外需驱动向依托强大的国内市场驱动转变,需要"自己转起来"。2017年,浙江已顺利跨越"中等收入陷阱"进入高收入区间,"十四五"期间将直面"高收入之墙"的挑战。突破"高收入之墙"浙江面临着五个方面的挑战:全要素生产率、城镇化、资源环境、国际竞争力和包容性增长。随着浙江经济水平越来越接近发达国家,进行二次赶超需要转变原有的发展模式,这对浙江打造创新驱动新引擎提出了更高的要求。

① 本文作者金雪军、宋昀书,最初于 2020 年 7 月 13 日发布在《公共政策内参》第20838 期。

2. 全球疫情下的"新变局"，发动创新驱动新引擎

"新变局"加速推动了数字信息技术、生命科学、新材料、新能源等新集群，将对人类的生产生活方式带来颠覆性的变化。浙江作为数字经济示范区，如何发挥"一张网"的既定优势，如何赋能数字经济、深化整体智治、提高治理能力现代化值得深入研究。

3. 区域空间重组重构，有待提升整体都市化水平

浙江全域都市化全国领跑，但是温州、台州、金华、丽水、衢州等地的人口有向外流动的趋势。高铁、高速路有可能增强杭州等大城市的虹吸效应甚至超过辐射效应，让区域要素之间的不平衡变得愈加严重，区域差距愈加拉大，一定程度上妨碍了都市化进程。同时，浙江需要思考怎样更好地融入长三角一体化发展战略，借用上海国际金融中心的龙头大平台，实现抱团协作发展。

4. 把握民营经济新定位，调整优化产业结构

一方面应思考如何发挥浙江民营经济的窗口优势，进一步融入对接世界经济。如何适应供应链、产业链、价值链重构，发展好浙江省的标志产业"一件衣服""一辆车""一桶油"等是值得重视的问题。另一方面，浙江产业发展不平衡、世界级创新企业太少的现状亟须改变。浙江的制造业和现代化水平与广东的差距仍然较大，世界五百强企业只有 5 家，不及广东省一半，过度依赖于某一两家企业蕴含着巨大风险。韩国三大企业研发投入占了整个工业的 83%，而浙江全部大企业总共只占研发投入的 3%，还未起到引领作用。

5. 警惕出现金融危机，未雨绸缪妥善应对风险

浙江金融的发展基本上和浙江经济的发展是相匹配的，区域金融改革就是典型的例子。如 2015 年台州小微金融改革，2015 年湖州、衢州的绿色金融改革，以及去年年底宁波普惠金融改革。借鉴日本、韩国的经验，进入发达阶段之后非常容易出现金融危机。在疫情引发新一轮全球经济衰退的背景下，应总结反思以往金融危机爆发的原因并提高警惕、精准研判。

6. 以生态美为前提，如何走出产业兴、百姓富的可持续发展之路

在浙江，以生态旅游、生态工业、生态农业等为代表的生态经济实践层出不穷。一个村如何更快地带动一片村？农民如何在家门口创造美好生活？鼓励精准创业帮扶，带动村民增收致富实现"美丽经济"，关键在于打通"两山"转化通道。

二、"十四五"期间浙江高质量发展的主要抓手

1.建立创新驱动战略,布局战略性新兴产业

一是抓紧布局数字经济、生命健康、新材料等战略性新兴产业,壮大未来新增长点、形成发展新动能。重视打造基础研究平台、高端产业创新集聚地,可把"城西科创大走廊"打造成我省的创新特区。打造国际全球总部经济集聚地,成为国际贸易成交、贸易结算和贸易融资的中心。二是更加重视人才在科技基础创新中的作用,打造全球人才蓄水池。把握海外人才回流创业加速的契机,大力招揽海内外多学科高端人才。三是健全科创金融体系,打造充满活力的科技创新生态。从基础应用研究到产业投入是个很长的链条过程。可借鉴美国成功的创新生态经验,建立顺畅的退出通道、流动通道,设立由专业团队管理的天使基金,形成风险投资、创新投资产业的良性循环。

2.挖掘城市治理"数智化"潜力,让城市更聪明更智慧

浙江要把握"一号工程"数字经济发展的先机,加速拥抱"数智化"发展趋势,为全国创造更多可推广的样本经验。加快5G网络、数据中心等新型基础设施建设,运用大数据、云计算、区块链、人工智能等前沿技术,推动城市管理手段、管理模式创新,继续探索实现"整体智治"的多系统应用场景落地。抓好城市治理体系和治理能力现代化,打造清新高效的政务环境,提高政府的公信力、影响力,提高群众生活的便利度、幸福度。

3.瞄准产业集群数字化转型,擦亮浙江数字经济金名片

一是顺应"数字贸易""非接触型经济"趋势,鼓励新业态、新模式,打造数字经济创业新生态。疫情之下"买菜靠网购,吃饭靠外卖,教育靠网课,开会靠视频,全民直播带货","宅生活"带火了各式各样的"宅经济"。高速发展的电子信息产业代表着强劲的经济韧性,经济恢复可能会超出预期。二是依托浙江数字贸易跨境电商的优势,打造全球贸易中心。疫情结束后的首要任务是恢复经济,全球化一定是各国间资源优化配置的潮流和趋势。提前研究、谋划浙江在跨境交易、跨境流动、数据监管方面的优势,借鉴跨国公司成功经验,探讨国际专用通道、外贸数字化转型方式,抢占全球数字规则制定的制高点,浙江能够成为探索中国外贸强国的先行者。

4.形成多中心的都市格局,主动融入世界级的城市群

一方面要在都市全域范围内形成多中心的局面,统筹重塑都市空间结构。

例如改变杭州的过度虹吸效应，能够真正辐射到周边的城市，形成滨江、富阳、萧山、下沙、德清、临安等多个中心。另一方面应牢牢把握长三角一体化趋势与"一带一路"、长江经济带交汇的优势。长三角有条件、有能力在构建"双循环新格局"中走在全国前列，从沿海开放带动区域开放，成为世界第六大城市群和引领全球创新、金融科技的中心。

5.提升民营经济、先进制造业核心竞争力，浙江成为对接世界的主阵地

一方面应彰显浙江的民营经济优势，代表市场经济为主体的体制机制对接全球，作为中国接轨世界的第一方阵。在"重要窗口"建设中夯实民营经济的基础，发扬企业家精神，全面展示民营经济活力。我省民营企业应充分利用"减负"利好政策，积极转型、准确识变、主动求变、做大做强。另一方面建设全球高质量先进制造业基地，积极培育生态文明下的先进制造，打造产业链竞争优势。提高创新能力是产业升级的取胜之匙，用创新技术、工业设计的高附加值稳住市场、拓展市场，专心致志"打深井"，保持国际供应链畅通，占据技术水平高地和市场份额。

6.深入实施乡村振兴战略，绿色致富实现"美丽经济"

一方面深化"千村示范、万村整治"工程，把典型的好经验、好做法与当地实际情况结合起来，高水平建设新时代美丽乡村；另一方面加快推进农业农村现代化、智慧化，鼓励电商助农等新路径，积极打通农产品上行渠道，让农产品运得出、供得上，形成优质优价的市场氛围。此外，做好对口支援、对口合作工作，助力对口地区跨越发展，让"绿水青山就是金山银山"的发展理念更多更好地惠及群众。

韩国现代化发展对我省高质量发展的启示①

　　浙江与韩国有着相似的地理条件、人口条件、产业结构以及发展轨迹,韩国经济保持了 30 多年的高速增长,渐次步入中等收入阶段和高收入阶段,已成为世界主要发达经济体之一,也是一个浙江"跳一跳就够得到"的目标,因此总结和借鉴韩国现代化发展的经验对浙江实现高质量发展有着重要的理论与实践意义。

一、浙江经济发展对标韩国的可行性与意义

　　1. 浙江经济发展对标韩国的可行性

　　首先,浙江与韩国具有相似的地理与人口条件。浙江与韩国土地面积均为 10 万平方公里左右,两地都属于山多平原少的地形,且拥有较长的海岸线以及众多的海岛,适合发展海洋经济。同时,截至 2019 年底,浙江总人口为 5850 万人,韩国为 5200 万人,两地人口规模也大致相当。其次,浙江与韩国具有相似的产业结构。2019 年度浙江第一、二、三产业增加值占 GDP 比重为 3.36:42.61:54.03,同年度韩国为 1.69:41.54:56.77,可以看出浙江与韩国都是"三二一"产业结构,两地都是以制造业为基础、以服务业为核心,重点发展高科技产业。最后,浙江与韩国具有相似的发展轨迹。浙江抓住了中国改革开放的机遇,以民营企业为重点,并大力发展出口,获得了大量的外汇,走出了自己独特的发展道路;而韩国是抓住了 90 年代日本制造业转移的机遇,大力发展制造业,同样出口大量的产品,创造大量外汇,从而创造了举世瞩目的"汉江奇迹"。

---

　　① 本文作者金雪军、严泽鹏,最初于 2020 年 8 月 6 日发布在《公共政策内参》第 20842 期。

2.浙江经济发展对标韩国的意义

首先，浙江经济发展相较于韩国仍存在较大差距。2019年韩国GDP总量与人均GDP分别为1.642万亿美元和31761美元，其中GDP总量位列全球第12位，同年度浙江GDP总量与人均GDP分别为9039亿美元和15601美元，仅为韩国的55%和49%，从GDP数据上看浙江与韩国还存在较大的差距，通过对标韩国经济发展，学习、借鉴、引进、消化、追赶韩国，不断寻找差距、提高改进，可以帮助浙江经济实现突破性的发展。其次，浙江与韩国的差距在不断缩小，韩国成为"跳一跳就够得到"的目标。1994年，浙江人均GDP约713美元，韩国刚刚突破10000美元，是浙江的14.5倍多，到2019年，这个比值缩小到了2倍，虽然差距依旧不小，但2019年浙江经济总量增速高出韩国4.8个百分点，两地之间的差距在不断缩小，根据洛克定律，目标不是越大越好、越高越好，而是要根据自己的实际情况，制定切实可行的目标才最有效，相较于日本、德国等国家，韩国在浙江"跳一跳就够得到"的最佳范围内。

二、浙江要走出一条超越"韩国模式"的转型发展之路

1.韩国现代化发展的关键因素：不断创新

虽然韩国保持了30多年的高速增长，已经成为世界主要发达经济体之一，但是韩国的发展之路也并非一帆风顺。90年代，韩国的中小企业面临着诸多问题，如资金、人力不足和大企业市场垄断等问题，导致中小企业的生存空间被不断掠夺；由于韩国过于依靠出口增长来促进经济发展，高增值商品遭到发达国家的排挤，低增值商品受到发展中国家的追击，一度陷入"前有堵截，后有追兵"的境地；过热的经济引发了恶性循环，物价波动、通货膨胀、物价上涨、地价高涨、出口不振、国际收支状况恶化等情况循环出现，让韩国政府应接不暇。韩国破局的关键就在于不断创新。为了增强产品在国际市场中的竞争力，韩国加速产业升级进程，走创新发展之路，提前规划产业布局，推动各个产业内部技术、知识密集度的提高并大力开发尖端技术产业，到2000年其微电子、精密化工等高技术产业就达到了世界一流水平，科技产业自制率达66%，2018年韩国高科技产品出口额达2047亿美元，占出口总额的33.8%。

2.韩国目前仍存在发展不均衡的问题

首先是区域发展不均衡，韩国的首尔市仅占国土面积的0.6%，但其人口突破千万，约占韩国总人口的20%，其2017年度GDP为4120亿美元，占当年全

国 GDP 总量的 21%,而韩国第二大城市釜山市约有 350 万人口,GDP 约为 700 亿美元(2016 年度),由此看出韩国资源过度集中于中心城市,并且发展高度依赖中心城市。其次是企业发展不均衡,2017 年韩国十大企业销售额之和达 6778 亿美元,占 GDP 总量的 44.2%,尤其是三星电子、现代汽车的占比更是高达 20%,而韩国中小企业数量占比超过企业总数的 99%,员工数量占 87.2%,大企业和中小企业的两极化问题十分突出。

3.浙江正迎来新的发展机遇

首先,浙江人口净流入量不断攀升,2019 年浙江省以 84.1 万的人口净流入量更是跃居全国榜首。人口的流入不仅仅意味着人口红利,更意味着获得大量的人才,从而在发展进程中积累更雄厚的人力资本。其次,浙江所处的长江三角洲是中国最具活力的经济区域。浙江除了可以拥有巨大的市场外,还可以与上海、江苏、安徽等省市取长补短,目前“三省一市”已在行政、交通、医疗、教育等多领域深度合作,长三角区域一体化发展正不断推动浙江形成合理的城市群和产业群,有效补足浙江省内沿海和山区发展不平衡问题。最后,数字经济正引领浙江经济高质量发展。近年来,浙江在促进数字经济发展方面走在全国前列,2018 年浙江数字经济核心产业增加值 5547.7 亿元,较上年增长 13.1%,占 GDP 比重达 9.9%,随着之江实验室、阿里达摩院等创新平台的建设,数字经济领域的一批创新成果开始逐步涌现,数字经济已经成为浙江高质量发展的新动能。

因此,浙江在对标韩国的同时,不能简单模仿韩国,要认识到韩国现代化发展过程中面临的问题,把握好浙江独特的发展机遇,走出一条超越“韩国模式”的转型发展之路。

三、韩国经验对浙江高质量发展的启示

1.坚持开放型发展

习近平总书记在今年两会期间提出,要“着力打通生产、分配、流通、消费各个环节,逐步形成以国内大循环为主体、国内国际双循环相互促进的新发展格局,培育新形势下我国参与国际合作和竞争新优势”,浙江在大力拓展内需市场的同时,也要依托国际产业园等重要的载体,不断扩大合作规模和合作领域,拓展对外开放的广度和深度,提高外向型经济水平,使国内市场和国际市场更好联通,更好利用国内国际两个市场、两种资源,把国内国际“两个

循环"有机结合起来。

2.加强创新型发展

中央全面深化改革委员会第十四次会议强调,"以智能制造为主攻方向,加快工业互联网创新发展,加快制造业生产方式和企业形态根本性变革",智能制造正日益成为未来制造业发展的趋势,成为推动浙江制造向中高端迈进的契机,把握好契机的关键在于构建开放式、可持续的创新体系,从而不断适应经济发展新变化、新要求,推动产业转型升级。

3.推动城市化发展

现阶段的城市化发展,不仅需要高速度,更需要高质量。浙江应逐步推动城市增长中产生的级差地租从主要用于支撑城市建设扩张转变为推动人口市民化,从而实现"土地城市化"到"人口城市化"的转变,加快中心城市人口要素和产业要素集聚,增强城市经济综合实力,提升城市资源配置能力,把城市化与先进制造业和现代服务业的发展结合起来,在发展中心城市的同时,把大城市发展与小城镇建设结合起来。

4.完善人才发展建设

哪个地方凝聚的人才越多,哪个地方发展的活力就越足,吸引人才、留住人才首先要让人才感受到自己的"价值"。近年来浙江人口净流入量不断攀升,2019年浙江省以84.1万的人口净流入量更是跃居全国榜首。浙江应进一步谋划两大机制:一是吸引优秀人才的激励机制,二是防范人才无序流动的保障机制,从而以人的现代化为核心,制定和实施当前和未来所需人才的建设计划,注意人才在经济发展中的关键作用。

5.重视协同式发展

要形成省域层面的协同创新机制,打造协同式、链条式的发展格局,在大力发展龙头企业和平台企业的同时,推进大中小企业协同发展、推进"四核、四带、四圈"协同发展、推进高新技术企业与传统产业的改造升级协同发展,在制度和服务上勇于变革、敢于创新、善于突破,打造生产、贸易和金融协同的生态园,吸引各要素集聚融合,优化经济发展的质量、效益和结构,增强浙江经济高质量发展的内生动力。

6.实施数字化发展

随着信息技术发展和互联网快速普及,信息数据爆发增长、海量集聚,对经济发展、社会治理、公共服务和人民生活都产生了重大影响,浙江应进一步完善数字化发展战略,通过数字化推动传统制造转型升级到以精工、品质、迭代、创新为核心的新制造,通过数字技术与智能应用推动传统经济升级到以数字经济为核心的新经济,通过推进政府数字化转型和深化"最多跑一次"改革推动建设高标准的数字化政府,进而引领浙江经济高质量发展。

关于双循环的新发展格局与浙江对策的建议①

7月30日,中共中央政治局召开会议指出,必须从持久战的角度加以认识,加快形成以国内大循环为主体、国内国际双循环相互促进的新发展格局。本文立足于浙江优势,探索如何畅通双循环通道,率先形成新发展格局的路径。

一、双循环新发展格局的内涵与机遇

在错综复杂的国际环境和疫情冲击的背景下,全球经济深度衰退,全球需求市场萎缩。根据国际货币基金组织新近发布的《世界经济展望报告》预测,2020年全球经济将萎缩4.9%,其中发达经济体将萎缩8%,新兴市场和发展中经济体将萎缩3%。随着产业链、供应链重构安全问题凸显,全球化遭遇逆流贸易保护主义加剧,导致产业链、供应链上出现了卡脖子、断供等状况。我国遭受的贸易摩擦不断增加,仅浙江,今年1—7月份共遭遇25个国家和地区发起的贸易摩擦129起,金额达89.3亿美元,分别增长了46.6%和225.4%。

中国作为世界上人口最多的超大型经济体,拥有超大型的国内市场和4亿中等收入群体。根据国家统计局数据,中国经济在一季度同比下降6.8%的情况下,二季度同比增长3.2%;服务业增加值由一季度下降5.2%转为增长1.9%。但是,内循环并不意味着中国经济"闭关自守"关起门来搞自给自足,而是立足于内循环更大的体量、更高的质量、更高水平的对外开放,更灵活、稳健

---

① 本文作者金雪军、宋昀书,最初于2020年8月31日发布在《公共政策内参》第20848期。

地抵御外部冲击。因此,推动双循环既是国际经济环境变化的要求,也是经济转型发展的要求。发展国内大市场与扩大对外开放是有机的统一。

对于浙江而言,应充分发挥浙江省在双循环发展格局中的优势,在扩大国内市场份额、占据产业高地的同时,进一步加快对外开放的步伐,让内需循环加速外需循环,形成内外联动。

二、浙江应对国内大循环对策的建议

国内大循环得以实现,需要从需求端、供给端、对接端、区域端、行业端等多方面着手激发结构性潜能。浙江应对国内大循环有以下几个抓手:

1.改善收入分配结构,提高居民消费

一是加大再分配结构的调整力度,才有可能支撑内需增长进一步做大消费。加快低收入人群向中等收入人群的转变,壮大中等收入群体,减小贫富差距,形成拉动经济增长持久而强劲的动力。二是防止资金过度流向股市、房市,控制房地产涨幅。三是强化社会保障体系,提高医保养老普惠、失业、退休及残障人士的福利水平等,实现劳动力市场的均衡。四是扩大就业,逐步解决疫情冲击造成的就业影响,加速城镇化进程,提升就业率,加快形成以创业带动就业的新格局。

2.把握数字贸易新增长点

一方面,线上渠道已成为扩大消费、扩大内需的一个重要突破点,互联网、物联网和人工智能等技术与平台已成为打通市场流通环节的重要支撑。去年全国百货行业的销售额增长约 -1.8%,线下渠道今年继续受疫情影响,而浙江网络销售在今年 1—7 月份增长 10.6%。立足数字经济的领先优势,浙江应更快地向智慧型社会转型,催生并改造一系列新型产业及产品,推动贸易数字化转型、供求双升级,形成浙江优势。另一方面,发展数字贸易还需要物流通畅的保障,因此要推进海港、陆港、信息港、航空港"四港联动"。推动运输增效和物流降费,保障物流通道顺畅高效。

3.推动科技创新,摆脱"卡脖子"

当下我国的产业链面临严重的安全威胁,为了维护产业链的安全可靠和实现价值链向高端转型,浙江应发展挖掘高科技产业的既有优势和巨大潜力。一是进行知识产权与科技成果管理体制机制改革。一方面,完善技术转移服务体系,鼓励我省高水平大学基础研究项目与企业、研发特区合作深度研发,推进知识产权与科技产品的市场化与应用。另一方面,政府部门应研究出台科研成果转化激励政策,高校也应围绕培育知识产权优化资源配置、谋划工作模式、保护创新价值,提升科研人员的创新积极性。二是健全科创金融体系,引导银行、天使、创投、风投等社会资本投资,畅通基础应用研究和创新产业链的转化渠道,打造良好的创新生态。三是围绕数字经济、生命健康、新材料等高新技术产业打造"高地",率先构筑产业领域的比较优势,致力于推动核心技术突破,摆脱依赖国外技术的"卡脖子"问题。

4.实现内外市场的均衡

一是增加更有活力的中小微民营企业的比重,出台措施,切实解决民营企业融资难融资贵的问题,使其进入更多的产业领域。二是外贸企业需要积极对接内需市场,布局线上渠道,实现商品市场的均衡。出口转内销,需要提高对国内市场消费需求和产品偏好的敏感度,适应内需商品市场。三是面对线上销售竞争相当激烈的现状,需要尽快出台行业规范和竞争标准,运用区块链技术提供产品溯源。

5.发挥浙江加工制造的优势

浙江将面临一个新的循环趋势,即从省外大量进口原材料经浙江加工后往省外大力输出产品,或在省外原材料产地直接建厂生产。打造"浙江制造"的优势和效益,一方面,在于通过科技创新实现产品质量升级和标准提档,坚持传统产业与新兴产业、龙头企业与产业集群相结合,在计量、检验检测、认证认可等方面与国际接轨,提升浙江标准;另一方面,培育优质企业带动"浙江制造"走出去,引导企业加强信用建设,努力让"浙江制造"成为好产品、高品质的代名词,打造一流的产业生态链。

6.出台稳定产业链和供应链基金

目前政府出台的各项纾困政策中缺少确保产业链、供应链安全稳定的政策来给予中小微企业发展信心支持。一方面,应设立产业链基金,获取开发适销对路产品的生产资金。另一方面,重拾闭环供应链,在核心企业和银行共同监管下,在第三方仓库的物流半径覆盖下,允许生产企业配套商先提货后付款,保证这些为核心企业配套生产的周边企业的产品完整以及闭环生态圈的正常发展。

7.发挥资金循环作用,培育区域发展新增长极

一方面,如今省外对浙江的投资越来越多,近几年全省各地地方政府已经开始打通省外对浙江、浙江对省外这两个资金流,平稳有序地推进各类招商项

目,例如嘉善主要关注深圳、上海和北京的投资项目;另一方面,需要立足区域联动发展,优化区域经济布局和资源配置,融入长三角城市群,为加速内需循环创造重要条件。

8.国内旅游产业提档升级

近日,新一批文化和旅游消费试点城市名单已经确定,在大量游客出国旅游受阻的情况下,省内的景区、酒店、旅行社能否有效承接旅游市场释放的能量,提档升级是关键。

一是地方政府应引导在探索区域联动循环中形成浙江优势。各县市陆续推出了有效的地方实践,如"全球免费游衢州"、服务"龙之梦"等大 IP 项目、全国首趟开往春天的列车"开往春天的开化"等。二是加快旅游业的供给侧改革,抓住旅游综合体提档升级的契机,因地制宜与其他产业耦合、嫁接,如农旅融合、工旅融合等。三是拓展庞大的潜在旅游市场,满足居民放松休闲、健康生活的需求。鼓励不同群体的康养旅游,提供健康与品质服务相结合的生活方式。周末游、周边游、乡村旅游的兴起让城市周边景区和地点有了新转机,应挖掘本地优质商家,涵盖吃喝玩乐购等消费场景,刺激"夜游""夜消费",让景区的晚上也能亮起来。四是科技赋能智慧旅游,让旅游越来越便利,采用"预约+体验"的模式为用户带来更安全、舒适的出行体验。

三、浙江推动可持续外循环对策的建议

去年国内社会消费品零售总额约 41 万亿元,如果按 8% 的增量计算即增长 3 万亿元,而去年的外贸出口总额为 17.23 万亿元,可以发现内需的增长不可能涵盖外贸的总量,尤其浙江以生产日常消费品为主,因此外贸一定还是主要着力点。今年 1—7 月份,浙江外贸出口增长 4.4%,6、7 月份已超过江苏,位列全国第二。浙江进一步加快高质量对外开放有以下几个突破口:

1.贸易高质量发展

首先在进口方面,当下我国(包括浙江在内)的芯片、控制材料等高端信息产品进口受困于国外。因此,应优先把技术攻坚、技术创新作为浙江的立省之本,逐渐避免国外限制技术出口造成的掣肘影响。其次在出口方面,随着劳动力成本的提高,在迈向人均 2 万美元的过程中,只有贸易向高质量趋势发展,不单纯靠流量和价格优势,开拓优质和高科技含量的新兴产业产品的新市场,迈向全球价值链上游,才可以持续发展。另外在服务贸易方面,浙江的服务出口高速增长，国际竞争力显著提升。在疫情背景下，浙江企业一方面应积极调整产业结构，探索线上新模式与海外企业合作配对；另一方面应继续培育电信、计算机和信息服务等新兴服务贸易增长点，强化服务外包，探索区域合作模式，推动长三角服务贸易联动发展。

2. 加大跨境贸易的步伐

一是互联网成为我省中小企业、外贸企业参与国际贸易的重要突破口。线上销售已成为原有线下巨头和原有互联网巨头共同追逐的领域。在中美贸易摩擦和疫情的影响下，美国2—5月份电商平台交易量增幅最少的为22%，新兴平台最高增幅达130%。浙江省今年上半年国际数字贸易进出口额达1234.1亿元，同比增长34.73%，其中数字平台贸易（跨境电商）同比增长23.09%。

二是拓展品牌和销售渠道，改变多数现有的"贴牌加工"外贸形态。跨境电商的贸易主体是社会公众，可以通过自有品牌直接面对境外消费者，逐渐打造自主品牌，避开贸易战风险和规避脱钩风险。例如嘉兴平湖的某羽绒服生产基地生产的羽绒服，5年时间通过亚马逊平台在北美消费市场成为爆款。

三是深入参与"一带一路"，利用好平台优势，继续推动全球产业链、供应链的合作。一方面，充分发挥浙商优势，优化国际市场布局。浙江在境外各个国家和地区拥有大量的浙商资源，拥有中国（浙江）自贸试验区、中国—中东欧国家博览会、中国义乌进口商品博览会、世界华侨进口商品博览会等一大批高能级的对外开放平台以及"一带一路"沿线的货物集散地资源。随着疫情的缓解，需要解除一些临时性的管制措施，建立绿色快速通道，保证国际货物和物流的畅通。另一方面，扩大出口的同时也要积极扩大进口，与更多元的国际伙伴合作应对大国优先主义冲击，有助于规避脱钩风险，例如在海外掌握农业货源也是一个非常重要的战略发展要求。此外，规范本土跨国企业在国际并购实际操作中不正规的做法，主动合规要求，理智面对外方对我们的限制和防范，防止声誉受损，维护全球价值链。

3. 吸引更多的国际资本流入

一是继续鼓励海外资本的进入和浙江对海外的投资。浙江在2012年已经超过了北京，成为最大的海外投资的原地，为经济的内外交融发展提供了很好的资金流基础。应当修订鼓励外商投资的产业指导目录，增大浙江各地市对外商投资的吸引力。二是持续优化营商环境，落实好外商投资法和配套法规规章。研究制定相关的鼓励性政策，进一步放宽外资准入限制，在获得信贷、纳税、办理破产等方面继续提升完善,压减外商投资的负面清单,最大程度保护好外商的合法权益。

四、双循环如何相互促进

"双循环"格局是以高质量发展为根本出发点,以更高水平的对外开放主动适应全球百年大变局的中国经济发展新体系。运用好国际国内两个市场、两种资源,打造开放、安全、可靠的产业链和供应链,促使双循环联系更多元、更坚韧、更灵活。

首先,在经营主体方面,政府有关部门应梳理市场限制的政策措施条目,消除以往的行政壁垒和政策歧视,应赋予企业对内经营与对外经营的充分自主权,降低市场准入门槛,实现自由进入和自由退出,从而便于企业在两个市场中高效转换,以市场主体的开放促进大规模国内市场的形成,加速外循环。同时,维护好浙江对省外、省外对浙江、海外对浙江、浙江对海外的四个方向的资本投资,将对经贸循环起到相辅相成的作用。

其次,在标准认证和质量水平方面,目前国务院办公厅印发《关于支持出口产品转内销的实施意见》,明确提出了要简化内销产品认证程序,加快转内销市场准入。浙江要跟进优化认证程序的进一步落地,出台帮助外贸企业拓展国内市场的政策,积极采信产品已有的专业检测认证结果,缩短认证办理时间,让更多优质出口产品丰富国内市场供给。

再次,在市场平台方面,互联网线上销售体系成为形成统一、竞争、有序、开放的市场流通体系的重要支撑。一方面,应支持地方搭建消费促进平台,帮助外贸企业进一步对接大型商贸流通企业和电商平台企业,迅速搭建转内销的通道,让质量优良的外贸企业实际参与品类偏好、产品定价等环节,加强与消费者之间的双向联系和信任。另一方面,加快解决电商行业从业人员的稳定性问题,防止电商平台的税务、考核制度与原企业不匹配以及由于市场监管不规范等问题而存在的"劣币驱逐良币"等现象的出现。

最后,在人才队伍方面,目前能适应国内、国际两个市场转换的人才非常稀缺。一方面,为了适应国际竞争新形势,应汇集政府、企业、知识产权律师事务所及海外优质教育机构等多方面资源,探索创新联合教育模式,弥补涉外知识产权高端人才的缺口。培养人才通晓知识产权法理与国际知识产权规则,熟悉国际知识产权运营管理的具体细节并具有在跨国经营中进行国际知识产权预警、布局的能力，具备谈判能力与商务沟通技巧。另一方面，培养人才能够适应两个市场转换的能力。改变教学形式，注重实践教学，培养应用型、经营管理、复合型的人才，拓展国际视野的同时深入了解国内市场的发展规律，发挥国际化、专业化、实用化的作用。

关于杭州城西科创大走廊建设的几点建议①

自 2016 年印发《杭州城西科创大走廊规划》以来，经过 4 年的建设，城西科创大走廊在创新平台打造、高端要素聚集、体制机制创新等方面取得了一系列显著成效。省委十四届委员会第七次全体会议赋予其"全面创新改革的试验田""创新策源地"等新定位，意味着城西科创大走廊在浙江经济社会高质量发展中将承担更加重要的使命和责任。面向"十四五"，进一步规划好、建设好城西科创大走廊对浙江打造"双循环战略枢纽"、构建"高水平创新型省份"、建设"重要窗口"、参与"长三角一体化"等都具有重大价值和战略意义。

一、重新审视城西科创大走廊的定位：从"产业园"走向"生态圈"

城西科创大走廊与传统的开发区、高新技术园区、产业园相比，既有共性，但更多的是差异性。其区别主要是：产业形态从块状集聚转向合作共生；产业结构从垂直条状转向网络多元；产业发展从规模经济转向"生态涌现"。未来，城西科创大走廊的定位是一个创新要素高度集聚、创新创业活动活跃、科技创新贡献突出的创新创业生态圈。为此，我们建议：

一是以生态吸引企业。转变以房租补贴、税费优惠等吸引企业入驻和推动产业发展的思维和策略，通过打造稳定可预期的法治化的最佳营商环境，提供更加专业的服务环境、更加强大的技术支撑、更加浓厚的创新创业氛围吸引企业，营造无中生有、系统成长、生生不息的创新创业生态。

---

① 本文作者金雪军、杨舍莉，最初于 2020 年 9 月 21 日发布在《公共政策内参》第 20853 期。

二是促进要素流动便捷。用技术、政策等手段打通创新要素便捷流通的通道，通过先进的技术手段，从创新活动的共性能力、要素入手，打造贯通城西科创大走廊的基础设施"中台"，促进创新活动的基础要素便捷流动；通过统一城西科创大走廊的科创激励政策，突破行政区划政策限制，促进创新要素跨区域自由流动，共同推动城西科创大走廊的创新创业活动。

三是发挥走廊的联动效应。打造开放、联动的科创大走廊，促进产学研联动、产业联动、研产销联动和地域联动，提升城西科创大走廊内高校与产业的紧密合作，"产学研联动"，实现科学研究与市场需求的"零距离"；通过各产业之间的联动，"无中生有"，培育更多新产品、新业态；促进产业内产品研发、成果转化、产品销售等环节的联动，"研产销一体化"，推动创新成果快速商品化、市场化；促进城西科创大走廊与德清、滨江、富阳等地域之间的联动，"系统集成"，多板块互补形成创新合力。

二、打造强大的创新创业服务体系

目前，城西科创大走廊在交通出行、商业配套、生活配套等物理空间建设方面规划超前、成效显著，为科创大走廊的建设提供了良好的硬件支撑。但是在中介服务、产业孵化、产品市场化等软件服务环境的打造和升级方面还有很大的进步空间。为此我们建议：

一是汇聚一批专业性强的中介服务机构。世界性科创大走廊中，通常聚集着一大批律师事务所、会计师事务所、猎头公司、咨询公司、资产清算公司等专业中介服务机构，为企业提供降低交易成本、规避经营风险、规划发展战略等中介服务，起到降低创业门槛、缩短成果转化、降低创业风险等重要作用。下一步城西科创大走廊的建设规划，亟须搭建诸如"科创中介服务超市"等平台或空间，破解中介服务碎片化、零散化，推动各类中介服务机构在空间上集聚，降低企业搜寻中介服务的成本。

二是推动产业孵化体系转型升级。目前，国内的加速器、众创空间等各类孵化器更多的是承担场地提供、物业管理、工商登记、政策咨询等初级孵化功能，难以满足创业企业的融资、经营等方面的深度需求。下一步，应当推动城西科创大走廊中各类孵化器转型升级，发挥其企业融资、产业配套、战略咨询等更有深度、更加专业的孵化器功能。

三是畅通技术成果市场化机制。坚持需求导向、问题导向，引导企业挖掘更切合市场需求的产业和项目,确保成果市场化转化的渠道更广、前景更广;做好分配,出台更大力度的政策措施,将成果转化的收益更多的分配到一线科技人员手中,激励创新;将创新链、产业链、资金链"三链合一"的理念贯穿于创新创业活动的全过程,通过资金链,特别是风投资金,引导创新链和产业链向市场化方向转型。

三、构建有效的金融支撑体系

对标硅谷、波士顿等国际科创大走廊,其发展离不开活跃的资本活动。以硅谷为例,它既是全球创业的第一战线,同时也是全球顶级风投活动的第一战线。根据 CB Insights 的数据,2012—2018 年,硅谷的科技类风险投资交易数量达到 1.2 万笔,涵盖 7000 多个公司。因此,有效的金融支撑体系能够为城西科创大走廊的建设提供"源头活水"。为此,我们建议:

一是吸引专业的风投资金入驻,扶持"种子型"创业企业。线上搭建城西科创大走廊风投平台,汇聚创新项目、风投资本等信息;线下设办事处,开辟专门的风投办事处场地、楼宇,引导上海、北京、深圳甚至国际专业风投机构的入驻。

二是打造规模化的产业基金,扶持"上规模"企业发展。推动省市两级有关政府产业基金组合联动,做大基金规模,打造浙江产业基金的航母战斗群,精准扶持具备一定规模、具有创新的商业模式、面向基础平台和能力建设方向的产业和企业。

三是打通城西科创大走廊和钱塘江金融港湾的连接机制。通过平台联动、项目牵动、专题活动、机构协同等机制,推动金融资本和产业资本、技术资本的快速、高效的对接合作,让资本和技术融合推动城西科创大走廊的高质量发展。

四、营造"政府创平台、企业做项目"的创新创业环境

城西科创大走廊的建设离不开有为政府和有效市场的合力,但也要避免政府与市场职能的错位和越位。科技创新活动具有很强的周期不可控、过程难控制、成果难预料等特征,应当根据科技创新活动的特性来厘清政府和市场活动的边界和领域,让政府和市场既能在自己的赛道发力,又能够形成合力。为此,我们建议:

一是政府应更加关注平台型基础设施的建立和完善。鉴于科技创新活动

所具有的上述特性，政府应当从具体的创新项目中抽离出来，集中更多的资源和力量，专注于数据、技术、资本等基础能力和平台的建设，为城西科创大走廊各类企业的创新创业活动提供一个"整体智治"的"大中台"。

二是鼓励和引导企业结合城西科创大走廊的生态寻找和培育具体项目。通过生态引导企业，通过基础设施赋能企业，让需求、问题、价格等市场机制引导有关企业寻找和培育具体项目，实现政府的基础设施能力和企业的业务能力有机结合，共同助推城西科创大走廊的高质量发展。

对比浙江广东世界 500 强企业盈利状况 进一步推动我省企业高质量发展[①]

2020 年 8 月 10 日《财富》世界 500 强排行榜发布,本期榜单继续以营业收入作为主要排名依据,共有 32 个国家和地区的企业入选。从浙江省的上榜情况看,此次共有 5 家企业入榜,尽管整体利润率已达 10.11%,但平均利润率仅为 7.09%。而广东省入榜企业的平均利润率达到 8.69%,其中深圳市入榜企业的平均利润率更是达到 11.12%,在全国处于领先地位。

一、浙江省与广东省及深圳市入榜企业对比

本次世界 500 强排名中,浙江省入榜企业为 5 家,与去年持平,广东省 14 家,较去年新增 1 家。通过对比两地入榜企业相关信息,可以发现我省大规模企业的相对优势以及不足(见表 1、表 2)。

表 1　浙江省与广东省 500 强入榜企业盈利指标对比

单位:亿美元

相关指标	浙江省	广东省
营业收入	2382.26	9772.74
营业收入年增减	11.12%	19.04%
净利润	240.78	844.90

① 本文作者金雪军、刘建和、卢雨佳、潘宇,最初于 2020 年 10 月 9 日发布在《公共政策内参》第 20854 期。

续　表

相关指标	浙江省	广东省
净利润年增减	10.38%	−3.35%
平均利润率	7.09%	8.69%
资产负债率	67.05%	74.11%
资产收益率	5.40%	3.94%
净资产收益率	15.42%	15.72%

表2　杭州市省与深圳市500强入榜企业盈利指标对比

单位：亿美元

相关指标	杭州市	深圳市
营业收入	2002.15	6605.57
营业收入年增减	11.15%	30.65%
净利润	232.52	619.67
净利润年增减	2.30%	7.25%
平均利润率	8.32%	11.12%
资产负债率	66.52%	74.61%
资产收益率	4.71%	4.09%
净资产收益率	12.66%	16.50%

1.浙江省入榜企业中民营企业占比更高。除物产中大外，浙江省入榜的阿里巴巴、吉利控股、青山控股以及海亮集团均为民营企业，贡献了营业收入的78.19%以及净利润的98.36%。而广东省入榜企业中的南方电网、广汽工业集团、深圳市投资控股等国有企业仍占一定比重，因此民营企业对营业收入和利润的贡献并没有浙江省突出。同时由于浙江省民营企业的相对优势也使得浙江省入榜企业整体的杠杆率水平相对较低。

2.入榜企业及其行业不及广东省丰富。在广东省入榜世界500强的14家企业中，有平安、招商银行等金融企业，也有美的、格力电器等制造业，有恒大集团、碧桂园、万科等房地产企业，还有腾讯、华为等ICT企业，此外还包括了公用事业和贸易物流等行业。而浙江省不仅入榜企业只有5家，涉及行业也主要是ICT、贸易物流和制造业，且以制造业为主。我省入榜企业所涉及行业不及广东省丰富，尤其是缺乏大规模金融机构，对我省金融支持实体经济发展极为不利。

3.我省入榜企业盈利能力差异较大，平均利润率不高。浙江省入榜企业的平均利润率为 7.09%,虽然高于全国入榜企业的平均利润率 5.33%,但其中阿里巴巴起到重要的拉动作用,除阿里外其余 4 家企业的平均利润率仅为 1.54%。而广东省入榜企业的平均利润率为 8.69%,已超过美国世界 500 强企业的平均水平 8.65%。若仅考虑深圳地区,入榜企业的平均利润率进一步达到 11.12%,大大高于我省及杭州市入榜企业的水平。

值得注意的是,深圳市入榜的 8 家企业中,利润率超过 10% 的有 4 家,超过 5% 的有 6 家,其中腾讯、华为等科技企业对利润的贡献远超传统的房地产与制造业。同时这些企业还保持了较高的收入和利润增长率,为未来一定时期内利润率的进一步增长提供了保证。事实上,深圳市曾出台吸引科技企业特别是民营科技企业的相关政策,如允许在深圳注册的科技企业实施"同股不同权",既可扩大企业股权融资的规模,又可保证创始人对企业的控制,从而实现企业的长期价值;又如将符合规定的职务科技成果赋予科技完成人或团队所有,并建立科技成果决策尽职免责机制,进一步激发科研人员的创新积极性。

二、几点建议

浙江省依靠民营经济成为我国世界 500 强企业数量排名第六的省份和地区,但是企业利润率不高、盈利能力较弱以及涉及行业布局较少。通过借鉴广州、深圳等地的产业结构特征以及相关激励政策,为促进我省企业高质量发展提出以下几点建议。

1. 加快新旧动能转换,促进传统制造业高质量发展。传统制造业企业数量、产值占浙江省工业的近 70%,传统制造业盈利能力的改善可大幅促进浙江省经济的发展。建议:(1)鼓励传统企业运用 5G、互联网、机器人、新能源等新兴技术进行数字化、智能化、绿色化改造,改善企业成本结构;(2)支持传统企业向新兴企业转型,开拓蓝海市场,避免过度竞争,提升企业盈利能力;(3)利用产业链重构机遇,切入国内龙头企业的产业链、供应链网络,拓宽我省企业产品市场;(4)发挥我省地区要素优势,推动产业集聚发展,突出产业整体竞争力。

2. 大力推动生物医药、医疗器械、医疗服务等产业布局。从世界 500 强企业入榜情况看,医药领域无论在收入还是盈利方面均排名前列,但我国很少有企业入榜。我省作为拥有中国百强医药企业最多的省份之一,在需求端和供给端均有巨大潜力。建议:(1)打通医药领域创新链、产业链和资金链,利用凤凰行动计划支持企业融资和并购重组,促进医药产业快速发展;(2)梳理我省医药行业龙头企业清单,建设医药创新研发平台,吸引海内外优秀企业、团队和人才引领我省医药创新发展;(3)紧跟国际医疗器械创新发展趋势,突破重点领域的关键技术,占领医疗器械领域的价值高地;(4)积极宣传在线医疗、在线诊断等新模式,运用5G、大数据等新技术,打造"互联网+医疗"的示范地。

3.深挖底层技术,扶持 ICT 领域自主创新企业。ICT 产业是公认的未来人类经济产出最大的产业,也是目前大国竞争的核心领域之一。面对目前国外对我国 ICT 企业的不断打压,只有掌握了底层核心技术,才不会受制于人,被别人卡脖子。建议:(1)加快梳理我省芯片和 ICT 产业,着重挖掘产业中底层技术的开发应用;(2)重点扶持具有底层自研开发技术的科技企业,对于关键技术和紧缺技术联合科研院所进行重点突破;(3)利用科创板和创业板注册制改革契机,发挥凤凰行动计划和产业基金的优势,加大支持我省拥有自主研发 ICT 技术公司的直接融资力度。

4.创新科技企业激励政策,提升企业创新积极性。科技创新企业具有技术不确定性高、资金需求大、投资周期长、高收益与高风险并存等特点,对技术和资金的担忧会严重打击企业创新的积极性。建议:(1)优化科技成果所有权和转化收益归属分配原则,提升原研人员的科技创新回报;(2)允许科技企业实施"同股不同权"的股权结构,保障企业创始人对企业控制的同时获得更多的融资,并为"同股不同权"科技企业上市提供便利;(3)建立科技成果决策尽职免责机制,进一步激发科研人员的创新积极性。

5.做大做强地方性金融机构,服务浙江实体经济发展。虽然浙江省金融业整体规模较大,但金融业结构性指标较差,缺少大规模地方性法人金融机构。金融业发展与浙江省实体经济发展不匹配严重影响了我省金融支持实体经济发展的效果。建议:(1)支持地方性法人金融机构如股份制商业银行、城市商业银行和证券公司等做大规模、提高盈利能力,更好地为较大规模企业提供服务;(2)扶持具有特色的中小城市商业银行做大做强,通过上市直接融资和并购重组等手段快速提高规模;(3)鼓励地方性金融机构为我省企业提供金融服务,利用产业基金等手段为金融机构提供风险补偿,加大我省金融业服务地方经济的力度;(4)打造地方金融人才平台,建立我省的金融人才银行。利用各类人才政策吸引具备交叉学科知识背景的金融人才定居我省,为我省金融业服务。

数字经济赋能浙江智造高质量发展的
几点不足与对策建议[①]

随着全球发展模式和竞争格局的重大变革,作为全球第一制造大国的中国面临着发达国家技术垄断和落后国家低成本优势的"双向挤压"。在此背景下,浙江省发展数字经济与智能制造既面临机遇,也面临诸多难点与挑战,通过数字经济赋能智能制造高质量发展,推动浙江数字产业化和产业数字化全方位发展,凭借数字赋能引领浙江制造向浙江智造、浙江创造转变,加快浙江省经济转型升级,加速推进"制造大省"向"智造强省"迈进,成为我省数字经济与智能制造工作下一步的重要探索。

一、数字经济赋能浙江智造高质量发展的三大不足

(一)发展新兴产业的同时,对传统产业的重视不足

浙江是制造业大省,传统制造业的企业数量、资产总额、产值、就业占浙江省工业的 70% 以上,传统制造业仍然是工业经济的主体,改造提升传统产业关系到推动浙江智造高质量发展的全局。如皮革、化纤、纺织、机电、化工等块状经济为主的传统制造业是浙江省稳就业、稳外贸的重要行业,也是数字经济、智能制造新动能培育的重要来源。然而,浙江数字经济最知名的产业依然在电子商务、互联网金融、共享经济等领域,在传统制造业的数字化改造升级方面还做得不够,资金支持力度与新兴产业相比差距过大,政策与产业实践需求脱节、政

---

① 本文作者金雪军、严泽鹏,最初于 2020 年 10 月 12 日发布在《公共政策内参》第 20855 期。

策连续性不足、政策服务和落地困难等问题，难以保障企业在稳定的政策环境里稳步推进数字化转型，导致传统制造业整体呈现出数字化程度较低、组织结构松散、创新能力薄弱的特征，应引起重视并改进。

（二）发展龙头企业的同时，对中小企业的重视不足

浙江省数字经济和智能制造的企业在总体上还存在"小、散、弱"的局面，在技术、品牌、市场网络等方面表现出明显的竞争劣势，企业集群的创新能力较弱。在国际经济格局中，前一类扮演的是"浙江制造"或"浙江创造"角色，而后者仅仅是"浙江加工"的角色。少数企业如阿里巴巴、海康威视等一批数字经济领航者，通过坚持不懈地技术创新和模式创新，跃升为行业龙头企业，已经具有相当强的竞争实力，带动着全国的数字经济和智能制造的发展。与它们形成鲜明落差的是量大、面广的中小企业，积累与跃升不足，受限于认识、能力、资金等原因，面对数字化转型投入大、见效慢等难题，企业数字化转型意愿不足，导致技术水平差距不断拉大，使得集群内大小企业协作网络趋于脱节，集群优势的发挥相对过去明显减弱。

（三）发展数据中心的同时，对"去中心化"的重视不足

数据中心是云计算、大数据等数据应用服务的基础，加大对数据中心发展的支持力度，保持数据中心的规模增速，既可以降低数据应用企业的成本，又可以避免因直接补贴数据应用企业而扭曲市场。但是，目前在发展数据中心的同时，对"去中心化"的重视不足。一是数据生产去中心化，数据中心高速发展的同时，个人和企业生产的数据资料为数据中心所拥有，也不因为数据生产而获益，导致制造业创新容易被"绑架"；二是算力去中心化，目前5G通信、云边协同等技术的推广应用使得计算"无处不在"，对算力需求呈现出爆发性增长趋势，单靠传统的数据中心，难以满足瞬时大量算力需求。

二、数字经济赋能浙江智造高质量发展的对策建议

（一）加强基础设施建设、打破数字鸿沟、提升数字素养，推动传统产业转型升级

一方面，应大力加强数字化基础设施建设。加大人工智能、大数据、物联

网、云计算和区块链等新型数字基础设施建设,积极推动城市大脑、工业互联网、"5G＋4K"等技术攻关和产业化应用,加快形成新型数字基础设施体系化布局,积极发展数字经济新模式,推动实施一批智能制造、无人配送、远程医疗、智慧养老、在线教育等新兴产业技术项目,通过产业数字化、数字产业化、数字化运行推动数字经济与传统产业深度融合。另一方面,应不断打破数字鸿沟、提升数字素养,破除传统产业转型升级的接入、使用和能力障碍。首先要以硬件设施升级为核心,提升数字基础设施的覆盖范围、接入质量和传输能力,并降低宽带互联网和 5G 数据流量资费标准,从而打破"接入鸿沟";其次要以软件服务优化为抓手,培育专业化的数字人才队伍,优化数字经济的公共教育资源供给,助推传统产业数字化转型升级,从而打破"使用鸿沟";最后要以数字素养培育为重点,强化传统制造企业和高校、科研院所等的实质性合作,破解因智力要素缺乏而导致的传统产业转型受阻的难题,夯实传统产业的智力要素支撑,从而打破"能力鸿沟"。

(二)营造企业间的共赢生态,促进龙头企业与中小企业协作配套、融通发展

首先,大力促进企业间的融通发展,以创新推动传统企业产业结构的转型升级,打造产研对接的新型产业创新模式,提高产业创新效率,提升产业自主创新能力,加快新技术、新产业、新业态、新模式向传统产业的渗透,努力争创或保持行业的领先地位;其次,通过鼓励龙头企业建立开放式的产业创新平台,发挥平台对各类创新能力的集聚整合作用,畅通创新能力对接转化渠道,实现大中小企业之间多维度、多触点的创新能力共享、创新成果转化和品牌协同;再次,积极推进企业"上云",融入产业互联网生态,鼓励企业从云上获取资源和生产性服务,推进企业设备"上云"和业务系统向云端迁移,通过产业链集聚、网络化协作弥补自身不足,从而实现由企业主导的制造模式向共享制造、个性化定制等消费者主导(C2M)模式转型;最后,以平台企业、龙头企业(或示范企业)与中小企业为主体来构建三位一体的运行机制,以协同制造平台整合企业间分散的制造能力,以网络化协作弥补单一企业资源不足,实现"数据信息畅通、供需产能对接、生产过程协同、员工资源共享"。

(三)打造统筹的数字发展体系,以制度化带动数字经济为智能制造高质量赋能

一是探索形成"政府引导＋市场化运作"的制造企业公共服务机制,整合政

府、社会等促进中小企业发展的资源,以政府资金吸引带动社会资本的方式,营造数字经济与智能制造健康有序的运行环境,由此实现数据生产的去中心化。二是加快培育和引进数字技术服务集成供应商,通过支持大型互联网平台向工业互联网平台服务商转型、引进国内外大型服务商在省内落户或设立分支机构等方式,为智能制造企业提供技术诊断、系统集成、设备运营与维护等数字化技术改造的一体化服务,进而提升企业算力。三是优化数字化赋能的金融服务体系,围绕数字经济赋能智能制造的重点环节,通过所得税抵扣、进口税收优惠等税收激励和技术改造资金、设备购置补贴等专项扶持基金,实现"推"和"拉"的效果,助推智能制造新模式、新业态、新应用的发展。四是以数字化转型为契机打造合理的数字治理体系,围绕着数字技术进步而发生的新型权利归属、创新利益保护、市场规则界定、技术风险防范等问题,设定合理的法律框架和法律规则,促成数字技术革命与法律规则之间的良性互动,同时出台数字资源共享标准或技术规范,有序逐步统一各部门、各领域数据标准,推动"数字"成为赋能智能制造发展的新生产要素。

关于"十四五"期间浙江金融业高质量发展的几点建议①

"十三五"时期,我省围绕建设全国领先的"大金融"产业格局总体目标,大力推动金融业发展,在做大规模、丰富业态、推动区域金融改革、发展金融科技、化解并防控金融风险等方面成效显著。同时,我省金融产业发展也存在不少问题:还需加强金融精准扶持企业健康发展;急需做大、做强、做优浙江优势特色区域金融品牌;亟待创新浙江金融业发展思路,缩小与京沪粤的差距。

面向"十四五",习近平总书记作出了"我国将进入新发展阶段"的重要判断。进入新的发展阶段,"双循环新发展格局"将进一步形成,"科技创新"和"深化改革"的作用不断凸显。我省金融业的发展必须紧抓"十四五"数字人民币发展带来的新机遇,强化金融科技的应用,不断深化金融业的改革创新,争取在新阶段,有新担当、新作为、新成绩。

一、紧抓数字人民币发展新机遇,抢占数字时代金融基础设施"制高点"

(一)数字人民币将从"试点"走向"推广"

2014年,中国人民银行开始对数字货币进行专项研究。目前,数字人民币先行在深圳、苏州、雄安新区、成都及未来的冬奥场景进行内部封闭试点测试。

---

① 本文作者金雪军、凌剑峰,最初于 2020 年 10 月 26 日发布在《公共政策内参》第 20858 期。

数字人民币是数字时代经济社会发展的产物，并服务于数字时代更好的发展。面向"十四五"，我国和我省经济社会发展的一个重要特点是数字化，伴随数字化进程，数字人民币将逐步从试点走向推广。对我省而言，数字人民币在浙江的应用应与浙江省经济社会发展阶段、与浙江省数字经济发展阶段相匹配。目前，我省在争取数字人民币试点上，已落后了一步。

（二）数字人民币对浙江经济社会发展可能的影响

从宏观上来看，随着数字人民币的落地，政府部门对货币政策的调控能力将进一步得到强化。一方面是数字人民币让货币政策更加精准有效，金融监管部门能够通过追踪数字货币的流向，精准引导货币投向服务实体经济、扶持中小微企业健康发展等领域，避免资金"空转"。另一方面是数字人民币能够有效防控金融风险，建立完善的货币流通追踪体系对于打击影子银行等非法金融活动具有重大帮助，有利于减少腐败现象的发生。

从微观上来看，数字人民币让人民群众的生活更加便利。目前数字人民币的应用场景是小额零售高频场景，比如深圳的数字人民币红包，其主要应用场景是日常消费。可以预见，随着数字人民币的不断推广，将会产生更多的延伸产业，比如物联网终端设备、相对应的金融产品和服务等，并为我省数字经济的发展带来新的机遇。

（三）对策建议

一是积极争取第二批央行数字人民币试点。

二是将推广应用数字人民币纳入我省"十四五"规划。将数字人民币的推广应用作为我省编制"十四五"规划的新影响要素，提前谋划数字人民币推广应用对我省经济社会发展的影响及可能的延伸产业。

三是鼓励和引导浙江相关互联网企业参与数字人民币延伸产业的研究开发。发挥杭州互联网产业发展优势，结合丰富的互联网应用场景、活跃的互联网创新创业生态，鼓励企业积极探索数字人民币的延伸产业，为数字人民币时代到来，为我省相关产业的适应对接、升级迭代、创新发展打好基础。

二、深度运用金融科技力量,赋能浙江金融业高质量的发展

(一)金融科技将从"方兴未艾"走向"成熟发展"

我国的金融科技发展具有明显的需求拉动效应,衣、食、住、行、医等各个方面的线上化转型,为金融科技的落实提供了丰富的业务场景,为金融科技的发展提供了源源不断的发展动力和创新活力。面向"十四五",随着数字经济的进一步发展,得益于我国庞大的人口规模、智能手机的普及和基础设施的完善,中国将成为全球最大的金融科技应用中心,成为金融科技最大的试验场和使用场地。

(二)金融科技给金融业发展带来的新机遇

为金融资产的流动提供了一个高效、安全的流动环境。以区块链为代表的金融科技力量的发展,使得金融资本交互更加有效,区块链等金融科技的发展实现了点对点的交易和结算,大大降低了金融系统对接的成本,确保交互的准确性。同时,区块链等技术为线上的金融活动提供了更加安全的交互环境。

驱动金融业全方位、多维度变革。随着金融科技的成熟,传统金融业金融信息采集来源、风险定价模型、投资决策过程、信用中介等环节将被重塑,更加依赖于技术与数据的支撑,金融行业将进一步向数字化、智能化方向迈进。

为我省金融业的跨越式发展提供了路径。金融科技的快速发展,能够更进一步发挥我省数字经济发展的先发优势,为以创新创业氛围浓厚及技术、互联网实力见长的杭州赶超传统金融中心,成为全国乃至全球金融科技应用创新中心提供了可能。

(三)对策建议

一是急需构建一个与之相适应的制度和政策环境。浙江应当先行一步探索对市场主体的金融科技行为的法律界定、数字资产的确权和界定,让金融科技成为我省金融市场发展和金融资本快速、安全流动的助推器。

二是明确我省发展金融科技的落脚点。金融科技的技术内容非常丰富,包括:算力、算法、存储、通信设备等。我省应当结合在云计算等技术及互联网应用两个方面的产业优势,大力发展边缘计算、人工智能为代表的算力技术,和以

分布式数据库为代表的数据存储技术,形成特色鲜明的金融科技技术体系。

三是形成我省金融科技产业的差异化优势。依托科技金融,打造互联网资本流量分发、汇聚平台,为我省中小微金融机构的发展提供互联网流量的支撑;创新数字化工具,打造集公募、私募、民间融资、境外资产流动于一体的财富管理平台,抢占财富管理新市场;打造精准扶持中小微企业创新创业的资本扶持和风险控制平台,助力中小微企业的创新创业活动。

三、创新我省金融业发展思路,实现浙江金融业的转型升级

(一)浙江金融行业急需创新发展和转型升级

浙江的银行业整体呈现出银行数量众多、规模较小的特征,面向"十四五",如何利用数字人民币推广应用、金融科技不断发展的机遇,推动我省中小微银行跨越式发展,急需有效、前瞻的解决方案。其次,受制于我省银行的发展规模,在金融牌照的申请和持有上,与北京、上海等大型金融机构还存在较大差距,这也意味着我省金融业发展的路径和重点领域应当有别于北京、上海等地。面向"十四五"金融业发展,急需我省创新金融业发展思路,有的放矢,集中优势的金融资源,快速突破。

(二)浙江金融业应当把握"三个结合"

把科技金融与金融科技结合起来。借鉴硅谷的成功经验,用金融助力科技创新,降低科创产业融资成本;用技术赋能金融业高质量发展,创新更多金融产品服务,为浙江金融业发展开辟新的赛道,走出一条有别于北京、上海金融业发展的道路。

把消费金融与供应链金融结合起来。当前,消费互联网的红利正在逐步消退,互联网正在进入产业互联网的下半场,数字技术正在向供应链和产业链深度渗透。下一步,应当逐步引导消费金融资源向供应链金融延伸,实现金融精准服务供应链、产业链完整稳定、提升整体运行效率的目标。同时,通过补链、强链反哺消费端,为消费提供更加优质的产品和服务,推动消费升级。

把资本金融与民生金融结合起来。在做大做强资本金融的同时,进一步将民生金融提高到更重要的位置,发展更多关于衣、食、住、行、医等民生领域的金融产品和服务,让资本金融为民生金融服务,提升人民群众的获得感和幸福感,

让民生金融为资本金融的发展提供更多的空间。

（三）对策建议

一是新兴金融规范化。尽管浙江金融行业呈现规模小等特征，但是也具有创新活力强、应用延伸场景丰富等优势，涌现出一大批金融创新企业和新兴金融产品。"十四五"期间，有必要出台审慎包容的新兴金融监管体系，为我省新型金融行业的发展提供一个兼具开放和规范的创新环境。

二是特色金融品牌化。总结梳理我省金融业发展形成的包括绿色金融、贸易金融、小微金融、普惠金融、民间金融等极具浙江标识的特色金融，通过提升金融产品质量，形成服务标准，争取在"十四五"期间打造一批在行业内、在全国叫得响的浙江特色金融品牌。

三是金融服务平台化。打造基于数据和技术的金融服务平台，解决传统金融服务面临的信息分割断裂、资本与实体经济脱节、"信用没用"等问题，构建以直达、循环、信用为重点的金融服务平台。通过数字化的金融服务平台，建立金融机构和实体经济领域的直达通道，实现信息、数据的快速流通；实现金融资本快速流动，提升金融资本快速响应、服务实体经济的能力；调整传统依托担保、补贴、风险补偿等金融服务的思路，让信用成为企业融资的新资产。

高校推广"预聘—长聘"制的风险及建议[①]

终身教职制度(Tenure-track)是由美国大学教授协会倡导发起的一项旨在保障教师工作权的制度安排,包含前期的"非升即走",以及与此相联系的长期聘任制度。尽管学界对终身教职制度功能的理解尚未形成绝对的共识,但这项制度的四个基本功能是确定和无疑义的:筛选、激励、培养、保障。所谓筛选,即通过较长的观察期"识才辨才"。凭借"试用期"的筛选甄别,高校大幅减少了劣币驱逐良币的逆淘汰现象,有效避免了"庸人积淀"的情形。所谓激励,即通过竞争性考核"励才策才"。通过"锦标赛"式的激励考核,高校将教师自身利益和学术发展指标实现了捆绑,以此形成了对青年教师的强大激励效应。所谓培养,即通过"选""育"结合实现"育才养才"。高校凭借预聘期的资源倾斜和重点扶持实现"选优"与"培优"的内在统一,达成既"选人"又"保护人"的目的。所谓保障,即通过提供职业安全"留才用才"。依靠类似"终身制"的长聘职位,教师被赋予不被解聘、不受干扰的职业安全保证,从而使自身的学术活动免受政治和其他权力的侵犯。

2010年后,国内高校纷纷试水"预聘—长聘"制(美国称为终身教职制度),对青年教师推出以双轨(长聘与常规轨道并行)、高薪(15万~30万元年薪)、预聘(试用期考核)、高标(高晋升标准)为特征的人事聘任制度改革。从实际效果看,"预聘—长聘"制改革对打破人事聘任的"铁饭碗",建立"能进能出"的用人机制,强化教师学术激励,以及保障教师职业安全等方面产生了积极的影响。但我们同时也要看到,这一制度尚存在一些设计上的缺陷,在实际运行中也暴露出科研"大跃进"、人事管理"双轨制"、青年教师幸福感下降等一系列问题。

① 本文作者金雪军、朱玉成,最初于2021年7月9日发布在《公共政策内参》第21900期。

在"预聘—长聘"制成为国内一流高校的通行做法时,如何让这项制度真正焕发出保障自由、选优劣汰的导向作用,而不是末位淘汰、"唯成果论英雄"的又一出口,是我们需要提前谋划和审慎思考的地方。

一、优化制度移植的适应性和弹性,慎定实施范围并设置缓冲地带

在美国,实施终身教职制度是具备一些特殊条件的。所谓特殊,主要是同我国的情况相比较。第一,美国没有编制和户籍的概念,这样教师"走"与"不走"就很自由。我国高校教师编制涉及社会地位、职业安全、薪酬待遇、福利保障,户籍牵涉住房、就医、社保、养老、子女就学等,教师"走"的时候牵涉的因素太多。第二,美国没有晋升指标一说,也没有对晋升年限的限制,能否晋升主要取决于自身的绝对水平。我国高校教师能否晋升不仅要看自身条件,还要看当年的指标名额以及竞争者的相对水平,晋升标准容易发生摇摆和漂移。第三,与美国自下而上的内生型改革不同,我国高校多采用自上而下、"新人新办法"的渐进式改革。普通轨教师、"预聘—长聘"轨教师和"帽子"人才等多种人才分布在不同轨道,容易带来"转轨"和"接轨"中的一系列问题。例如,大量引入"预聘—长聘"轨挤占了旧轨道的资源,新旧双轨间差距引发教师内部的分层等。

鉴于我国和美国的制度环境不同,我国实施"预聘—长聘"制需要一些特殊的制度考量:第一,设立类似"准终身职位"的聘任缓冲机制。一是可设置"准终身职位"等聘任缓冲带,留任因编制名额等限制暂时无法晋升的优秀教师,待有指标空余后再给予长聘教职;二是对需要更长时段考核或者对教师能力的判断还不是很准确的专业,可采取"定期终身教职"等折中措施;三是留足制度弹性空间,对一些特殊群体,给予减少工作量、暂停或延长预聘期考核等制度弹性空间,如遭遇重大疾病的教师、生育子女的女教师、从事长周期研究的优秀教师等。第二,以增量改革平衡"新人"和"老人"利益。在经费总量决定设岗规模的前提下,大幅引入"预聘—长聘"轨的结果就是大量挤占旧轨道资源。解决方法在于扩充外部增量资金,例如研究经费、社会捐赠等。新轨道教师薪酬主要来自高校和院系自筹的增量资金,不因人才规模扩大而缩减原有教师待遇,这样就能较好地平衡"新人"和"老人"的利益。

一项好的制度设计需要充分考虑执行者的信念认同和利益诉求,使绝大多数制度执行者成为变革的主动力量,而非改革的牺牲品。第一,规则制定和实

施应恪守程序正义，修订、调整或废弃需受信赖利益保护原则限制。高校不得以内部管理权为由随意调整或撤销制度、制定新规则（如提高晋升所需的课题级别、论文档次和数量等）。如确需变更规则，需经法定程序授权，并适用"法不溯及既往"原则，即新的规则仅对其生效后签订聘用合同的教师适用。第二，尊重教师基于"制度性利益"抉择和"成本—收益"评估下的参与意愿和价值诉求。统筹规划教师身份、编制、地位、薪酬、户籍等问题，系统完善高校教师聘用晋升、人才流动、社会保障、退休养老等制度顶层设计，保证大部分教师能够在情感上理解、在价值上认同、在行动上真正参与改革。

二、兼顾"非升即走"的选优和培优功能，完善教师"走"后的兜底机制

终身教职制度不是孤立存在的，而是一系列互为因果、互相促进的规则所构成的制度体系。其初始目标应聚焦在鉴别，而不是淘汰；重点定位于"升"，而不是"走"；目的是保障自由，而非鼓励残酷竞争。第一，我国高校"非升即走"发挥筛选和激励作用有余，但提供支持和保障的作用不足。部分高校把青年教师视为一种可供配置的人力资源，更倾向于以"筛选"而非"投资"的方式来获取人才，导致"非升即走"异化成了"试用期"的概念。第二，高校比较重视对教师"进"的管理，但相对忽视对教师"出"的保障。对落聘教师的安置绝不是高校内部简单、孤立的运作，而必须有成熟的外部学术市场和社会保障制度作为支撑。教师"走"后身份、薪酬、待遇、社保如何对接，编制、岗位、职务、职称如何过渡，这一系列问题仍有待国家制度层面的完善。

高校需要扭转以"筛选"代"投资"的人力资源管理理念，聚焦"中长线投资"而非"短线持有"，整合支持和保障机制，完善培养和引导制度，实现"选""育"结合。第一，兼顾"非升即走"选优培优功能。"非升即走"不仅是高校考察教师和发挥"良币驱逐劣币"效应的"选优期"，也是通过资源倾斜和重点培养加速教师成长的"培优期"。只有辩证对待"选优""培优"，才能实现筛选功能与培养功能的统一，达成既"选人"又"保护人"的制度初衷。第二，加强资源倾斜与培养支持。一是保证预聘—长聘轨道资源供给的充沛性。高校应有效落实对青年教师的资源投入和培养承诺，大幅提高预聘—长聘轨教师享有的待遇及头衔，例如较高的薪酬，立即就是博导等。这两点也是在高校自主权范围之内的。二是保障预聘—长聘轨道晋升途径的独立性。预聘—长聘轨教师理应享受与其他

校内教师独立的资源和晋升通道,而无需与其他资深教授争夺资源,直到其通过晋升。

我国推进"预聘—长聘"制改革需要更加谨慎,提前筑好"非升即走"的兜底机制和救济制度,加快构建起更能亲善地融合这项制度的自由学术市场和保障体系。第一,强化归口管理,可成立专门性机构,统一做好落聘教师的管理和善后工作。第二,拓宽横向口径,通过"非升即降""非升即转"等方式对落聘教师进行内部挖潜、自我消化。例如运用半聘、短聘等形式留任,或转入教辅序列、实验室岗位等。第三,注重外部分流,高校应主动牵线搭桥,"扶上马送一程",助力落聘教师流向合适的单位和岗位。第四,完善"走"后的保障,从国家层面统筹身份编制、职位职称、薪酬待遇、医疗养老、失业保险等支持制度,打通职称衔接、成果互认、职务对接、岗位转换、待遇接轨等衔接机制,为教师"从容他谋"提供制度保障。第五,做好"过渡期"保护,健全过渡性保障措施,例如提供失业补助,在一定期限内保留教师的五险一金、子女入学待遇等。

三、健全晋升的同行评议和代表作制度,凸显终身教职后评估的发展功能

美国实施终身教职制度 80 多年来所暴露出的最大问题在于其评价偏差——在晋升前容易诱发部分教师的急功近利行为,而在晋升后可能成为一项"保护懒汉"的制度。第一,我国"预聘—长聘"制的风险之一是容易诱发教师晋升前的急功近利行为。面对强大的"后位淘汰"压力,青年教师不知道发多少成果算够,发到哪个层次算够,其本能反应就是尽可能地去触碰自己的发表上限。急于发表的后果首先是导致教师大量压缩阅读和积累时间用于写作,他们常常感叹"杂事太多,没时间去积累新知识或者深入思考"。同时,急于发表还导致青年教师不得不去选择一些自己不感兴趣但看起来会有较好回报的选题,或者去策略性"灌水"一些没什么原创性但能攒够晋升要求的文章,使青年教师过早地出现职业透支。第二,我国"预聘—长聘"制的另一个制度缺陷在于无法回避部分教师晋升后动力消退的问题。为了解决"懒汉"问题而产生的终身教职后评估,就本质而言仍更多是一种监督和奖惩制度,多为搜集证据实施监督和奖惩,而非为长聘教授的发展提供支持,导致评估中最有价值的保障性与发展性功能体现得还不够明显。

青年教师的筛选本质上应是学术同行基于专业知识进行独立判断的过程,

其晋升过程应强调学术共同体在评价中的话语权。第一，推广成果代表作制度。高校应淡化"预聘—长聘"制的新管理主义色彩，通过成果代表作制度缓解因"非升即走"引发的急于成名及"发表还是出局"文化。第二，强化同行评价制度。青年教师的晋升不应是与本院其他教师争名额，而应改为与对标机构群同一领域、同一资历的教师作横向比较。如果教师能满足在一定范围内处于同行业领先的硬性聘任条件，则不应受晋升名额的限制。

解决"懒汉"问题的关键在于修正终身教职后评估导向，聚焦教师发展而非强调纪律制裁。第一，终身教职后评估不是对长聘教授的重复考核和再评估，教师发展计划理应成为不可或缺的部分。高校应基于评估帮助教师发现职业轨迹和未来发展中的短板，并通过针对性的改进计划推动教师在新的层次上实现发展，推动教师从考核压力驱动转变为学术理想驱动。第二，对长聘教授的考核评价比其他教师更为复杂，评估时应充分考虑和尊重这种复杂性。一是长聘教授在评估中应享有更多的自主权，评估政策应由长聘教授、同行与管理人员等协商确定。二是为长聘教授定制个性化"套餐式"评价，可考虑将评估标准设置为固定项和可选项两类，在达到固定项的基础上可自由选择可选项。三是对长聘教授的评估不仅要看直接成果，还应该把领导管理、团队绩效、学术传播、指导年轻教师等指标综合考虑进来。

对完善新业态从业者社会保障的几点建议[①]

近年来,伴随"双创"和"三新"经济的稳步发展,传统的、工厂时代的、强调建立固定用工关系的劳动者占比缩小,依托互联网平台参与灵活就业的新就业形态从业者数量急剧增加。尤其是在疫情影响下,新业态就业群体出现井喷式增长,仅平台经济就吸纳了8400万新业态从业者。其中,网约车司机接近4000万,外卖员、快递员总数超1000万。新就业形态通过"去劳动关系化"改变了传统劳动关系中的"强从属、强保障"属性,通过"弱从属、弱保障"实现了用工灵活化。由于劳动关系模糊、劳动保障滞后,新就业形态也暴露出一些问题,例如:劳动关系模糊导致保障资格"缺位",从业者社保参而不缴(断缴)情况突出,劳动监察和劳动仲裁难以有效覆盖,劳动诉求缺乏集体协商机制等。我省在奋力打造"重要窗口"、高质量发展建设共同富裕示范区的背景下,亟须研究制订新业态从业者社会保障政策,构筑多层次社会保障兜底制度。

一、新业态从业者社会保障的几个主要风险

1.劳动关系法律适用存在争议,劳动权益游离于法律保护范畴之外

在我国现行《劳动法》中,是否形成劳动关系与权益保障间构成了较为明确的因果关系。新业态劳动关系存在认定上有难处、制度上不兼容、替代上有空白等问题,适用法律方面存在困难。一些平台企业刻意规避劳动法律规定,借助平台强势地位,采取各种方法避免与从业者建立直接劳动关系。以外卖经济为例,外包公司负责派送业务,外卖平台相当于"甩手掌柜",平台与外卖员间的

---

① 本文作者金雪军、朱玉成,最初于2021年8月2日发布在《公共政策内参》第21903期。

直接雇佣关系被消解;外卖员自行购买商业保险,若发生工伤事故,责任则推给保险公司。平台企业法定责任松懈,在社会保障方面未承担主体责任,导致相当一部分从业者的社会保障处于"裸奔"状态。

2. 平台强制性权益保障缺乏,角色模糊带来保障资格"缺位"

我国对常规劳动者的社会保险缴纳有法定强制要求,基本保证了社会保险"应保尽保"。但在新业态背景下,平台与从业者难以形成固定劳动关系,支付主体缺位导致从业者游离于社会保险的保护范畴之外。社会保险缺少不仅降低了新业态从业者抵御风险的能力,也增加了社会保障覆盖和吸纳这一群体的难度。新业态从业者虽然可通过短时的商业险"救急",但商业险的覆盖率和保障效果并不足以替代社会保险。例如,部分平台要求从业者必须购买人身意外险和第三者责任险,但意外险和责任险相对工伤保险存在高成本和短时效缺陷,保障范围只能涵盖意外死亡、伤残等一次性赔付,对劳动者因伤导致的劳动能力损害和长期医疗费用没有分担能力,无法产生有效的市场替代效应。

3. 从业者参保和缴费意愿不强烈,参而不缴(断缴)问题突出

与职业伤害风险不同,医疗和养老风险具有滞后性。由于对长期风险意识不充分,导致部分新业态从业者重视当期收入胜于风险防范,医疗和养老保险参保意愿不强烈。实际上,该群体是可以进入到医疗和养老保险缴费序列的,但是在现行政策下,新业态从业者无法以职工身份参加医疗和养老保险,保险费用全由个人承担,导致经济负担较重。同时,新业态从业者流动性高、工作更换频繁,普遍面临参保"有心无力"、转移接续繁琐等困难,时常选择放弃保险权益或不再转移续接,参而不缴(断缴)现象比较普遍。上述情况说明医疗和养老保险瞄准仍存在一定偏差和政策"断点",导致新业态从业者成为尚未全员参保的最后小部分群体和"最后一公里"。

4. 劳动诉求缺乏集体协商机制,容易出现"保障无门"的困境

在现实中,部分平台企业借助算法等大数据优势单方制定规则,新业态从业者工作时间长、劳动强度大、权益保障薄弱等问题普遍存在,相当多的从业者被"困在系统里"。与传统业态相比,新业态从业者通常分散在不同的地点独立工作,通常是短期的或者任务导向的,流动性高、诉求差异大,工会的维权和协调角色难以发挥。由于缺乏工会等集体协商机制的主张,新业态从业者权益保护和权利救济容易陷入"保障无门"的困境。同时,劳动关系的特殊性导致传统的劳动仲裁和劳动监察两大权利救济渠道对新业态从业者不适用,其权利救济更多是通过司法途径解决,权益保障和救济之路就会更加狭窄。

二、对健全新业态从业者社会保障的几点建议

1.调整"有劳动关系才社保"的政策思路,填补劳动关系政策"短板"

新业态"去劳动关系化"的用工方式突破了传统劳动法范畴,对其适用所有现有的劳动保护法规并不合适。这种新型劳动关系的工作性质、权益边界、从属程度和保障方式均需审慎认定,并需要一种量身定制的、适应这种新的行业特点的特殊就业法规。第一,制订《新就业形态劳动用工管理条例》,填补劳动关系政策"短板"。条例制订的重点应聚焦于"弱从属、弱保障"这一新型劳动关系的承认和相关权利义务的创设上。第二,调整"有劳动关系才社保"的政策思路,突破现行将劳动关系作为社保门槛的传统理念。社保关系的建立应以是否缴费为标准,而不是一味强调有无劳动关系。也就是说,社保关系应该去劳动关系化。第三,鼓励平台采取"员工制"用工模式,引导平台与从业者签订双方协议。按照"谁制造职业风险谁负责"和"最强管控风险主体负责"原理,平台企业在社会保障上具有不可推卸的责任。在不过度增加平台企业运营成本的前提下,可鼓励平台采取家政行业的"员工制"用工模式,明确平台用工法定保障义务,把工伤保险参保等内容逐步纳入平台用工的必要条件。

2.构建社保"三方机制",实行"低准入、低享受""先入门、后提高"

新业态从业者的社会保障,应在"三方机制""低准入、低享受""先入门、后提高"原则指导下,做到单项、重点突破及相关措施配套协调。第一,可采取国际劳工组织对于劳工关系的"三方机制"吸纳方式,政府、主要用工方、从业者三方共同承担社会保障费用。不论何种用工关系,都可以找到劳动关系中的主要三方;与之对应,无论是用工企业还是劳务派遣公司,总会有一个对应的企业方用工主体。锁定三方以后,可划分出多个缴费档次和缴纳比例,供相关主体根据情况选择。第二,实行"低准入、低享受",将"无保障"改进为"弱保障"。政府可通过政策"降门槛"的办法实行"一险多制",降低新业态从业者社会保障的准入门槛。相较于常规劳动关系中五险齐全、单位缴费率较高的"强保障",新业态从业者的社会保障可适当缩减,仅保留托底功能,即定位于托底保障。这些"弱保障"虽然范围窄、力度低,依然属于现行法律框架下给予新业态从业者的特殊保护。第三,按照"先入门、后提高"的原则,先统筹纳入,后优化完善。在险种选择方面,根据从业者需求迫切程度,按照"工伤保险—医疗保险—养老保险—失业保险"的顺序逐步纳入。先抓与职业安全直接关联的工伤保险,将从

业者以特殊劳动关系的形式归入职工工伤保险；再抓带有个人账户的医疗和养老保险，将其归入职工基本医疗和养老保险；然后再扩展其他项目，逐步消除社会保险"盲点"和空白点。

3. 拓展"互联网+"人社一体化平台功能，健全社保异地转移接续机制

立足改革集成，建设人社一体化平台，实现社会保障大数据动态联网。第一，以国家统一社保公共服务平台为依托，加强跨层级、跨地域业务协同。强化对新业态从业者社会保障情况的摸底调查，充分运用大数据技术实现参保人群的数据采集与共享，打通窗口服务与互联网、APP、自助终端等服务渠道，实现社保政策与需求精准对接。第二，深化社会保障经办"一网通办、一网统管"改革。推动社会保障跨地区转接业务网上经办和一门受理，探索建立工伤、养老保险的转移接续办法，完善异地就医结算等社保费用异地报销机制，提高新业态背景下社会保障办理的便利性。

4. 制订《新就业形态用工服务指导意见》，建立行业劳动争议调解组织

鉴于传统劳动监管难以全面覆盖新业态下劳务关系，亟须对新业态从业者所遭遇的新风险加以研究，创新监管和维权模式。第一，制订《新就业形态劳动用工服务指导意见》。从工资报酬、社会保障、纠纷处理等方面作出规范指引，督促平台企业落实从业者权力清单条款，引导平台企业在劳动权益保障上承担更多主体责任。第二，加强政府执法监管，建立多部门联动协调监管机制。建议组建由人社、市场监管、税务、发改委、法院等多部门组成权益保障协调委员会，完善从业者纠纷处置和权利救济途径。政府可通过一体化平台开通"一键维权"通道，为从业者提供调解纠纷、法律援助等维权服务。第三，组建工会、行业协会和行业调解组织，就劳动权益开展集体协商。一是加大工会组织对新业态从业者的覆盖力度，重点就劳动定额标准、最长工作时间、计件工资单价、社会保障缴费等内容开展集体协商，提升从业者劳动条件和待遇。二是赋予行业协会部分监管权力，与平台企业协商制订约束劳资双方的行业规范，推动平台企业签订劳动用工倡议书或行业公约。三是在人民法院和相关部门的介入下，组建多种形式的劳动争议调解组织，搭建劳动争议调解平台，对法律适用模糊、容易引发推诿扯皮的纠纷进行居中调解。

关于发展我省公益慈善事业 发挥第三次 分配作用的若干建议①

当前,"三次分配"问题受社会各界高度关注。我省作为率先探索建设共同富裕示范区的先行者,如何进一步发展公益慈善事业,建立一个比较完整的调节收入分配的政策体系,发挥第三次分配促进共同富裕的重要作用具有重要意义。

一、将发展公益慈善事业作为推进建设共同富裕的实践机制

过去,公益慈善事业主要被置于道德层面进行讨论,当前,则要更重视其作为第三次分配的重要作用,在制度层面上将发展公益慈善事业作为推进建设共同富裕的实践机制。但在制度设计过程当中,也应避免对初次分配产生负面冲击。为此,我们建议:

一是做好开征房产税、遗产税的准备工作,在保持基本稳定的前提下适时启动。通过调整税收结构(增加直接税比重,降低间接税比重),可以更加有力地调节收入分配和财富分配,但在带动第三次分配的同时,也可能扭曲资源在生产中的配置。因此建议针对房产税、遗产税开征后可能带来的影响,做好应对预案,在综合论证、科学设计的基础上和保持基本稳定的前提下适时启动。

二是创造合适的环境和条件,探索优化企业捐赠抵税。企业通过从事慈善事业履行社会责任,可以更好地得到社会认同,实现长远发展。从 2016 年《慈

---

① 本文作者金雪军、冯履冰,最初于 2021 年 9 月 13 日发布在《公共政策内参》第21917 期。

善法》的出台，到 2017 年对《企业所得税法》的修订，都体现了我国企业捐赠环境的不断改进。建议在现有法规下，探索优化具体税收减免的申请程序、捐赠流程以及具体税收优惠方式。当然，企业捐赠越多也不单单等同于其社会责任心越高，捐赠策略要与企业可持续发展战略规划相协调。企业经济收益是其对外捐赠的重要基础，同时企业长远健康地发展也意味着给社会创造更多的就业机会。因此，不能一味呼吁企业大比例捐赠，异化自愿慈善捐赠的本质。建议持续创造合适的环境和条件，倡导公益慈善文化与企业社会责任活动有机结合，设立相应的企业公益慈善奖，鼓励企业根据自身条件适度参与社会公益事业。

三是形成认可和鼓励慈善的社会氛围，促进个人捐赠。公众对慈善认识的提高和社会对公益行为的认可，是慈善事业健康发展的社会基础。根据英国慈善援助基金会 2021 年 6 月公布的 World Giving Index 调查数据，中国内地居榜单第 95 位(共调查了 114 个国家)，在过去五年中总体指数增幅显著(其中捐款得分大幅上升)，但这一排名仍与我国经济社会的发展情况极不相称，从侧面反映我国慈善事业处于起步阶段，同时也反映了我国慈善事业发展前景开阔。因此，建议进一步弘扬慈善文化，认可和鼓励慈善行为，培养全民慈善习惯，让公益慈善事业成为社会共识和信仰，从而促进个人小微捐赠以及高净值人群大额捐赠。

二、公益慈善运作主体的功能及发展问题

作为"三次分配"的重要运作主体，社会组织的运营和发展至关重要。截至 2020 年底，我省共有 7 万多家社会组织，年末净资产 1176 亿元，对比广东、深圳、江苏和上海等地，还存在较大差距。同时，公益慈善领域就业人员占全社会就业人员比重仅约 1%，公益慈善力量相对不足。为此，我们建议：

一是引导和支持慈善组织健康有序发展，为我国"五位一体"总体布局落地做出浙江贡献。具体可以从以下三个方面入手：第一，树立慈善典型，激励先进，弘扬慈善文化，设立慈善公益领域相关奖项，进行表彰宣传；第二，推动建立符合社会建设的公益免税制度，探索实施慈善组织员工个人所得税减免、慈善组织社保缴费减免以及对慈善组织稳健性的投资收入给予一定的税收减免，给公益组织发展提供相对宽松的土壤，鼓励其打造一定的自我造血能力；第三，严格规范，做好行业自律，加强信息平台建设，支持慈善组织充分运用区块链等技

术,提升慈善组织运作透明度、运营合规性和财务严密性,加强社会舆论监督。只有大力发展和严格规范有机结合,才能实现公益慈善事业的可持续发展。

二是进一步加强慈善事业人才队伍建设。过去公益慈善相关专业(包括社会工作、公共事业管理等)人才培养不足。国内仅有少数大学开设了公益慈善学院,一般通过企业或其他社会力量支持、联合高校建设,也成为行业人才培养的有益尝试。今年5月,浙江工商大学筹建了国内首家培养本硕博人才的慈善学院。后续应进一步重视公益慈善的教育,培养更多专业化人才。同时,要注意树立和普及新时代社会工作者的形象,吸引更多高校毕业生真正成为慈善公益事业的后备力量。

三是多形式、多资源、多角度发力,发挥慈善事业价值。"慈善人人可为。"简单地说,慈善就是有钱出钱,有力出力。慈善法也设专章规定了慈善信托和慈善服务,从法律上保障和鼓励人人可慈善。因此,要探索建立不同的慈善方式,包括慈善信托、大学基金会、慈善债券、慈善保险和各种形式的慈善服务等,鼓励慈善组织的强强联合、跨界合作,推动慈善项目运作模式的多样化,将慈善组织自主发展与合作发展有机地结合起来。另外,慈善事业的价值不仅仅是善款本身的价值,在使用过程中通过撬动更多志愿者服务力量、相关产品和服务的创新等,都可以实现社会价值的增益。总之,要善用各种工具、形式、资源,打造慈善生态系统,更好地实现共同富裕,做好实验区窗口。

三、政府保驾护航,完善慈善法规和相关政策

现代慈善体制建设的完善,既要有导向型约束性法规建设,也要有落地到基层公益组织的运营。为此,我们建议:

一是围绕《慈善法》进一步完善慈善事业政策法规体系,为促进慈善事业健康发展提供政策保障。自《慈善法》正式实施以来,我国的慈善法制环境、制度环境与运行环境开启了新局面。但相较其他领域,公益慈善领域的法律法规还是相对滞后,在财税等实务操作层面,还有很大的完善空间。我省作为高质量发展建设共同富裕示范区,在充分论证的基础上,应遵循激活社会活力的改革指向,出台先行先试的相关地方性条例,完善政策指导和监管制度。

二是慈善向下,夯实基层公益组织,做好慈善的群众基础。社区慈善组织,特别是社区志愿者组织,将是未来社会治理的一个重心。公益慈善的持续健康发展只有落地到社区层面,才有可能让老百姓切实感知和认同。可以将慈善与

"未来社区"有机结合，成为社区营造的重要力量。将慈善文化与多元文化相融合，发展更多的志愿者，倡导微慈善等"零门槛"的慈善项目形式。同时，注重培养社会下一代如何承担公益责任，通过认可志愿者的服务时间和服务价值，有效引导全民参与。

三是建立政府、企业和慈善组织的合作机制，营造慈善组织公平竞争的社会市场环境。政府要抓好慈善项目的梳理、告知工作，多渠道发展公益慈善事业：一方面，鼓励各类组织之间良性竞争与合作，严格限制社会垄断，提升慈善组织外部运营的公平性，更好发挥市场化在慈善资源配置中的重要作用。另一方面，科学定位政府、企业与慈善组织的职能边界，可以通过政府购买、项目合作等多元创新方式向慈善组织转移部分政府职能，也可以由政府直接对接落实特定的慈善项目。通过构建政府、企业与慈善组织合作互动机制，给予企业、社会组织和公民在慈善领域中的充分自由，同时对慈善组织的公开透明和有效性加以规范和监管，最终实现政府调控与社会协调自治互补、政府管理与社会调节互动的社会公共管理网络，从而营造良好的公益市场环境。

对比江浙粤制造民企 500 强 进一步推动我省制造业高质量发展^①

我省一直是制造业大省,传统制造业占据实体经济半壁江山。今年,全国工商联发布中国制造业民营企业 500 强榜单,我省入选榜单企业数达到 97 家。但笔者发现,入榜企业的平均营业收入不如江苏和广东两省,甚至不如广东的六成。鉴于此,我省有必要借鉴两省等地的制造业发展经验,推动传统制造业升级改造,促进制造业民企高质量发展,巩固我省制造业强省地位。

一、浙江省与江苏、广东两省入榜企业对比

通过对比浙江、江苏和广东三省制造业民营企业的相关信息,并结合历史数据,可以发现我省制造业民营企业现阶段相对优势以及不足,为实现民营经济的高质量发展指明方向。

1.我省入榜企业数量占优,但头部企业规模不及江苏和广东

2020 制造业民企 500 强榜单中,浙江、江苏、广东分别入榜 97 家、84 家、45 家,占比 19.40%、16.80% 和 9.00%,较上一年分别持平、减少两家、减少四家。从入榜企业前 20 强来看,虽然浙江已占 6 席,但与头部企业差距明显。例如:位列广东省第一名的是华为投资控股,营业收入是浙江省第一名浙江吉利控股集团的 2.73 倍以上;位列广东省第二名的正威国际,和位列江苏省第一名的恒力集团,其营业收入均达到浙江吉利控股集团的 2 倍以上(见表 1)。

---

① 本文作者金雪军、刘建和、边元仪、黄怡欣,最初于 2021 年 12 月 6 日发布在《公共政策内参》第 21927 期。

表 1　浙江与江苏、广东三省制造业民企 500 强基本情况对比

单位：家、亿元

	入围企业数量				营业收入			
	2020	占比	2019	占比	2020	占比	2019	占比
浙江省	97	19.40%	97	19.40%	44800.90	19.91%	40925.63	20.75%
江苏省	84	16.80%	86	17.20%	41143.23	18.29%	36483.08	18.50%
广东省	45	9.00%	49	9.80%	35506.77	15.78%	30743.37	15.59%

	资产总额				税后净利润			
	2020	占比	2019	占比	2020	占比	2019	占比
浙江省	33232.50	17.92%	28859.51	18.00%	2001.12	19.06%	1664.05	19.20%
江苏省	26921.68	14.52%	25109.75	15.66%	1297.72	12.36%	1175.43	13.56%
广东省	34715.21	18.72%	28387.84	17.70%	2271.19	21.63%	1763.85	20.35%

注：表中占比为占民企 500 强比重

2.我省入榜企业行业分布广泛,但以传统制造企业为主

我省入榜企业不仅数量占优,而且在企业数量分布和行业分布上更为均匀。从数量分布看,金属冶炼加工制造业、电气机械和器材制造业、汽车制造业和医药制造业等入榜企业数量均达到 5 家及以上。从行业涉及面看,我省制造业细分行业更为多元,各行业发展也较为均衡,共涉及 26 个细分行业,而广东和江苏两省分别为 18 和 19 个。在其他制造业中,如废弃资源综合利用业、文教体育娱乐用品制造业等,广东和江苏两省均未有涉及。但我省入榜企业以传统制造业为主,纺织化纤服饰、金属冶炼制造、电气机械和器材制造企业数量占比近一半,而医药制造、计算机、通信和其他电子设备制造业企业均只有 5 家。相比之下,广东仅计算机、通信和其他电子设备制造业企业数量便有 17 家,占比 37.8%,营业收入占比达 43.8%;江苏医药制造业虽为 4 家,但营业收入超过我省 5 家之和。(见表 2)

3.我省入榜企业营业收入增速和平均值不及江苏和广东

在 2020 年制造业民营 500 强中,我省入榜企业营业收入总额达 44801 亿元。虽继续保持增长态势,但增速下降明显,2020 年增长率为 9.47%,较 2019 年下降 4.07 个百分点。从对比省份看,江苏入榜企业营业收入总额不仅增长率高于我省,而且相比 2019 年增长率也仅下降 1.36 个百分点,降幅明显小于我省。值得注意的是,广东入榜企业的营业收入总额连续增长,近三年每一年度增长率同比均有所增长。在 2020 年,即使在新冠疫情的不利影响下,仍保持了 15.49% 的增长幅度。从平均收入来看,浙江、江苏和广东入榜企业平均营业收入分别为 461.86 亿元、489.80 亿元和 789.04 亿元,我省平均营业收入略低于江苏省,但远不及广东。(见表 3)

表2 浙江与江苏、广东三省制造业民企500强分行业对比

单位：家、亿元

制造业细分	浙江省			江苏省			广东省		
	企业数量	营业收入	平均收入	企业数量	营业收入	平均收入	企业数量	营业收入	平均收入
纺织、化纤、服饰制造业	17	7768.90	456.99	14	5047.99	360.57	1	219.49	219.49
金属冶炼加工制造业	15	9448.59	629.91	27	13392.72	496.03	2	7349.49	3674.75
电气机械和器材制造业	13	6887.38	529.80	9	3535.63	392.85	8	5605.82	700.73
通用、专用设备制造业	7	1749.30	249.90	10	2764.11	276.41	3	874.33	291.44
化学原料和化学制品制造业	7	4457.41	636.77	5	3811.10	762.22	2	499.39	249.70
汽车制造业	7	5733.26	819.04	2	273.65	136.82	1	1565.98	1565.98
计算机、通信和其他电子设备制造业	5	1926.26	385.25	6	2447.69	407.95	17	15563.7	915.51
医药制造业	5	829.46	165.89	4	1645.78	411.45	1	633.97	633.97
食品、饮料制造业	4	1156.69	289.17	1	102.28	102.28	3	984.59	328.20
木材加工、家具制造业	3	600.47	200.16	1	260.75	260.75	1	147.40	147.40
非金属矿物制品制造业	1	549.79	549.79	1	340.78	340.78	0		
其他制造业	13	3693.38	284.11	4	7520.75	1880.19	6	2062.57	343.76

表 3　浙江与江苏、广东三省制造业民企 500 强营业收入增长率对比

	2018	2019	2020
浙江省	18.89%	13.54%	9.47%
江苏省	20.75%	14.13%	12.77%
广东省	13.29%	13.22%	15.49%

4.部分行业企业竞争力不足,盈利能力仍有待提升

通过计算细分行业平均收入发现,我省在通用、专用设备制造业、计算机、通信和其他电子设备制造业、医药制造业的平均收入均低于江苏和广东两省,而以上行业均为高新制造业。我省仅在纺织、化纤、服饰制造业和非金属矿物制造业两个传统制造业的平均收入超过了江苏和广东两省,反映出我省企业在高新技术制造领域的竞争力仍需进一步提升。从企业盈利能力上看,2020制造业民企 500 强中,浙江、江苏和广东入榜企业税后净利润分别为2001.12亿元、1297.72亿元和2271.19亿元,占比分别为19.06%、12.36%和21.63%,较上一年分别下降0.14、下降1.20和上升1.28个百分点,广东企业盈利能力持续增强。从平均净利润来看,三省分别为20.63亿元、15.45亿元和50.47亿元,我省居于中间位置,但较广东仍有较大差距。

二、相关建议

1.建立高质量目标,提升我省制造业民营企业的发展水平

只有落后的产品,没有落后的产业。大力推进我省制造业民营企业向着高质量目标发展,才能保障我省制造业改造升级稳步向前迈进。建议:一是根据市场消费需求,支持鼓励制造业民营企业向中高端价值链转移,逐步淘汰低端产品,避免形成产品低质低价竞争的局面;二是对标国际国内先进制造业标准,强化民营企业产品质量标准体系建设,提升产品在市场上的竞争力;三是鼓励制造业民营企业加大研发投入,加快研发成果的转化。全面加强知识产权保护,加大知识产权转化力度,为企业的自主研发保驾护航。

2.加大政府扶持力度,助力制造业民企做大做强

虽然我省制造业民营企业实际仍以中小型企业为主,产业特征主要是劳动密集型,营业收入和盈利能力不高,但有必要做强品牌、做大企业。建议:一是支持我省同类制造业民营企业并购重组,鼓励我省制造业民营企业做大规模。借助凤凰行动计划,支持我省仍未上市的制造业民营企业尽快上市融资,扩大

知名度；二是金融支持制造业民营企业转型升级，引导运用银行借款、股东增资、股权融资和资产证券化等金融市场工具，设立制造业民营企业扶持专项基金，支持我省制造业民营企业转型升级；三是加强政府政策引导与政策保障，降低企业转型成本，建立制造业民营企业转型升级保险基金，降低转型风险，为企业成功转型提供后盾。

3. 有效利用数字经济，提升制造业升级效率

数字经济改变了许多行业的生产模式，提高了社会生产效率，我省也应当将数字技术融入制造业中，提升传统制造业的升级效率。建议：一是大力推进《浙江省全球先进制造业基地建设"十四五"规划》的落实，加强传统制造业企业的数字化发展理念，把握新的发展机遇；二是普及数字化设备，根据企业的发展不断优化和完善生产设施设备，数字化改造贯穿生产经营及销售的全过程，促进传统制造业企业实现智能化、自动化升级；三是促进产学研相结合，加大对于数字化人才的培养力度，加强员工的数字化技术相关培训，实现优化人力资本和保障设备升级的双重目标，促进传统制造企业更好更快地开展改造升级。

4. 打造绿色生产方式，推动制造业可持续高质量发展

在追求更高的经济效益的同时，也要关注环境和生态效益。具备社会责任感，才有助于推动我省制造业民营企业长期可持续高质量发展。建议：一是培育壮大绿色低碳、高附加值的新兴产业，推进制造业民营企业低碳转型、绿色清洁发展、资源循环发展；二是加大淘汰落后产能企业的力度，严格把关制造民企生产过程，实施强制性污染排放标准，监督高耗能、不环保、不达标企业依法依规关停退出；三是建立低碳安全高效能源体系，优化制造业民企的能源供给结构，大力开发可再生能源，鼓励制造业民营企业打造绿色供应链。

应注意防范高校"非升即走"改革在实践中走偏①

　　"非升即走"(up-or-out)规则源于美国高校的终身教职制度,是高校为明确给予谁终身教职而采取的一种明确标准和限期考核的遴选规则。尽管"非升即走"改革因制度上的比较优势而受到国内和省内高校的推崇,但其在实施过程中也暴露出一系列问题:一些高校在制度移植中可能会"念歪经",出现制度误用,或在执行中夸大、缩小目标而造成"执行走样";单一设计也很容易在缺失配套制度支撑下单兵突进而发生异化——筛选功能被误读成"后位淘汰"的"试用期"概念;激励功能从明确目标的"达标赛"变成了持续加码的"锦标赛";至于体现高校责任的培育功能,则被一些高校选择性地忽视了。当前,尽管高校围绕"非升即走"改革的配套制度还在不断完善中,但与此同时,这一改革也的确到了需要总结经验以更好地筹划未来的时间节点了。

一、"选"的比例问题:前置门槛把好聘任"入口关",注重"严进良育"而非败者退场

　　虽然美国高校对终身教职的筛选极其严格,但其淘汰关卡是设在预聘前的入口环节。我国高校"非升即走"在入校环节的筛选并不是特别苛刻,而是将淘汰关口后移,设置在 6 年后的考核阶段。不同筛选时间节点的设置体现了不同的聘任理念:美国高校倾向于挑选最有潜力的少数教师,然后尽最大努力培养他们成才;国内高校则是招聘一批具备一定潜力的教师,希望其中的少数能够

---

　　①　本文作者金雪军、朱玉成,最初于 2022 年 3 月 1 日发布在《公共政策内参》第 22935 期。

脱颖而出。从整体上看，美国"非升即走"基本能维持 80% 以上的留任率，在保证大多数教师留下的同时，又能保持适度的竞争，代谢出"庸人懒人"。这一规则在国内则发生了一些异化。在"买方市场"的博弈优势下，高校倾向并有能力单方面制订有利于自身的规则并颁布实施。一些高校将有限的经费掰成几份招一批教师，6 年后竞争留岗那么一两个，极少数高校的淘汰率甚至达到了 80% 以上，导致部分落聘教师怨声载道。

"非升即走"改革要实现"落地生根"，权力制约和温暖治理是非常必要的。一项好的改革需要把残酷的竞争机制以人性化的表达和释放，从而使绝大多数教师成为变革的主动力量，而非改革的牺牲品。第一，师资筛选要向入校前延伸，将"走"的关口前置。严进，就要在最开始招聘的时候严进，把好招聘的"入口关"。高校师资筛选要向入校前延伸，避免使"非升即走"成为实际上的再录用程序和"试用期"概念。第二，可由教育厅、人社厅等部门牵头建立集体合同制度，作为订立教师个人聘任合同的前提和基础。教师可将集体合同作为构建集体协商制度、"教师同意机制"等议价机制的基础，依托教师协会等学术共同体组织，与高校就聘任、考核、晋升、解聘中的权责关系开展集体谈判。虽然集体合同只是约定了教师权益中最底线的保障，不能取代个人聘任合同，但可以作为个人合同的前提和基础。第三，由教育厅、人社厅、编办等部门协同制定"底线"规范，保障正常的招聘秩序。我们的一项针对 246 名教师的调查表明，有 76.8% 的受访者希望由政府牵头制定一个"底线"的规范。一是通过设置"非升即走"工资帽限制高校招人上限，防止少部分高校"大范围招人、高比例裁人"；二是可规定高校招聘时需注明"非升即走"的晋升比例区间，以免事后产生欺骗行为；三是在评价高校时应关注人员稳定性，在考核成果的同时也要考核转正比率。

二、"升"的支持问题：兼顾制度"选优""培优"功能，加强资源倾斜与培养支持

跳出认识论的局限和概念误读可以发现，"非升即走"不仅是高校考察教师和发挥良币驱逐劣币效应的"选优期"，也是通过资源倾斜加速教师成长，并使他们与自身研究传统相互适应的"培优期"。这项制度的核心应定位于"升"，而不是"走"；目标应聚焦于"鉴别"，而不是"淘汰"；重点是优化"竞争"，而不是强化"内卷"。分裂和二元论地看待"选优"和"培优"，"非升即走"就会异化成"试

用期"的概念。当前,一些高校在"非升即走"阶段实施高比例的残酷淘汰制,就是把这个初衷给误读了。"非升即走"的精髓在于培育扶持、"选""育"结合,"末段淘汰"则是通过制造"走"的恐惧来压榨教师"潜能",将功利主义无限膨胀,这是违背这项制度设计的初衷的。

健康的"非升即走"需要权责基本平等,利益大致均衡;注重等额合作,而非差额剥削;强调"严进良育",而非败者退场。这项规则不仅是高校对教师提出的要求,也是高校对教师所做出的不埋没优秀人才的承诺。第一,兼顾"非升即走"的"选优""培优"功能,强化资源倾斜与培养支持。一是可借鉴德国高校财政拨付方式,增加政府财政中专用于"非升即走"的专项拨款,以弥补高校资金的不足;二是高校应尽量扩增自筹的增量资金(例如课题经费、社会捐赠等),宁可量力而行,缩小"非升即走"轨道教师规模,也不可"薄铺大饼",降低支持标准。第二,"非升即走"规则的修订、调整或废弃需受"信赖利益保护"原则限制。高校不得以内部管理权为由随意调整或撤销制度、制定新规则(如提高晋升所需的文章数量、课题级别等),或者在个案中偏离政策、不兑现承诺。如确需变更规则,需经法定程序授权,并适用"法不溯及既往"原则,即新的规则仅对其生效后签订聘任合同的教师适用。第三,强化聘任缓冲设计,留足制度弹性空间。一是借鉴美国"准终身教师"和德国两阶段职务关系,设置"准终身职位"等临时聘任岗位,留任因编制名额等限制暂时无法晋升的优秀教师,待有指标空余后再给予终身教职;二是对需要更长时段考核或者对教师能力的判断还不是很准确的专业,采取"定期终身教职"等折中措施;三是对一些特殊群体,如遭遇重大疾病的教师、生育子女的女教师、从事长周期理论研究的教师等,给予减少工作量、暂停或延长考核周期等制度弹性空间。

三、"评"的纠偏问题:健全学术代表作和同行评议制度,鼓励"打深井"而非"试挖井"

美国"非升即走"是行业自治的结果,初衷是为了保障学术自由。我国推广"非升即走"改革则带有比较浓厚的"经济""效率"等新管理主义色彩,目的是推动高等教育从"跟跑"到"领跑"的转变。如果将高等教育水平等同于各种有外在显示度的一流指标,那么这项改革的目的确实达到了,年轻的学术力量被激发,高校在短期内获得了大量顶尖的成果。然而,同时还要看到什么被牺牲了——"发表还是出局"文化在高校出现蔓延,研究的质量和深度、静水流深的环境和对学术探索的热忱都遭到了侵蚀。面对强大的"后位淘汰"压力，教师不知道发多少成果算够，发到哪个层次算够，本能的反应就是尽可能地去触碰自己的发表上限，导致"一切看指标"的隧道视野和学术成果的虚假繁荣。相较而言，以往的老轨道对教师相对宽容，教师不必太为了短期目标而去发表。

在考核评价中，教师的学术动力既无法由外力激发，又需要保护与保障。如何解决这一两难冲突？一个基本原则是，要淡化考核的"学术锦标赛"特征，缓解学术内卷和"发表还是出局"文化。第一，健全学术代表作制度，引导教师"打深井"而不是到处"试挖井"。一是要形成高质量成果对低质量成果的"单向替代"机制，避免低质量成果的数量优势对高质量成果的质量优势形成挤压和替代效应；二是健全学术声誉制度和"破格式"评审制度，让学术声誉成为职称评价的"硬通货"。第二，推广同行评议制度，强化学术共同体在评价中的话语权。其中，同行评议的有效性依赖于五大正式制度的构建：一是利益冲突的披露与回避相结合的制度；二是评议专家的遴选与轮换相结合的制度；三是专家随机分配与双盲评审相结合的制度；四是评审意见反馈与结果申诉相结合的制度；五是对同行评议的奖惩与反评估相结合的制度。

四、"走"的保障问题：筑牢教师"走"后的兜底机制，使落聘教师能体面地"从容他谋"

在美国，实施"非升即走"是具备一些特殊条件的。所谓特殊，主要是相较我国情况而言。第一，美国没有户籍和编制的概念，这样教师"走"与"不走"就很自由。我国高校教师编制涉及职业安全、社会地位、工资待遇、五险一金等，户籍牵涉住房、社保、医疗、教育、退休养老等配套措施，教师"走"的时候牵扯的因素太多。第二，我国历来缺乏教师自由流动的传统，高校的封闭性以及劳动力价格的内部定价，都使得改革缺乏成熟的外部学术市场支持。在这种整体不动的大环境下，教师的"走"就会更加艰难。第三，我国历来重视对教师"进"的管理，如准入制度、聘任程序等，但相对忽视对教师"出"的保障，如离职后的兜底保障、管理衔接等。教师"走"后身份、薪酬、待遇、社保如何对接，编制、岗位、职务、职称如何过渡，这一系列问题仍有待教育厅、人社厅、编办等部门统筹解决。

对落聘教师的安置绝不只是高校内部简单、孤立的运作，而必须有强健的社会保障体系和成熟的外部学术市场作为支撑。我省要实现高校教师的自由流动,必须先建立起亲善的退出机制,筑牢教师"走"后的兜底保障制度。第一,健全制度兜底保障,完善教师"走"后的制度托底。从省级层面统筹身份编制、职位职称、薪酬待遇、医疗养老、失业保险等支持制度,打通职称衔接、成果互认、职务对接、岗位转换、待遇接轨等衔接机制,从制度上解决好落聘教师的出路。第二,依托学校人才交流中心安置落聘教师。就当前而言,依托学校人才交流中心安置落聘教师,是一种比较好的选择。教师进入校人才交流中心后的出路一般有三种:一是经培训后转岗。高校通过"非升即转""非升即降"等内部流转和系列间转换机制,对落聘教师进行内部挖潜、自我消化。例如转至普通轨体系、转入基础教学岗位,乃至转任教辅岗位等。二是实现外部"分流"。高校应主动为落聘教师牵线搭桥,"扶上马送一程",促进不同高校人才的双向流动,以及高校与政界、企业界的环形流动。三是做好"过渡期"保护。健全对落聘教师的过渡性保障措施,例如提供失业补助,在一定期限内保留教师的五险一金、子女入学和医疗待遇等,使"走"后的教师能够体面地"从容他谋"。

警惕个别上市公司股权质押过高现象
推动我省上市公司高质量发展①

上市公司股权高比例质押风险是不可忽视的潜在金融风险之一。自 2018 年股权质押新规出台以来，各方主体高度重视并着力解决股权高比例质押问题，A 股股权质押整体规模五连降，截至 2022 年 3 月 17 日，仅占 A 股总市值的 4.18%。但是上市公司股东持续进行高比例股权质押的现象仍然比较严重。笔者基于我省部分上市公司大股东高比例质押股权的相关数据，分析其可能原因和潜在风险，为我省如何及时有效应对股权质押潜在风险提出建议，推进我省上市公司高质量发展。

一、我省部分上市公司大股东持续高比例质押股权

股权质押使股东能在短时间内以较低的成本获得融资，因此成为上市公司，尤其是中小民营上市公司青睐的一种融资手段。但大股东长时间、高比例的股权质押蕴含着潜在风险。当股价下行且无法及时补充质押时，可能会被强制平仓，进而引发股权结构变化，甚至导致公司控股权的非正常转移，同时也会引发投资人对于公司经营或控制权潜在不确定性的担忧，导致股价进一步下跌。这一方面给上市公司经营的稳定性和持续性带来了负面影响，另一方面也损害了广大中小股东的利益，同时也可能造成提供股权质押资金的金融机构的损失。

Wind 数据显示，截至 2022 年 4 月 1 日，浙江省共有 33 家上市公司的第一

---

① 本文作者金雪军、刘建和、臧远方、左智玲，最初于 2022 年 4 月 18 日发布在《公共政策内参》第 22938 期。

大股东存在高比例质押上市公司股权的行为（累计质押股份数占持股数≥80％），虽然较2021年4月1日减少7家，但个别公司股权质押高风险问题仍然存在，甚至有多达11家公司的股权质押比率达100％，存在一定的金融隐患。这33家上市公司主要可分为两类：一类上市公司大股东质押比例显著升高，这往往反映了公司经营管理出现重大变动，公司资金链出现问题等；另一类上市公司大股东长期存在高比例质押股权行为，此类公司资金问题持续得不到解决，风险长期集聚，有出现流动性风险的可能。

第一，经营管理层变动导致高比例股权质押亟须关注。上市公司的经营管理层的重大变动可能导致质押风险上升。如有企业由于公司经营调整，质押股权为新发行可转债提供担保，导致质押率的显著提升；有企业实际控制人变更导致大股东股权质押率上升；有企业近年主营业务不佳，借款逾期，名下2个银行账户被冻结，其公司实际控制人甚至在2021年被列为失信被执行人，这类公司的股权质押风险尤其需要关注。

第二，警惕传媒行业高比例股权质押风险集聚。受行业监管趋严、疫情冲击影视院线等因素的影响，有传媒行业公司连年亏损，行业经营绩效不如预期。数据显示，我省有8家传媒行业公司大股东持续高比例质押股权，而其中就有3家公司被风险警示，需要警惕传媒行业中上市公司股权质押风险集聚的现象。

第三，重点关注长期存在大股东高比例股权质押的上市公司。上市公司大股东高比例股权质押问题长期得不到解决的背后往往是公司经营管理和资金链长期没有改善。这类公司极易产生流动性危机。有的上市公司的控股股东目前已处于破产清算过程；有的上市公司第一大股东股权质押比例连续数年保持在85％左右，且其营业收入自2016年以来连年下滑，2021年归属股东净利润预计在－960.62万元到－484.81万元之间；2021年净利润预计下降幅度为514％至472％。

第四，持续关注新兴行业中股权高比例质押的上市公司。部分上市公司所处行业发展前景良好，与国家政策、市场发展方向相符。因此有必要持续关注这类公司的股权高比例质押现象，是抓住机会、合理布局产业链，并带动行业长期发展，还是被经营和债务问题逐步拖垮，从而产生流动性危机。

二、相关建议

针对目前我省部分上市公司大股东持续高比例质押股权的情况，笔者提出三点建议。

1. 明确各方主体责任,全面推进动态监管

股权质押风险是动态集聚和爆发的过程,短期可控风险集聚下可能造成巨大不良影响,必须主动排查防范,持续关注质押率显著上升和长期高比例质押的风险,做好动态监管。建议:(1)完善信息披露制度,建立股权质押信息共享平台,有效整合风险监督资源,做好数据共享、措施互商,以沟通协作提升风险防范的全面性;(2)加强对开展股权质押业务的券商、银行等机构的监督,督促相关机构建立完善的动态追踪机制,根据企业经营业绩、出质人信用状况等实际情况,及时计提资产减值准备并建立应急机制;(3)长期坚持引导上市公司优化股权质押结构,提升企业信用,及时、充分披露相关信息和补充质押,严惩信息披露违规等行为。

2. 结合企业具体情况,采取多种不同手段,稳步推进大股东股权质押比例有序降低

多种原因导致上市公司大股东高比例股权质押,甚至个别行业出现高比例股权质押的企业集聚现象,甚至存在大股东连续多年高比例股权质押的情况。建议:(1)对于业绩增长乏力的上市公司,鼓励企业通过转型升级,寻求新的利润增长点的方式,增加公司长期现金流,缓解资金压力;(2)对于经营状况长期出现困难,即使在资产并购重组后也无明显改善的公司,必要时应做到当断则断,设置防火墙,尽早处置,防止风险扩散蔓延;(3)加大对中小企业的金融支持,推动产融结合,让中小企业除了股权质押以外,还有多种渠道可以满足其融资需求。

3. 加强行业监管,警惕行业风险集聚

降低股权质押率是一个内外共同发力,减量提质的过程。中长期看,改善经营管理模式、转型实现业务增长、形成长期增长动力是有效措施。建议:(1)对于与国家政策、市场发展方向相符的行业,必要时可给予适当扶持,同时推动公司改善经营管理模式,警惕过度依赖外部资源和市场空白而盲目扩张带来的风险;(2)对于总体质押率偏高而经营绩效不佳的行业,挖掘行业总体绩效不振的深层原因,加强管控,减少不必要资源浪费,推动行业转型升级,有效防止行业风险向整个市场扩散,防范化解系统性金融风险。

广泛有效开展志愿服务 助力社会治理^①

一、充分认识和宣传志愿服务的重要性

第一,志愿服务是社区治理、民政交流的重要补充力量。志愿服务不仅仅是锦上添花的点缀,而是社会治理体系中不可缺少的重要组成部分。践行党的群众路线过程中,志愿服务是贴近群众的平台、了解群众需求的渠道,尤其在民政交流沟通、群众力量组织等方面具有不可替代的作用。志愿服务本身就是劳动,劳动就能创造价值。志愿服务的过程是组织和动员人民群众的重要路径,可以把闲置劳动力组织起来(包括退休教师、退休公务员、选择灵活就业的高校毕业生等高质量劳动力),在社会上发挥作用。

第二,志愿者队伍是重大社会事件中不可或缺的重要力量。政府难以提供、市场不愿意提供而群众迫切需求的服务,可以通过社会组织、公益组织和志愿服务做好满足群众需求的补位。比如在抗洪救灾、亚运会的全民筹备等重大社会事件中,志愿者队伍都承担了重要的角色。以抗击新冠疫情为例,从 2020 年以来,杭州市直接投入抗击疫情中的基层社会志愿服务组织有 1178 个,筹集防疫物资一千多万元,杭州市志愿者协会日均组织 1.54 万名志愿者参与一线的疫情防控工作。

第三,志愿服务是社会文明和城市软实力的一种体现。志愿者队伍建设和志愿服务有不同的层次,但都与基层社会治理有非常密切的关系,小到个体的好人好事、简单公益行为,大到社会的风气,都是社会文明建设的一部分,也是

———————

① 本文作者金雪军、冯履冰,最初于 2022 年 7 月 13 日发布在《公共政策内参》第 22958 期。

城市软实力的具象体现。如杭州市的"最美人墙"，就把文明交通体现在日常的志愿服务项目当中，让人人都可以参与其中。这些都应包含于社会治理的范畴中，需要在全社会进行广泛宣传。

二、目前我省志愿服务队伍建设中存在的几个问题

志愿服务可以成为或者已经成为很多人的生活方式，是基层社会治理创新的一支重要的、不可或缺的力量。以杭州市为例，志愿服务过程中的社会基层治理理念萌生较早，曾提出打造志愿服务"三型四化四有"的杭州模式，目前社区志愿服务站的建站率是98%。但也要看到，包括杭州市在内，目前浙江省志愿服务队伍建设中还存在以下问题：

第一，公众甚至政府部门对志愿者身份定位或志愿服务职责存在误解。国家志愿服务条例有明确定义，志愿服务是无偿的。疫情防控期间曾出现的"万元高薪急聘志愿者"招聘海报是对多年来默默付出的志愿者们的一种误解和伤害。另外，卫健系统（如120急救调度室、核酸检测核心操作工序的岗位等）专业性较强的工作，不是短期培训可以胜任的，也不应该由志愿者承担。

第二，志愿服务队伍总量还需进一步动员扩大，从业人员激励和保障是关键。公益是无私的，但是整个行业的发展需要各方的政策支撑。不能要求每一个人倾尽所有，志愿服务队伍也需要关怀和激励。作为公益组织从业人员，可能获得的荣誉很多，但诸如劳模、五一公益奖章等较有影响力的荣誉中极少有社会组织的身影。还有部分志愿者（尤其是高校学生志愿者）面临安全问题和志愿服务对象提出的一些无理的、超出志愿者职责的要求，需要进一步考虑志愿者权益的保障。

第三，志愿服务队伍整体专业化程度不高，缺乏骨干人才、高端人才。目前我省大多数的志愿服务者虽然有实践工作的经验，但专业知识储备量不足，容易走向任务化和低水平重复的状态。同时，志愿团队的发展关键在于召集人或团队骨干人才。如果召集人或骨干的能量不足，团队很容易就消失了。此外，按照规定，公益机构的平均工资不能超过当地平均工资的2倍，导致公益组织难以吸引有充足项目资源或有筹款募款能力的高端人才。

第四，志愿服务信息化管理混乱，管理效率仍需提高。一方面，目前数字化志愿服务平台有很多，从全国层面的"志愿中国""中国志愿"、浙江省层面的"文明浙江"、杭州市层面的"文明斑马"到企业的"公益3小时"、杭州市党员的"西

湖先锋"，红十字会的"就在身边"等，这些 APP 的数据管理和评奖评优依据互不打通。一个志愿者参与服务要在五六个 APP 上签到，给志愿服务工作带来非常大的混乱和阻力。另一方面，许多志愿服务队伍的组成是学生或老人，没有专职人员跟专门的经费，如杭州市志愿者协会的 3 名专职工作人员对接管理着 373 万实名注册的志愿者、4.2 万个志愿者队伍以及大量项目，管理幅度过大，靠人工管理无法维持长期稳定发展。

第五，志愿者组织运营面临"水源"约束。在公益活动当中，经费就是"水源"。没有经费，就无法支撑项目和团队。从发展趋势来说，基金会未来要更多联动社区志愿者组织、大力发展社区基金会。但在当前社区基金会 200 万注册资金门槛的政策前提下，要全面铺开社区基金会，推动更多的志愿者参与到社区建设和社区治理中，就必须首先解决经费问题。

第六，留给志愿者组织参与社会治理的空间尚待增加。新冠疫情这类社会性的问题，是最考验社会组织、NGO 组织的。但实际上，在防疫抗疫过程中，各级政府对社会组织的定位仅仅是等待命令，比如超出正常体能范围、透支性地使用义工进行封控区域食品配送等。社会组织没有在社会治理过程中发挥出应有的作用。

三、关于开展志愿服务、助力社会治理的几点建议

共同富裕既包括经济的高质量发展，也包括文化文明的繁荣兴盛；既包括物质富裕，也包括精神富有。我省广泛有效开展志愿服务、助力社会治理，就要探索建设"全民踊跃参与，同时又保有长期动力的社会慈善系统和社会良好生态环境"，为志愿服务参与基层社会治理创造制度化的条件和保障。具体来说，提出以下几点建议：

第一，在党的引领下，相关干部要明确志愿者和志愿服务队伍功能定位，学习进一步用好志愿服务队伍。民心是最大的政治。志愿服务组织是为人民服务、为政府提供协助的，这一基本方向绝不能走偏，不能成为别人手中的剑。同时，政府部门和其他相关方人员也应对志愿服务有充分了解，进一步学会用好志愿者。如将志愿服务的内容纳入党校培训体系；或者在重大项目中参照 G20 志愿者培训的安排，设置专门针对用人单位的培训。

第二，完善多层次、广覆盖的志愿者嘉许回馈机制和表彰奖励制度，壮大志愿服务队伍，形成社会互助服务保障良性循环。一是建议将志愿服务的激励机

制纳入到社会信用体系建设,与各个群体的评奖评优挂钩;甚至可以在考研、考公中对于社会服务、志愿服务经历予以考虑。二是建议浙江省搭建全省统一的志愿服务"时间银行"。目前社会服务从业人员有"三多三少"的特征(老年人多、群众多、非专业人士多;年轻人少、党政人士少、专业人士少),义工大部分来自社会底层,收入也不高。"时间银行"可以在他们服务满一定时长的基础上,日后当他们需要服务的时候(年迈或其他原因需要帮助),由其他义工上门为他们服务,形成一个社会上人人都能互助服务的保障循环。

第三,在浙江省现有志愿服务的基础上,整合高素质且有意向的人才,将骨干人才和基层队伍有机结合起来,提升志愿服务队伍的整体素质。一是关注重点人群,如公务员群体普遍素质较高,可以鼓励退休公务员从事慈善事业,提升慈善社会组织的观感和社会地位;高校学生可以匹配对外语水平、计算机水平等要求较高的志愿服务项目。二是建立志愿服务培训的专业学院或常态化、全覆盖的培训课程体系,进行系统规范化培训,解决包括志愿者概念等基本认知在内的通识培训。三是浙江省项目化的志愿服务做得非常好,可通过项目化方式带动队伍的专业化建设。同时,将已有的品牌项目打磨成可学习、可复制的标准化方案进行推广,避免反复探索的资源浪费。

第四,推动志愿服务平台的整合和创新,提高志愿服务信息化管理效率。建议首先在浙江省级层面统筹梳理统一的志愿服务数字化平台,打通数据管理,让志愿服务能够真正活起来、跑起来。进一步地,可由政府层面统筹协调,优化志愿服务的供给方和受众的链接渠道,在志愿服务中实现人和人、人和资源、人和项目、人和制度的有效配置。

第五,培养枢纽型、链接型的基金会,帮助解决志愿服务项目的"水源"问题。如微笑明天基金会通过赋能有潜力的社会组织、有项目创新(爱的抱抱、梦想改造家等)的义工协会等,解决其经费痛点问题。2020年和2021年微笑明天基金会分别帮助相关社会组织募款2.1亿元和1.6亿元。

第六,提升志愿者组织在参与基层治理方面的话语权。有话语权才有影响力。志愿服务可以很好地发现社会中的一些问题,看到老百姓真正的需要。政策层层下达后,社会组织能执行"最后一厘米",直接惠及老百姓。从公交让行到杭州的"礼让斑马线"、龙翔桥的"最美人墙"等,都是社会组织通过"小事"参与社会治理的例子,也形成了一张张城市金名片。

对比国内外先进经验 全面开展个人碳账户 试点工作 推进我省共同富裕示范区建设①

2022 年 3 月 5 日,全国两会首场"部长通道"上,国家发展和改革委员会主任何立峰表示,中国不搞"碳冲锋",也不搞运动式"减碳",将有力有序有效地推进"双碳"工作。积极开展个人碳账户试点能使民众形成低碳观念,为双碳深化改革奠定群众基础,对日后工农业碳账户的推出起到先导作用。同时,在个人碳账户基础上实行居民碳票交易机制,还有助于浙江省共同富裕示范区建设。

一、国内外个人碳账户发展经验

个人碳账户主要用于归集、量化和评价居民日常生活消费过程中的低碳减碳成果,系统经过核算后,以碳积分的形式予以激励。其同银行账户一般,不过存储的不是钱币,而是碳减排量。目前国内外对于个人碳账户的试点大体持积极态度,且取得了一定成果。如美国的个人碳账户平台 ACR 深耕碳账户平台多年,在激励民众低碳生活的同时,也推动了国际碳市场标准的创新变革。再比如北京推出的 MaaS 平台碳普惠活动吸引了 1700 余万人次参与,累计碳减排 5.3 万余吨。此外,国内目前试点个人碳账户模式大多为政府与互联网平台合作,利用较为成熟的平台条件以及黏性较高的用户群体来确保政策试点的有效性和可持续性。其中比较突出的就有深圳与腾讯合作的"低碳星球"和北京与高德地图、百度地图的合作等。

---

① 本文作者金雪军、刘建和、章宇康,最初于 2022 年 8 月 4 日发布在《公共政策内参》第 22968 期。

1. 国外个人碳账户项目

在英国、美国、加拿大等发达国家，早就诞生了"碳税""碳交易"等概念，个人碳账户的试点也较早，运作体系较为成熟。但国外个人碳账户平台多为慈善公益性质，官方直接出台的相关政策较少。

美国方面，1996 年，洛克菲勒旗下环境资源信托（ERT）成立美国碳登记（American Carbon Registry，ACR），是世界上第一个私营自愿碳抵消项目。2012 年 12 月以来，ACR 一直作为加州总量管制与交易计划（California Cap-and-Trade Program）的核准补偿项目登记处（OPR）运作，这是美国第一个全经济范围的总量管制与交易计划。ACR 利用市场力量来推进个人碳账户的落地，并推动国际碳市场标准的创新变革。

英国方面，2017 年 10 月，威尔士议会通过决议，对个人碳账户试点是否可行以及具体效益进行实地探究，并积极考虑实行"碳信用"的个人限额。该计划可能采取碳信用卡的形式，将为使用低于个人排放权的个人提供一定财政激励，且剩余的碳信用额度都可以在碳市场上交易。

2. 国内个人碳账户政策

北京方面，2020 年 9 月，北京市交通委员会、北京市生态环境局联合高德地图、百度地图共同启动"MaaS 出行绿动全城"行动，鼓励市民参与绿色出行。2021 年 9 月，高德地图和北京市政路桥建材集团有限公司就碳普惠活动产生的 1.5 万吨碳减排量达成交易意向，完成了将个人低碳行为转化为物质和精神激励的全球首次市场化交易。2022 年 1 月 25 日，北京市交通工作会提出，探索研究个人碳账户。会上提出，要以强化绿色交通吸引力、竞争力为媒介，助推私家车出行向绿色集约出行转换，并以碳普惠激励来培养公众绿色出行理念。

广东方面，2015 年 7 月出台的《广东省碳普惠制试点工作实施方案》提出要建设全省统一的碳普惠制推广平台。该平台通过"低碳活动"和"碳币兑换"的方式，将个人低碳行为和平台连接起来，达到宣传和推广低碳理念的作用。2021 年 12 月，深圳市生态环境局、深圳排放权交易所与腾讯共同出品了"低碳星球"小程序，开始试点个人碳账户。

其他省区市也进行了积极试点。例如，四川省早在 2019 年便连同"早点星球"环保积分平台推出了个人碳账户，并在 2021 年 5 月，正式上线"碳惠天府"绿色公益小程序。此外，还有天津市的"津碳行"、湖北省武汉市的"碳碳星球"、云南省昆明市的"昆明低碳积分"等微信小程序。

二、我省发展个人碳账户的优势

我省发展个人碳账户的优势主要在三个方面：

其一，硬件和数据采集相关配套优势。《中国城市数字治理报告（2020）》中提及我省杭州数字治理指数位居全国第一。自 2016 年杭州市在全国率先提出并开始建设城市大脑以来，已经形成了大数据、云计算、区块链、人工智能等前沿技术共同作用、治理能力现代化的城市架构。这对于解决个人碳排放数据的采集计算等问题具有重大意义。且 2019 年推出的浙里办平台拥有较为成熟的平台运作体系和政府公信力背书，能够很好地兼容个人碳账户试点。

其二，非营利组织试点的经验优势。总部位于我省的阿里巴巴集团早于 2016 年便上线了非营利性质的蚂蚁森林，目前已有超过 5.5 亿用户参与该项目，对于低碳数据的收集与记录积累了丰富的经验，并为个人减排基准线的设定、减排量的合理计算奠定了良好基础。2018 年蚂蚁金服与中国北京环境交易所（CBEEX）合作，研发出一套算法，目前涵盖网络购票、生活缴费、预约挂号、ETC 缴费、步行、线下支付和电子发票等活动，使得个人低碳数据的采集更为精准全面。笔者认为，我省的个人碳账户试点可借鉴兄弟省市政府与互联网平台的合作模式，与拥有丰富经验的"蚂蚁森林"项目在运作模式以及数据算法上开展多方面深度合作，减少试点初期所遇阻力。

其三，地方政府开展试点的经验优势。自 2018 年以来，衢州在我省率先开展"个人碳账户"试点，从节约纸张、用电用水等 18 类日常场景折算个人绿色行为节省的碳排放量，并通过累积的个人碳账户积分来兑换奖励。此外，近年来衢州借力数字化改革，牵头全市各金融机构开展"个人碳账户"建设工作，合力推动个人碳账户在金融场景应用领域创新。当地创新建立了信贷"绿名单"管理制度，在客户贷款、定制化金融产品、提升授信额度、降低贷款利率等方面进行先行试验，为金融支持双碳目标提供了新的实践样本。笔者认为，我省对于个人碳账户的试点可以借鉴"衢州经验"，并对其中的金融创新进行采纳吸收，不断拓展丰富个人碳账户的跨场景应用。

三、几点建议

为推动我省共同富裕示范区建设，在借鉴国内外个人碳账户试点发展经

验、发挥我省现有优势的基础上,笔者对未来我省全面推广个人碳账户试点提出以下建议:

1. 平台运营机制精细化管理

运营机制的好坏一定程度上决定了该平台能否健康运作,且平台内容的好坏也深刻影响了用户体验。建议:一是,深度调研省内各地区的发展情况以及民众消费水平,并总结现有平台所推出的激励机制以及运营情况的经验教训,做到因地制宜,兼容并包,进一步完善奖惩机制。二是,个人"碳账户"平台目前多为非盈利模式,建议政府提供一定的资金保障,用于大数据平台的维护与优化、个人碳交易的宣传与推广、大众碳排放相关信息的获取等等,以确保平台平稳运行。三是,加强信息安全监管,制定科学规范的方法,防范数据二次利用和个人信息过度披露所带来的隐私被侵犯的风险。

2. 加大数据采集配套软件开发以及硬件设施建设

当前国内外均无大规模个人碳减排数据采集的统一标准,且低碳行为的记录与数据收集也对硬件配置提出要求。建议:一是,制订统一的个人碳足迹核算标准,建立和编制社区层面基于消费的温室气体排放清单、固碳释氧生态价值评估标准等,为引导个人低碳生活方式提供数据支撑。二是,建立碳排放评估制度,依据家庭或个人碳排放数据,区分贡献、达标、未达标、破坏等不同挡位,既为个人根据自身情况采取碳中和行动提供科学依据,也为个人碳排放额度的交易转让提供可能。三是,建立生活消费品碳足迹标识制度,探索将消费品生产端碳排放量,以及产品销售端和消费环节碳排放计入产品碳标签,标明生活消费品碳排放量高低。

3. 借鉴各地先进经验,逐步建立全省综合性个人碳账户体系

碳账户建设是一个系统性、整体性的项目,我省应适当扬弃目前国内外先行试点地区的经验教训,开发出我省特色的个人碳账户。建议:一是,借鉴国内政府与平台企业合作模式,与省内互联网巨头阿里巴巴开展合作,包括但不限于吸收"蚂蚁森林"项目运作模式的经验教训,连同阿里云制定数据算法规范等等,以期减少试点初期所遇阻力。二是,基于"衢州经验",定位政府在个人碳账户试点中应当扮演的角色,并探究衢州地区创新推出的金融信贷与个人碳账户连结的可行性,举一反三,不断拓展个人碳账户的跨场景应用。三是,加强理论研究与实地考察,并明确不同层级部门的关系,在全省形成一个完整的碳账户政策体系。

4.实行居民碳票机制,利用碳票交易推动共同富裕

为使碳达峰碳中和实现路径扩展至居民消费领域,引导居民低碳化生活,使居民享受低碳生活红利。建议:一是,实行居民碳票机制,通过赋予居民标准化的碳票,使居民消费时需考虑碳票预算约束,引导居民低碳消费;二是,将居民碳票与个人碳账户对接,完善碳账户的金融功能,同时扩展个人碳账户中低碳数据的采集维度,丰富碳票的应用场景;三是,建立居民碳票交易市场,使碳票成为一项具有市场价值的流动性资源,通过市场机制,使低碳排放的个人和家庭享受低碳生活红利,实现区域及家庭的转移支付,推动浙江省共同富裕示范区高质量发展建设。

打造适应新时期的更高版本就业与保障政策①

　　我国居民收入差距持续在高位徘徊,根本原因在于增长方式和分配机制。近年来,我国采取了一系列措施,"提低"已有成效,但"扩中"进展相对缓慢。"扩中"进展不大的主要原因在于不均衡的收入增长,其中两大力量起着主导作用:一是经济资源和财产存量的市场化,使居民收入差距随着资产性和财产性收入的增加而持续扩大。二是劳动力市场二元结构造成的劳动要素相对地位差异,使劳动者工资差距持续扩大。在上述过程中,既缺少人力资本又缺少制度保护的农民工、新业态从业者等人口学中间群体成为双重弱势群体。

　　改善就业与分配格局必须在"扩中"和提高分配"参与性"上下功夫,并落实到解决中间群体的就业和保障问题上。因为对中间群体来说,最主要的收入就是工资收入。解决途径在于畅通中低收入人群向上流动通道,以扩大社会性流动的方式,把人口学意义上的中间群体转化为经济学意义上的中等收入群体。

一、解决农民工职后培训问题,阻断资源配置向低效率方向移动

　　第一个值得关注且与人口变化趋势相关的中间群体是进城农民工。近年来,我省劳动者工资加速提高,农民工是主要的受益群体。但由于不能均等地享受城市的教育、社保、医疗等公共服务,未完成市民化的农民工无法形成在城市工作的稳定预期。很多农民工在40岁以后就有较强的返乡意愿,在具有很强就业能力时就退出城市劳动力市场。虽然返乡后,他们仍然处于就业状态,

　　①　本文作者金雪军、朱玉成,最初于2022年8月8日发布在《公共政策内参》第22970期。

但是从生产率较高的工业部门回归到生产率较低的农业部门,意味着资源配置效率和全要素生产率的倒退。这种"逆库兹涅茨化"现象,不仅减少了劳动力有效供给,更降低了资源配置效率。这不是我们改革的初衷,因此需要加以调整,避免这种情况进一步发展。

我省应着力解决城镇常住人口中进城农民工的就业问题,通过拓宽已过学龄人口的职后培训途径,重塑"人口质量红利"。

当前我省农民工分年龄段的受教育年限最好的是 9 年多,而第二产业资本密集型岗位所需的受教育年限接近 11 年,第三产业技术密集型岗位则超过 13 年,我省受教育最好年龄段的农民工群体也不能满足这一要求。这些人力资本短板造成了实际的劳动力供给问题和就业难点。所以当我们在讲劳动力市场转型的时候,其实最重要的是如何帮助弱势劳动者提高竞争力和适应性。

农民工群体要适应产业结构转型,主要靠接受培训,特别是在职培训。第一,在雇佣关系不稳定的情况下,农民工不断跳槽或返乡,就会降低接受培训的意愿,企业也不愿为之支付培训费用。这时就迫切需要建立一种相对稳定的雇佣关系。归根结底,这有赖于户籍制度改革。第二,由政府、企业和行业协会推动的职业培训计划能够直接瞄准现有技能短缺,显著提升劳动者技能。在这个系统中,以企业为主体的中级技能培训体系至关重要。如果我们能通过免税和财政补助等途径,鼓励工会和行业协会设立职业培训中心,推动企业完善中级技能培训体系,解决好七八成农民工的技能培训问题,则未来人口红利的拓展空间仍很大。

二、解决弱势劳动群体保障问题,在社会层面进行普惠性兜底

另一个占人口大多数的中间群体是中小微企业中的普通劳动者和城镇低收入群体。新一轮科技与产业革命对劳动者就业的影响具有双重效应:一是"挤出效应",即在生产性领域减少直接用工,甚至完全实现"机器换人";二是"补偿效应",即在破坏掉一些过时、低生产率旧岗位的同时,也创造出一些新的、更高质量的新岗位。然而,新创造的岗位虽然质量更高,但是数量不一定多,而且新旧岗位对应的人力资本和技能需求是不一样的。所以,尽管出现了新的、更高质量的岗位,但被技术替代的劳动者与有能力获得新岗位的劳动者不是同一批人。在大多数情况下,被制造业淘汰的劳动者不会回到农村,因为

农村的劳动生产率太低了，工资也低。这些人大多流动到了第三产业。但不是去高附加值的部门，而是去了服务业，尤其是生活服务业。生活服务业劳动生产率低，但不得不接受大量从制造业排挤出来的劳动力，结果导致整体劳动生产率和相对工资水平进一步下降。这些技术性失业者因熊彼特式的"创造性破坏"失去了原有的就业空间，被困于劳动力"内卷化"和低收入陷阱之中。

劳动力的重新配置需要政府在制度层面给予社会托底，对普通劳动者和城镇低收入群体进行普惠性保护。虽然科技与产业革命具有"创造性破坏"的特质，但这并不意味着对被淘汰的弱势劳动者采取"自生自灭"的态度。熊彼特过程可以破坏企业，但不能破坏"人"。政府不应保护过剩产能和"僵尸"企业，也不必保护已淘汰的就业岗位，而只需要保护人本身。

第一，可组建由人社、工商、发改委、市场监管、法院等多部门组成的权益保障委员会。由权益保障委员会牵头工会、行业协会与企业协商制订约束劳资双方的行业规范，重点就权利责任约定、工作时长限制、劳动定额标准、社会保障缴费等内容开展集体协商，并推动企业签订劳动用工倡议书或行业公约，从整体上提升弱势劳动群体劳动条件和待遇。

第二，人社部门可针对重点领域、重点行业制订劳动力开发指导目录和路线图，并利用人才市场、社保等大数据信息加强就业形势监测预警，防范规模性失业风险。

此外，除了受疫情直接影响的餐饮、旅游、影视等行业外，对因政策和产业变革导致的失业风险也须加以重视。例如针对教培行业规范调整、房地产行业转型等问题，都需要针对性地加强就业预测和失业预警，防范因行业内大规模失业继而发展成规模性失业的风险。

三、解决新业态从业者社保问题，打通全员参保"最后一公里"

另外一个特别值得关注且与人口变化趋势相关的中间群体是新就业形态从业者。伴随着新科技、新经济、新业态的迅猛发展，传统的、工厂时代那种强调建立稳定用工关系的劳动群体占比缩小，独立于固定单位之外的、依托互联网平台参与灵活就业的新业态从业者数量急剧增加。新就业形态通过"去劳动关系化"改变了传统用工关系中的"强保障、强从属"特征，通过"弱保障、弱从属"实现了劳动关系的灵活化。与此同时，由于劳动关系灵活、劳动保障薄弱，新就业形态也暴露出社会保障资格"缺位"、劳动诉求缺乏集体协商机制、劳动监察和仲裁难以有效覆盖等一系列问题。

当前,我省仍有相当一部分新业态从业者游离于社会保障的保护范畴之外,成为尚未全员参保的最后小部分群体和"最后一公里",这就需要政府加快制订针对新业态从业者的就业保障政策。第一,调整"有劳动关系才社保"的政策思路,填补劳动关系政策"短板"。社保关系的建立应以是否缴费为核心标准,要突破将劳动关系作为社保门槛的制度约束。也就是说,社保关系的建立需要"去劳动关系化"。第二,遵循"低准入、低享受"的原则,按照"工伤—医疗—养老—失业保险"的顺序,"先统筹纳入、后完善提升"。在险种选择方面,相较于固定劳动关系中单位缴费率较高、五险齐全的"强保障",新业态从业者的社会保障可适当缩减,即主要定位于"托底"保障。根据需求迫切程度,先抓与职业安全密切相关的工伤保险,再抓带有个人账户的医疗和养老保险,然后再扩展至其余项目。第三,可采用国际劳工组织的"三方机制"吸纳模式,破解社保费用支付主体"缺位"的问题。可按照"最强管控风险主体负责"和"谁制造职业风险谁负责"原则,由主要用工方、从业者和政府三方共同承担社会保障费用。无论何种劳动用工关系,都可以找到对应的主要三方;与之相联系,不论是劳务派遣公司还是劳动用工企业,总会有一个相应的企业方用工主体。在锁定三方用工主体后,就可以划分出不同档次的缴费比例和缴费区间,供不同主体根据具体情况选择。

借鉴广东高等教育发展经验 推动我省高校建设①

　　现今浙江省仅有一所,985、211 类高校三所"双一流"类高等学校,经济水平与高等教育发展程度存在明显的失衡。2021 年 11 月 30 日公布的 2020 年全国教育经费执行情况统计公告显示,浙江省普通高等学校生均一般公共预算教育经费为 24756.22 元,在全国各省份排名中位列第九,低于我省经济实力排名。中央全面深化改革委员会第二十三次会议中提到,要牢牢抓住人才培养这个关键,坚持服务国家战略需求,为加快建设世界重要人才中心和创新高地提供有力支撑。而浙江省作为共同富裕示范区,着力"两个先行",人才培养对于促进经济高质量发展起着重要作用。因此有必要借鉴广东等地高校建设经验,进一步推动我省高等教育发展,填补高端创新人才的紧缺性。

一、浙江省与广东省高等教育事业发展对比

　　广东省经济实力位居全国各省份第一位,也仅有 4 所 985、211 类高校、5 所双一流大学、18 个一流学科。正因如此,广东省近年来依托区位优势,投入巨额教育经费,加快高校建设。

　　广东省新建高校主要分为自主建设和合作办学两大类,尤其以合作办学居多。在自主建设方面,主要有广州交通大学、东莞的大湾区大学、佛山城市大学、中山科技大学等新建高校。合作办学主要通过两个途径,港澳合作办学和内地高校合作办学。香港科技大学(广州)、香港城市大学(东莞)、香港公开大

---

　　① 本文作者金雪军、刘建和、张笑晓、章宇康,最初于 2022 年 8 月 25 日发布在《公共政策内参》第 22978 期。

学(肇庆)、香港理工大学(佛山)、香港大学深圳校区、澳门科技大学珠海校区等港澳合作办学的高校正在筹备或建设；中国科学院大学广州学院、中科院深圳理工大学等则是与内地高校合作办学的模式。

不仅如此，广东省巨额教育经费投入成效显著。其中以深圳大学和南方科技大学这两所"双非"大学最为明显。2021年深圳大学经费预算高达75.3亿元，在全国地方性高校中排名第一，深圳大学在2022年度泰晤士高等教育世界大学排行榜中的排名继续大幅提升。南方科技大学的发展也与大量经费投入密不可分。早在2017年，南科大的生均教育经费便已高达37万元，分别是清华大学和北京大学的6倍和7倍；2021年的生均教育经费超过70万，稳居全国第一。事实上，深圳市的高等教育仍处于超常规发展期。2011年以来，深圳几乎以一年一所的速度新建高校。根据深圳市教育局的数据，到2022年，深圳已有15所普通高校，还有深圳海洋大学、深圳理工大学、深圳音乐学院和香港大学(深圳)等高校正在筹建中。

对比广东和浙江两省在高等教育事业上的投入经费和高校建设成就(如表1)，可以发现我省在高等教育事业建设方面仍存在一定的不足。

1.我省教育经费投入总量在规模、比例和增长幅度均偏小

2020年广东省的一般公共预算教育经费和增长率分别为3537.82亿元与9.95%，而浙江省仅为1879.7亿元和6.92%；广东省一般公共预算教育经费占一般公共预算支出比例高达20.3%，而浙江省为18.64%；广东省2020年普通高等学校生均一般公共预算教育经费增长率为1.61%，浙江省仅为-5.32%。此外，广东省和浙江省的普通高等学校生均一般公共预算教育经费分别为36894.01元和24756.22元，广东省位列全国第五位，而浙江省仅列全国第九位。

表1　浙江与广东两省高等教育事业对比

指标	浙江	广东
一般公共预算教育经费(亿元)	1879.70 (排名第四)	3537.82 (全国排名第一)
一般公共预算教育经费增长率(%)	6.92 (排名第八)	9.95 (排名第四)
一般公共预算教育经费 占一般公共预算支出比例(%)	18.64 (排名第五)	20.3 (排名第二)
普通高等学校 生均一般公共预算教育经费(元)	24756.22 (排名第九)	36894.01 (排名第五)

续 表

指标	浙江	广东
普通高等学校生均一般公共预算教育经费增长率(%)	−5.32（排名二十五）	1.61（排名十一）
普通高等学校数量(家)	109	154
2020—2021年大学教育地区竞争力排名	7	5

注:表中排名为全国数据;数据来自《关于2020年全国教育经费执行情况统计公告》和《2020—2021年大学教育地区竞争力排行榜》。

2.我省高等教育规模与经济水平不匹配,人才培养体系与办学方式滞后

除去浙江大学等个别高校以外,我省高校普遍存在规模扩张受限问题,并进一步限制了人才培养、学科升级以及跨学科综合研究。根据2020年教育事业统计公报,广东省2020年高等教育在学人数为378.39万人,研究生在学人数为15.47万;而我省高等教育在学人数仅为125.883万人,研究生在学人数为11万,与广东省有着明显差距。浙江省作为经济大省,人才需求多样,扩张高校规模、提升人才的数量和质量既是打通教育产业良性循环的关键,也是配套当前产业升级政策的重要一环。

3.我省高等院校数量少,学科分布不合理

浙江省仅有一所"985"高校,"双一流"工程高校仅三所,浙江大学一枝独秀的局面仍未有改变。广东省普通高等学校数量达到154家,而且仍在不断建设之中。其中深圳市早在2000年便率先开始了与清华大学、北京大学和哈尔滨工业大学等名校合作。而我省普通高等学校数量仅有109家。高校数量和相关专业的分布决定了人才培养的规模大小和产业体系的构建,也影响地区的教育竞争力排名。2020年至2021年,广东省教育竞争力排名全国第五,而我省仅排名第七。

二、几点建议

作为经济强省,浙江省的经济实力排名一直是全国省份第四位,但高等教育规模小、一流高校数量少等问题影响我省经济高质量发展。笔者为促进我省高等教育事业发展,提出以下几点建议:

1.以提高教育质量为导向,提高省属高校的教育投入

根据浙江省2020年财政总决算报告和省级财政决算草案的报告,2020年

浙江省安排 29.45 亿元支持国家"双一流"高校、国家"双高"院校、省重点高校和省一流学科建设等。除了继续增加经费上的投入,更要强化配套政策、资源与理念。建议:(1)逐步提高对高等教育投入和占公共预算支出比例,既要体现在学校基础设备、教学资源上的投入,也要提高科研经费以及人才引进待遇,注重提高生均经费;(2)积极实施浙江省高校海外英才集聚计划和高校人才政策,吸引海内外青年优秀人才来浙工作。在推行"浙江省高校领军人才培养计划"的基础上,从本地高校选拔高层次拔尖人才,创建高水平教学科研团队,加速我省产学研一体化体系的形成;(3)拓宽高等教育投入渠道,鼓励企业、公众人物、华人华侨、校友等对高校进行捐资助学,并建立相应高等学校教育基金会,对于筹措资金进行统一管理。

2.拓展高等教育规模,深化人才培养体系改革

我省在推进经济转型与产业升级的过程中,对于人才的数量和质量的要求势必日渐提升,高等教育规模的扩张将是打通产业升级良性循环的关键。而引进优秀师资力量能有效缓解高校扩展缺口,提升专业人才培养水平。建议:(1)加强高校学科专业布点的宏观调控,使省属重点高校能够对标"双一流"标准,将高校建设纳入当地发展规划,明确高校建设的指标和重点;(2)积极推动高校间的帮扶合作,充分发挥浙江大学的旗舰作用,与其他高校合作办学、协同发展,促进高校资源共享;(3)改革人才培养模式,加强高校创新创业教育,培育一大批创新创业骨干人才,以适应我省经济环境,加速产业转型升级。

3.提升高等院校数量,合理规划学科分布

高校数量和专业的合理分布深刻影响着地区教育竞争力排名,更决定了人才培养的规模大小和产业体系的构建。建议:(1)对于一些教学实力强的专科高校或者独立学院,通过吸纳、重组、再建等方式,考虑将此类学校转设为本科学校。践行高等教育国际化,引进国外先进教学经验;(2)依托我省区位与经济发展优势,结合全国各省市高等教育资源,鼓励建设一批高等院校。加强省域政府间合作,推动省内外高校合作,建设高等教育资源共享平台;(3)建设一批校企合办高校,促进高校和企业协同育人,建立健全"双对接、双促进"机制,强化教育链、人才链与产业链、创新链的有机衔接,促进传统产业转型升级和高校办学实力的提升。

社会组织(慈善基金会)参与社会治理^①

一、慈善基金会参与社会治理的独特性

目前我国对于慈善组织的具体类型尚未明确,但法定类型主要分为社会团体、基金会和民办非企业单位三类。区别于其他慈善组织类型,慈善基金会在利他性和自愿性的基础上,还具有统筹性、先导性、综合性、开放性的特质,继而在深化"三治融合"、推进社会治理现代化中发挥着重要的支持作用。

首先,慈善基金会作为枢纽型社会组织,需要系统筹措以保障政府、社会组织、受益人等多方的合作共赢。区别于执行层的社会组织,慈善基金会往往直接掌握大量资产与项目,并主要负责资源整合与系统配置,发挥着承上启下的作用。例如,马云基金会与教育部签订了师范协同提质计划,并与72所师范院校实现对接,从而搭建了政府、慈善基金会、基层师范大学三方交流和管理平台。而恩宝公益基金会在落实"幸福家园"社区支持计划过程中,一方面,依据政策方针,选取了山区26县部分社区形成示范;另一方面,通过构建标准与理论体系支持一批社会组织参与运作,有效地实现了慈善基金会、运作型社会组织、基层受益方结伴成长。

其次,慈善基金会对社会的经济变化更为敏锐,在响应国家政策方向、引导社会组织参与社会治理上具有重要的先导作用。例如,浙江恩宝公益基金会将目标定位在浙江省范围内"再现幸福家园",与浙江省共同富裕示范区发展方向以及对未来社区治理的期望完全符合。此外,敦和基金会通过对疫情和金融形

———————————

① 本文作者金雪军、陈思瑾,最初于 2022 年 9 月 14 日发布在《公共政策内参》第 22985 期。

势变化的实地调研和系统评估后,将"弘扬传统文化,促人类和谐"组织使命拓展为文化和民生两大领域,紧紧围绕着浙江省共同富裕目标,开展弱有所扶、幼有所育、老有所养等相关项目。可以说,保持与时俱进和系统性思维是基金会可持续发展的支撑,对于引领社会组织参与社会治理具有重要的标杆意义。

再次,慈善基金会所掌握的资产规模和涉猎领域众多,故而战略目标设定与内部业务管理具有更高的综合性。例如,妇女儿童基金会虽然是以关注妇女和儿童权益与发展为主旨,但在实际操作过程中也涉及助老、助困、帮贫、富农等领域。又如马云基金会囊括了教育、环境保护、医疗健康、公益行业发展等多个领域;敦和基金会也聚焦于了文化和民生两大方向。由此可见,区别于一般社会组织,慈善基金会的战略目标范围更广,所接触项目方向多、内容杂,故而对于组织内部管理的综合水平也提出了更高的要求。

最后,慈善基金会具有鲜明的利他性和公益性,这要求慈善基金会之间也要形成信息和数据的良性交流与开放共享。近年来,通过论坛、沙龙等交流形式,慈善基金会之间不仅能够及时有效地把握各方信息,而且对于一些项目的成熟标准,慈善基金会会主动申请共同培训,从而实现了跨组织的项目联动,形成慈善生态,带动了社会治理整体绩效的提升。由此可见,开放合作是慈善基金会实现可持续发展、推进社会治理现代化的生命源泉。

二、慈善基金会的发展现状与存在问题

全国社会组织信用信息公示平台数据显示,截至 2022 年 7 月,全国的慈善基金会数量为 9120 家,其中合规基金会 8915 家。而浙江省民政厅社会组织管理局的数据显示,截至 5 月底,省内注册社会组织 72704 家,其中基金会 929家,在过程中被认定为"慈善组织"的基金会 813 家。这个数据在全国各省的慈善组织发展中名列前茅。但总体来看,当前浙江省慈善基金会发展过程中依旧存在着信息碎片化、项目单一化、过度企业化等问题。

第一,慈善基金会对于当前社会治理的整体需求和宏观战略目标缺少清晰的认知,对于社会治理需要慈善基金会做什么等信息的接收非常碎片化。例如,在参与乡村健康管理项目的过程中,慈善基金会操作方法主要是通过与村支书交流获取具体需求。但由于获取的信息大多是片面的、细枝末节的,因而在推进项目时,慈善基金会的运作更像是游击队,虽然应变灵活但综合能力不强,不仅加大了组织内部管理体系的构建难度,而且也阻断了组织之间的协同

和沟通能力。

第二,由于慈善基金会在注册时需要在四大类中进行选择登记,导致在实际工作中很多工作被捆住手脚,使得项目内容单一化。例如,锦江公益基金会在注册登记时选择的是助老、助学、赈灾等民生方向,当基金会针对老年人打桥牌的休闲需求而创设桥牌俱乐部时,却因桥牌属于体育运动,不属于该基金会的范畴被而要求整改,极大限制了慈善组织的项目拓展。此外,在助学项目上,当前社会已进入全面小康,然而按照注册要求,大多慈善基金会依旧只能承担兜底服务,难以回应新常态、新公益、新慈善的现实需求。

第三,当前绝大部分慈善基金会参与社会治理过程中难以平衡社会效益与经济绩效,致使组织内部结构和运作机制面临过度企业化的风险。由于我国慈善组织对政府拨款和补助依赖过强,致使正常社会慈善事业的募捐空间被挤占,存在普遍弱小、资金少、收入困难等问题。然而,企业化的发展路径虽然推进了慈善组织的社会化程度,提升了慈善项目的经济绩效,但将慈善募捐以商品买卖、投融资等营利方式运作,致使慈善基金会在人事管理、项目承接、资源募集、统筹协调的过程偏离了其非营利的公共属性。

三、构建慈善基金会参与社会治理的理论体系政策建议

"党建引领、操作规范、与时俱进、数字赋能、合作共赢"的慈善基金会运作模式,符合当前我国完善慈善基金会参与社会治理的现实需求,对于浙江省合法、精准、高效地开拓社会治理现代化新高地具有重要的战略意义。

首先,应充分发挥基层党组织的引领作用,强化政府与慈善基金会之间的信息沟通,保障社会组织能够准确把握国家精神和宏观动态。基层党组织是党和政府连接微观组织的重要桥梁。将基金会党建工作与基金会监事制度有机结合,不仅有利于引导依法开展慈善活动,发挥监督合力,还能够更好地发挥基层党组织的社会公益功能,弘扬社会正能量。在新时代"两新"组织党建工作的指引下,应重视慈善基金会内部的党支部建设,尽量保证党支部书记能够参与基金会的管理与治理事务,积极开展群团工作,监督基金会的项目运作,保障基金会的发展方向,推动基金会更好地实现公益使命,使慈善基金会在国家治理体系和治理能力现代化的进程中发挥更大的作用。

其次,应不断推进慈善法治融入社会治理体系,完善慈善监管制度、建立科学的评估指标体系与评估机制,细化具体操作规范。当前我国相关的法律法规

制度呈现碎片化、零散化现象,需要通过顶层设计进一步健全法律法规、完善相关制度来系统化解决。应适时出台《慈善组织管理法》,理顺慈善组织登记管理体制,提升立法层次,使慈善组织登记注册、业务开展、监督执法等规范化、法制化,增强慈善组织社会公信力;及时出台《慈善组织参与社会救助实施办法》,明确慈善组织参与社会救助的权益和职责,提升可操作性。

第三,应积极推动慈善基金会形成与时俱进和"顶天立地"的系统性思维,提升基金会的创新性和自主性,带动社会治理现代化。一方面,应加强对内部人员的理论与技能培训,并通过相关激励制度和保障措施留住人才。当前,很多地方慈善组织的工作人员被排除在国家的社会保障体系之外,户籍问题的解决更是望尘莫及。为了帮助慈善组织能够招募到优秀人才并保留人才,急需政府制定和完善相关社会福利与社会保障政策、人员编制制度、户籍制度、人才培训制度和志愿者的激励制度等。另一方面,也可以通过增进与高校和智库的交流学习,辅助慈善基金会的人才培育、项目设计、管理体系和绩效评估等环节,保障组织科学、可持续发展。

第四,应深入落实数字慈善建设,打造慈善事业发展新业态。随着网络技术和在线支付的发展完善,以网络、微博、手机微信为载体的在线捐赠迅速提升。数字慈善不仅有效地提高了慈善募集和救助能力,也提升了慈善组织运作的透明度和公信力。此外,探索创建以"共同富裕"为主旨的数字慈善品牌,针对大病救助、乡村振兴、希望工程、互助养老等慈善项目,吸纳更多慈善组织"上线",构建"云上慈善大脑",激发慈善基金会项目联动,打造社会治理现代化的慈善云生态。

最后,应主动推进慈善基金会之间的交流与合作,构建互联互通的慈善新生态。鉴于当前大多数慈善组织间缺乏协调合作与信息共享,从而出现某些救助对象被重复性救助,造成社会组织的资源和人力浪费,并间接缩小了社会救助覆盖面。因此,充分发挥政府部门的牵头作用,依托基层组织载体,整合社区综合服务设施,坚持社会工作专业化发展,搭建统一的慈善信息平台,通过救助资源与信息共享,建立和完善社会信任机制、信息共享机制、公共对话机制、公共承诺机制,释放和拓展慈善组织的自主性空间,提升慈善组织参与社会救助的积极性,实现优势互补,降低救助成本,提高救助效率。

关注地方国企债务违约 防范化解潜在金融风险[①]

  2022 年 4 月 22 日,武汉当代明诚文化体育集团"20 明诚 01"债券未按时兑付回售款和利息触发违约,随后"21 明诚 01"和"20 明诚 04"债券分别构成实质性违约和展期,再一次引发了人们对地方国企债务违约风险的担忧。作为国企三年改革行动的任务之一,化解国企债务风险需要引起高度重视。相较于非国有企业违约,国企违约会对债券市场造成更大冲击。以 2020 年永煤控股"20 永煤 SCP003"违约为例,这一事件直接导致了地方国企的境内债券和境外美元债价格大跌,甚至使得一级市场债券融资受阻,短期内超过 10 只债券取消发行。

  2022 年,我国共有 189 只债券发生实质性违约,合计债券余额为 962.45 亿元。与 2021 年 224 只债券违约、违约余额 2173.18 亿元相比,2022 年债券实质性违约在数量和规模上都有所下降。然而,2022 年,我国共有 168 只债券展期、合计展期金额为 2130.32 亿元。与 2021 年 54 只债券展期、展期余额 562.06 亿元相比,债券违约风险尚未缓和。风险企业大多通过债券展期的方式避免即时发生实质性违约,延缓了信用风险暴露,但后续债务偿还的情况仍不容乐观。以永煤控股为例,其发行的债券近三年连续发生多起展期,因此仍有必要高度关注地方国企信用债风险,避免债券展期情况下潜藏的债券违约风险。正是如此,笔者利用 Wind 数据库统计了 2022 年我国信用债违约数据,了解地方国企违约和展期情况,发现个别地区和个别行业值得警惕。

---

  ① 本文作者金雪军、刘建和、钱昱翰、温从乐,最初于 2023 年 3 月 17 日发布在《公共政策内参》第 231020 期。

一、国企违约现象

历史上国企的债务问题往往通过政府出面剥离重组等刚性兑付模式来解决。但自 2020 年以来,北大方正集团、华晨汽车、永煤控股等地方国有企业陆续出现债券违约,打破刚性兑付的"国企信仰"。2022 年我国债券市场有 2 只地方国有企业债券违约,5 只展期(如表 1),其中武汉当代明诚文化体育集团是 2022 年首次违约。

表 1　2022 年我国违约债券分布情况

企业性质	违约债券数	违约金额(亿元)	展期债券数	展期金额(亿元)
地方国有企业	2	5.30	5	36.74
民营企业	118	672.55	110	1626.56
公众企业	12	37.87	4	29.34
中外合资企业	4	30.00	16	132.49
外资企业	11	102.83	7	57.70
其他	46	150.51	26	262.49
合计	189	962.45	168	2130.32

同时,有 3 只债券发生实质性违约或展期,而永城煤电控股集团有限公司近三年已陆续发生了 13 起债券展期事件。可见在新冠疫情的持续影响下,原有债务困状仍未能得到有效缓解。而这几家地方国企分别属于文化体育、煤炭及房地产行业,显然这些行业受到疫情的冲击更为明显。而河南有两家煤炭行业地方国企出现展期情况,包括近三年债券连续展期的永煤控股。

二、国企潜在违约风险

从 2022 年违约债券行业分布分析,房地产行业是违约集中爆发的主要行业,一些房地产公司相继发生债券违约事件。2022 年我国债券市场上有 109 只房地产行业债券违约,涉及金额为 616 亿元,占市场总体违约金额的 64%,且有 102 只债券选择了展期,展期债券金额总计 1725.27 亿元。同时,通过分析 2022 年债项评级预警行业分布,笔者发现,债项评级预警更多集中于建筑业、房地产业及金融业,在评级调低债券中占比高达 63.46%(见表 2)。

表 2 2022 年债项评级预警行业分布

行业	评级调低	隐含评级调低	列入评级观察
建筑业	49	443	8
金融、保险业	19	456	7
综合类	21	350	9
房地产业	21	289	9
社会服务业	5	211	6
制造业	13	27	3
电力、煤气及水的生产和供应业	4	23	5
交通运输、仓储业	5	25	0
批发和零售贸易	5	10	1
信息技术业	1	10	1
采掘业	4	5	0
传播与文化产业	0	4	0
农、林、牧、渔业	0	1	0
合计	147	1854	49

受人口政策、经济环境、新冠疫情影响,房地产行业经营环境发生重大变化,存在系统性风险。房地产行业中大量民企甚至地方国企销售回款不及预期,现金流短缺从而发生债务违约。2022 年,有房地产行业国企债券发生违约,引发国内国外投资者对国企债务违约风险的担忧。因此,在新的经济形势下,要谨防处在房地产行业中的地方国企出现债券违约的情况。

三、地方政府债务问题

值得注意的是,部分违约企业所在地区财政收支状况并不乐观,存在财政收支较低或债务负担较高等问题。同时,国民生产总值和财政收入较低这一原因也可能会影响到地方政府对当地地方国企救助的意愿。为此,笔者进一步分析各省、自治区和直辖市地方债务余额,警惕防范地方国企债务潜在违约风险可能(见表 3)。

表 3　省、自治区、直辖市地方债务余额及负债率

地区	GDP	债券余额总计（亿元）	公共财政收入	公共财政支出	财政收入/财政支出	债务负担（%）	财政自给率（%）
青海	3,346.63	3,014.92	328.76	1,854.52	0.18	92.78	17.73
天津	15,695.05	8,641.80	2,141.06	3,152.55	0.68	77.73	67.92
贵州	19,586.42	12,424.78	1,969.39	5,590.15	0.35	77.34	35.23
甘肃	10,243.31	6,001.98	1,001.86	4,032.56	0.25	64.84	24.84
新疆	15,983.65	8,912.53	1,618.60	5,401.95	0.30	64.02	29.96
吉林	13,235.52	7,112.22	1,144.00	3,696.80	0.31	61.69	30.95
重庆	27,894.02	10,012.57	2,285.45	4,835.11	0.47	57.76	47.27
江西	29,619.67	10,805.55	2,812.30	6,778.50	0.41	56.88	41.49
海南	6,475.20	3,387.66	921.16	1,982.84	0.46	54.52	46.46
浙江	73,515.76	20,162.13	8,262.64	11,014.59	0.75	53.11	75.02
湖南	46,063.09	15,371.73	3,250.70	8,364.80	0.39.	50.80	38.86
四川	53,850.79	17,665.63	4,773.15	11,215.69	0.43	50.63	42.56
黑龙江	14,879.19	7,202.63	1,300.51	5,104.81	0.25	50.14	25.48
云南	27,146.76	12,055.02	2,278.29	6,634.36	0.34	48.73	34.34
宁夏	4,522.31	1,969.93	460.01	1,428.29	0.32	48.16	32.21
广西	24,740.86	9,595.63	1,800.12	5,810.20	0.31	47.12	30.98
内蒙古	20,514.19	9,328.74	2,349.95	5,239.57	0.45	46.04	44.85
河北	40,391.27.	15,645.61	4,167.62	8,848.21	0.47	42.94	47.10
安徽	42,959.18	13,217.29	3,498.14	7,592.14	0.46	42.47	46.08
陕西	29,800.98	9,687.72	2,775.42	6,069.22	0.46	42.38	45.73
山东	83,095.90	23,535.25	7,284.46	11,713.16	0.62	42.14	62.19
江苏	116,364.20	20,678.34	10,015.16	14,585.26	0.69	41.61	68.67
湖北	50,012.94	13,837.60	3,283.30	7,937.28	0.41	40.7	41.37
辽宁	27,584.08	10,896.96	2,765.59	5,901.30	0.47	40.58	46.86
西藏	2,080.17	565.26	215.62	2,027.01	0.11	37.53	10.64
福建	48,810.36	11,885.35	6,989.98	5,210.92	1.34	32.55	134.14

续　表

地区	GDP	债券余额总计（亿元）	公共财政收入	公共财政支出	财政收入/财政支出	债务负担（%）	财政自给率（%）
山西	22,590.16	6,258.50	2,834.60	5,048.10	0.56	32.16	56.15
河南	58,887.41	15,071.70	4,353.92	9,784.29	0.44	32.12	44.50
北京	40,269.55	10,550.17	5,932.31	7,205.12	0.82	30.63	82.33
上海	43,214.85	8,537.30	7,771.80	8,430.90	0.92	24.67	92.18
广东	124,369.67	24,770.88	14,103.43	18,222.73	0.77	23.58	77.39

青海、天津、贵州、甘肃、新疆债务负担位居前五，其地方政府债务风险需要警惕（如表3）。其中，青海的公共财政收入仅300余亿元，财政收支比也位列各地区最低，潜在债务风险明显。笔者在调查2022年债券主体评级变化的过程中还发现，64家地方国企评级被下调，其中有27家来自贵州。因此在贵州债务负担严重的背景下，尤其需要注意地方国企债务违约。

除此之外，由于信用债的违约已经扩展到了地方国有企业，凸显了地方财政紧张使得信用资产存在较大风险。债务负担高于50%而且财政自给率较低的省市自治区需要重点关注，因为一旦这些地区出现地方国企债务违约，地方政府能提供的帮助可能有限。

表 4　信用债券违约率较高的省份

地区	债券违约数量	违约债券余额（亿元）	余额违约率（%）	发行人个数违约比率（%）
海南	30	353.69	56.91	40.91
辽宁	52	454.39	23.20	13.89
青海	4	64.74	17.06	11.76
河北	50	687.29	15.87	9.71
宁夏	10	35.11	13.36	28.57
内蒙古	7	43.75	12.39	19.23
西藏	3	53.50	8.22	13.33
黑龙江	11	38.24	5.02	18.18
山西	22	233.20	4.10	2.70
福建	55	510.70	3.64	6.03

尽管新冠疫情对国民经济的影响日益减弱,但仍应重视在后疫情时代地方政府的财政难题和债券违约情况。由表4可知,海南、辽宁、河北、辽宁、青海这五个省份债券违约率依然处于历史高位。其中,海南省当前债务余额为3387.66亿元,较年初增加554.76亿元,当前违约债券余额353.69亿元,余额违约率56.91%,比年初上升21.80%,其违约率在各省级地区中均位列第一。同时,青海省负债率和财政自给率分别为944.45%和17.73%,均大幅落后于其他省级地区,违约率也达到了17.06%,在各省级地区中位列第三。因此,在政府资金运用能力有限的情况下,需要特别警惕高违约率和低财政自给率地区的潜在信用风险。

四、几点建议

1. 过去政府常常为国企信用进行强有力背书,刚性兑付让投资者错误地将国企债券等同于无风险债券。因此,建议降低地方政府对地方国企的隐性担保,在风险可控的前提下发挥债券市场定价作用,打破刚性兑付,合理确定风险溢价。同时加强投资者教育,使得投资者合理匹配风险收益,对自身投资决策负责。

2. 目前虽然尚未出现大规模地方国企违约现象,但房地产行业经营环境已发生重大变化。在保交付、稳楼市政策背景下,债券大规模展期可能潜藏着严重信用风险,相关行业地方国企仍存在后续债券违约隐患。因此,建议排查信用债及其相关主体,考量信用主体偿债能力,对净利润水平低、资产负债率高和流动性负债占比大的地方国企,做到早识别、早预警、早发现、早处置,尽早切断债务风险链条。

3. 地方财政紧张使得信用资产存在较大风险,高违约率和低财政自给率地区一旦出现地方国企债务违约,地方政府能提供的帮助可能有限。因此,建议重点关注高负债地区的地方国企负债情况,防止具备偿债能力的地方国企恶意违约,降低非预期风险传导可能。对资产质量较优的信用主体,可借鉴已有债务化解经验,置换债务、注入流动性、激活现金流,降低违约可能。

4. 部分地区财政支出远远高于财政收入,财政自给率较低,可能会进一步降低地方政府对当地国企的救助意愿。因此,建议梳理未来一年内集中到期、压力较大的地方国企信用债发债主体,对处在财政自给率相对较低地区的,及时采用展期兑付、清算、债转股等多种处理方式,切断风险传导,防止出现发债主体连续违约可能。

5.近年信用债违约主体中存在部分 AAA 主体,引发投资者担忧。因此,建议完善信用评级机制,加大投资者保护力度和建立有效的债券违约退出机制。可借鉴国外市场加速清偿、采用限制性条款等措施,使不同风险偏好的投资者都能匹配适合的保障条款。同时发展信用风险缓释工具,加快信用违约互换发展,满足债券投资者对风险对冲的需求。

关于防控现金贷"变形"风险的建议[①]

一、警惕现金贷"变形"模式

2017 年 12 月,央行和银监会下发了《关于规范整顿"现金贷"业务的通知》;2019 年 3 月,央视 3·15 晚会曝光现金贷"714 高炮平台",再度引发各地对现金贷的清理整顿;2019 年 4 月,最高法、最高检、公安部、司法部发布《关于办理"套路贷"刑事案件若干问题的意见》;2019 年 7 月,监管部门向各财险公司下发通知,要求立即全面组织排查与现金贷等网贷平台合作开展意外伤害保险业务的情况,并立即停止相关业务。2020 年,银保监会年中工作座谈会中明确提出要确保如期完成现金贷等网贷风险的专项整治工作,实现风险出清。截至 2020 年 11 月末,已有安徽、江苏、湖北等 19 个省市地区对 P2P 网贷业务进行了全面取缔。虽然监管层连续出台监控现金贷的各项政策,但现金贷仍然存在各类"变形"模式。

1.长租公寓租金贷业务

根据艾媒报告数据统计,截至 2020 年初,我国租房人口数量已经达到了 2.2 亿,且仍有上升趋势。为了盲目抢占房屋租赁市场,长租公寓大量采用"高收低租""长收短付"的方式。同时,为了获得更多资金流,长租公寓运营方会引入金融机构,以房租优惠及月付诱导租户使用租金贷服务,以进行规模扩张、吸纳新房源。比如蛋壳公寓,在 2017 年,蛋壳公寓有 91.3% 的用户使用了租金贷,到了 2019 年,这一比例仍高达 67.9%,远远高于 2019 年 12 月发布的《关于整顿规范住房租赁市场秩序的意见》中住房租金贷款金额占比不得超过 30% 的

---

① 本文作者金雪军、刘建和、王嘉驹,最初发表在《公共政策信息专报》第 210003 期。

规定,具有重大风险。

根据克而瑞租售数据显示,2017 年以来,全国共有 153 家长租品牌"爆雷",仅 2020 年 1—11 月就多达 84 家,超越过去两年总量(部分"爆雷"长租公寓如表 1 所示)。

表 1　2020 年下半年长租公寓"爆雷"情况

时间	公寓名称	地点	目前状态
2020-7	品程优居	上海	资金出现问题,上海总部人去楼空
	优居逸家	杭州	长期拖欠房东租金和租客押金
	青岛千屿	青岛	高收低租,人去楼空
	上海捷婺合肥分公司	合肥	高收低租,长收短付,导致爆仓
2020-8	友客公寓	杭州	高收低租,公司跑路
	岚越公寓	上海	高收低租,长收短付,资金链断裂
	满城房地产	重庆	受害者达近 3 万
	首威一城一家	成都	高收低租,前身为巢客遇家,企业经营异常
	重庆首资科技	重庆	高收低租,公司跑路
	巢客公寓	杭州	高收低租,第二次"爆雷",造成约 17000 租客和房东利益受损,涉案金额高达上亿元
	海南每天	海南	高收低租,游离于监管之外,未按合同规定向房东支付租金
2020-8	连合之家	成都	高收低租,资金链断裂,公司停止经营
	悦冠公寓	四川	高收低租,公司失联
	聚家公寓	青岛	高收低租,公司失联
	租猪帮	四川	未按合同规定向房东支付租金
	沃客公寓	杭州	高收低租,长收短付,导致爆仓
	易居名舍	武汉	高收低租
	杭州海玛	杭州	公司查封
	宁波首资公寓	宁波	高收低租,长收短付,导致爆仓
	成都米小寓	成都	延期支付房租,后联系人离职

续　表

时间	公寓名称	地点	目前状态
2020-9	寓意公寓	上海	公司所有工作群全部解散,高层失联
	适享公寓	成都、武汉	前身为巢客遇家,平台至少卷走四五亿元
	城城找房	深圳、杭州、长沙	高收低租
2020-10	小鹰找房	深圳	公司停止经营,未按合同规定向房东支付租金
	广州城璞长租公寓	广州	未按合同规定向房东支付租金,出现大量房东、租客投诉
	广州菁芰公寓	广州	未按合同规定向房东支付租金,出现大量房东、租客投诉
2020-11	蛋壳公寓	北上广深等	高收低租,未按合同规定向房东支付租金,出现大量房东、租客投诉,部分租客使用租金贷,陷入了违约困境

"爆雷"的长租公寓主要集中在一、二线城市,且多为以"高进低租""长收短付",并与租金贷相结合的运营模式。凭借租金贷能够解决部分租客短期资金压力,大量长租公寓运营商以此为融资方式形成沉淀资金池,用这笔资金扩张规模,形成"拿房—出租—融资—再拿房"的循环模式。在疫情的冲击下,加速大量采用此模式的长租企业资金流动性问题的暴露,造成公司资金链断裂,企业倒闭。城门失火,殃及池鱼,截至 2020 年 12 月 1 日,在微众银行办理了租金贷业务且面临无法偿付贷款的蛋壳公寓客户超过 16 万人。而自如披露的信息显示,2020 年超过 31 万大学生加入自如免押金和分期息费的"海燕计划"。显然,租金贷作为现金贷的"变形"模式,既造成了恶劣的社会影响,又具有很高的风险隐患,值得警惕。

2. 隐形现金贷业务

除了已经得到政策限制的强卖保险等隐形业务以外,现金贷隐形业务还包括助贷业务、回租回购和回收业务和汽车金融业务等变形模式。比如,有平台利用积累的用户数据专门从事为其他现金贷公司导流的业务,进行助贷服务;利用分期商城、游戏充值等回租回购和回收业务借买卖商品为名、行现金贷款业务为实;甚至于购买二手车,也会被二手车商户推荐办理二手车贷款,或是推荐办理租车贷,一旦以租代购平台卷款跑人或是关门倒闭,租车贷客户要面临继续偿还贷款,却无法办理车辆的相关手续以及贷款到期后的过户;而资金方也将面临客户不予偿还贷款的可能,以及同样无法拿到车辆的所有权,租车贷资金方没有权利要求扣押车辆。随着汽车消费贷市场进入"红海竞争"阶段,巨大蓝海市场的汽车融资租赁行业迎来发展良机,其主要面向四五线以下城市,但其客户群体存在收入低、收入不稳定、资产状况一般等情况,面临较大的风险,需格外警惕二手车贷、租车贷等隐形现金贷业务。

2019 年 1 月,优信二手车被曝光与消费者签订的二手车贷购车协议实为苛刻的融资租赁合同,在经过一系列复杂的合同运作后,消费者由原来的购车者变成租车人,在租满一定期限后才可以获得汽车所有权,这使得消费者额外承担一笔租车费。2020 年 1 月 6 日,南京车置宝网络技术有限公司被北京市东城区人民法院列为被执行人,执行标的 1533.41 万元。车置宝平台此前通过引导车主办理二手车贷的方式进行非法集资,最终因经营状况不佳而导致资金链断裂,造成了恶劣的社会影响。

3.诈骗平台、仿冒平台和变相收取高额利息及其他费用

隐形现金贷业务之外,现金贷诈骗平台和仿冒平台性质更为恶劣。金融行业诈骗平台基本都是让用户交纳各类费用,如会员费、服务费、中介费、解冻费等等。更防不胜防的是各种仿冒平台和小程序,假冒蚂蚁金服、微粒贷、中国平安等知名平台,让客户误以为是这些知名平台及其小程序而上当受骗。微信公众平台称在 2018 年 1 月至 2019 年 7 月期间,针对虚假、无资质的信贷类账号累计处罚了 30000 多个公众号、2000 多个小程序。2020 年上半年,微信共对超过 20000 个以欺骗用户财产为目的的贷款欺诈账号进行查处。

部分网贷平台利用隐形条款,在业务推销时完全没有提到平台费、手续费等,甚至在 APP 上办理贷款时仍然没有提及,但实际却发生了相应的费用;或者在放款前以评估费、手续费和服务费的名义提前扣款,达到变相砍头息的效果。按评估费和服务费进行计算的年化利率极高,甚至超过 500%;个别平台借助阴阳合同,宣传为 12 个月借款周期,实际三个月还款额已超越借款本金。正是这种变相收取高额利息及其他费用的暴利诱惑,使得不少现金贷平台对借款人的身份审核形同虚设,只要有身份证即可办理变相现金贷业务。

二、几点建议

实际上,2017 年 12 月央行和银监会下发的《关于规范整顿"现金贷"业务的通知》同样对持牌要求、成本上限、监管目标、借款总额上限等进行了限制,并对野蛮催收行为进行规范。但是现金贷平台利用各种"变形"模式逃避监管,因此建议:

1.严查无牌照网贷平台

无牌照的网贷平台往往采用隐瞒条款、阴阳合同等方式变相收取高额利息和其他费用，也容易利用恶性催收等手段影响社会稳定。现金贷隐性业务更是利用回租回购回收及其他模式逃避监管。小程序等互联网手段也给这些无牌照的网贷平台，甚至某些仿冒或诈骗平台提供便利。因此有必要严查无牌照网贷平台，投诉一起查处一起、发现一起处罚一起。对仿冒和诈骗平台更需严厉打击，提高违法违规成本。

2.缩小预收租金"资金池"，严格执行住房租金贷款金额占比规定

目前长租公寓大量采用租金贷、高收低租、长收短付等方式，进行恶性规模扩张，抢占新房源。因此有必要加大对高进低租、长收短付、发布虚假房源等行为的打击力度，保障租客和房东的合法权益。同时，防止长租公寓行业过度金融化，严厉打击以租金优惠等名义诱导承租人使用租金贷，引导企业降低杠杆，严格将住房租金贷款金额占比控制在 30％以下，推进《住房租赁条例（征求意见稿）》的早日落地。

3.防控现金贷变形模式，对利息上限进行约束

除已有网贷平台以外，个别企业利用助贷业务、商品回租回购和回收业务、二手车金融业务、租车贷等模式借买卖商品之名行贷款业务之实，收取服务费、信息费、评估费等各类费用，逃避利率最高限额规定。因此一方面，有必要关注商品贸易行业中以商品买卖为由的贷款业务和互联网企业的助贷导流业务，切断假借商品交易行使现金贷款的行为；另一方面，将贷款过程中发生的各类费用纳入贷款利息进行监管，杜绝高利息，及时筛查现金贷的违规行为。

4.筛选借款人贷款纪录，限制借款总额，防止平台间风险传导

严查平台将贷款发放给缺乏偿还能力的人员，要求出借人必须通过信贷报告系统汇报所有信贷数据，掌握借款人贷款纪录，控制单个借款人的借款总额和贷款平台数，防范恶意借贷行为。防止借款人因高息平台逾期陷入债务危机而影响其他正常贷平台的还款，从而导致平台间风险传导。

5.培养地方金融监管专业人才队伍

仿冒平台、诈骗平台，尤其是借助商品交易变形模式的现金贷平台，这些平台的甄别需要既需要金融专业知识，也需要跨专业的监管经验。正因如此，有必要加强地方金融监管局的监管专业人才队伍建设，在一定范围内增加跨专业人才编制。对于缺乏监管权的地方金融监管局，在监管业务时可与其他监管部门合作，以形成统一联动的地方金融监管体系，严厉打击违法违规的现金贷平台。

关于在科创板试行技术创新审计披露制度的建议[①]

尽管科创板注册制试点强调以信息披露为中心,切实保护投资者合法权益,但制度保障缺失。为了提高注册效率,优选精选企业,规避"爆雷"风险,建议在已有足够样本积累的情况下,在科创板试行技术创新审计披露制度,打造具有信息披露中枢智能系统功能的"信披云"平台,充分体现信息披露的核心地位,使之成为反上市公司欺诈行为的一系列制度安排的实操平台,在数字经济下重塑与注册制相适应的直接融资信用体系。

一、科创板建立技术创新审计披露制度的必要性

科创板注册制的信息披露离散化,缺乏集成化、动态化、可自动呈现的具有金融科技赋能的智能中枢平台。其原因是:

1. 监管目标偏离。管理部门首先关注培育数量而不是保护投资者合法权益,缺乏耐心和手段对上市公司质量进行实质性管理和实时监督。

2. 监管权限模糊。科创板企业处于证监会、上交所、地方金融局、地方证监局等多方服务和监管下,各部门权责不清晰,缺乏从确认到处置环节的统一标准,使企业的风险因素游离在监管之外。

3. 监管能力不匹配。科创企业行业标准多元化,缺乏平台化标准化的监管体系,判定是否属于科创企业又有较强主观性,一线监管人员缺少判断科创企业技术创新能力和对企业综合监督的能力,致使管理存在漏洞和随意性,过程

---

① 本文作者金雪军、益智,最初发表在《公共政策信息专报》第 210006 期。

监控缺失,不良事件证据链薄弱。

4.风险处置责任落实不到位。部分监管部门缺乏风险处置的依据,一些风险往往难以在萌芽期及时遏制和化解。

二、技术创新审计披露制度概述

1.什么是技术创新审计披露制度

技术创新审计是根据审计的一般原理和方法,对技术创新的资源投入、组织管理、成果业绩等要素进行审查,以期获得有关技术创新水平的客观评价。技术创新审计披露为评价技术创新现状、核查有关技术创新的指标要求提供重要依据,也为考察相应的财务指标提供重要佐证。

科创企业的技术创新审计报告可以提供有关行业国际对比下的技术创新水平评价,可以与其他以经济价值为主的财务审计报告相互对照,增强信息披露的全面性及可预示性,解惑估值方面的市盈率悖论或者恐慌,为科创企业的上市审核提供科学决策参考。探索技术创新审计及披露制度,可以规范科创企业的上市申请,突出其科创属性。

2.对应注册制要求,建立科学规范的技术创新披露制度

基于5G+工业互联网、大数据、区块链、SaaS分析决策平台的建设,可以整合现有数据平台(万德、东方财富、恒生电子等)的相关内容,结合财务审计、科技管理、政府资源等平台,对技术创新审计平台的技术架构进行整理和总结,将几百页的PDF文件转化为XBRL结构化数据上报,实现自愿灵活的技术创新审计信息披露。智能化的技术创新审计披露平台可以将法定披露与自愿披露有机整合,以便全方位立体式了解公司的运行,最大限度实现信息对称,避免虚假、不完整、不及时等误导性的信息表述。还可以作为编制上市公司技术创新能力相关指数的基础,如设计和发布动态全息市科率、市科域等指标,探索科创属性的量化,使得指数更具有科技引领性,也可以使科创板的覆盖面更广,精准度更高。

三、试行技术创新审计披露制度的具体建议

1.技术创新审计披露平台(信披云)的设计要点

技术创新审计披露平台用金融科技赋能科技金融,变静态条件设置为动态

系统智能判断,达到"事前简约智能、事中有效监督、事后有据处理"的效果。

(1)设计技术创新审计及披露制度。制定统一规范和标准披露规则,优化披露数据结构,直观呈现企业技术创新发展状况。

(2)营造智能信披平台生态。上证所相关部门携手地方政府合力建设平台,鼓励科创板企业自愿分级披露,同时与科技、工商、司法、税务部门和园区、金融机构、供应链金融平台、地方征信、大数据服务机构实现数据对接,与证券监管机构的线下现场随机检查相结合。

(3)与数字经济深度融合。采用区块链技术,建立多层次架构,以大数据库为基础,通过人工智能的采集、分析、评估,将技术创新指标化,以智慧监管监督信披,治理生态环境。

(4)吸引企业上信披云。养成"若要上市,先要上云"的融资啄食顺序,形成全过程闭环的科创企业技术创新数据库,强化信披云对科创板的基础设施作用,使科创企业把自愿接入技术创新审计披露平台,作为主动赢得金融市场信任的强有力行为信号。

2.试行技术创新审计披露制度的对象、步骤和动力机制

技术创新审计披露制度及其平台建设需要在对科创企业 IPO、再融资、收购兼并重组、分拆、回购、减持等规则梳理研究的基础上,条块结合,形成高效的动力机制,优化编制科创板上市公司指数,提高科创板的资金配置效率。

(1)适用对象。建议从已经上市的科创板公司开始试点,要求其按照要求逐步自愿向上证所科创板主管部门披露科创属性的数据,在试点成熟的情况下,逐步向拟上市科创板企业推广,亏损上市和第五套标准拟上市公司强制使用,最终把拟上市科创板企业是否愿意上平台的行为作为判断是否愿意最大限度减少信息不对称的表现。

(2)开发步骤。由上证所科创板审核部门会同研究部门,在与上市公司管理人员、行业专家调研协商的基础上,整合现有的信息系统,将科技咨询委员会实体化,把信披云作为浙江大学与上证所深入战略合作的重大课题,用金融科技手段替代低效率的问询注册流程。

(3)动力机制。重新梳理现有规则机制,嵌入技术创新审计披露平台,直接向上市和拟上市科创板企业开放,让它们的数据进入系统运行呈现,最大限度地简化问询注册流程,有效填补融资企业和科创板招商的信息鸿沟。

对新条件下改善就业状况的若干建议①

新一轮科技和产业革命加速、中美经贸摩擦加剧、国内经济增速下行等挑战，将引发我国经济秩序与就业格局的巨大改变。"十四五"期间，我国面临着新业态从业群体快速增加、劳动力"无限"供给状况消失、企业"技工荒""普工荒"并存、乡村下乡入农人才短缺等一系列问题，这些问题既关系到劳动者权益保障和社会的和谐稳定，也与企业和经济可持续发展密切相关。面对新的就业态势，需要人社部门持续进行调查研究，加快制订相关就业政策，推动实现更加和谐更加稳定的劳动关系、更加充分更高质量的就业创业、更加充裕更高层次的人才供给、更加公平更可持续的社会保障。

一、新条件下我国就业面临的几个问题

1. 新就业形态从业者劳动关系模糊、社会保障不足

伴随着"双创"和"三新"经济的稳步发展，传统的、工厂时代的、强调建立固定用工关系的劳动者占比缩小，独立于固定单位就业之外的新就业形态从业者（如美团骑手、滴滴司机）数量急剧增加。新就业形态通过"去劳动关系化"改变了传统劳动关系中的"强从属、强保障"属性，通过"弱从属、弱保障"实现了用工灵活化。但由于劳动关系模糊、劳动保障滞后，新就业形态也暴露出一系列问题。

第一，劳动关系法律适用存在争议，劳动权益游离于法律保护范畴之外。在我国现行《劳动法》中，是否形成劳动关系与权益保障间构成了较为明确的因

① 本文作者金雪军、朱玉成，最初发表在《公共政策信息专报》第 210040 期。

果关系。新业态劳动关系存在认定上有难处、制度上不兼容、替代上有空白等问题，适用法律方面存在困难。一些平台企业刻意规避劳动法律规定，借助平台强势地位，采取各种方法避免与从业者建立直接劳动关系。以外卖经济为例，外包公司负责派送业务，外卖平台相当于"甩手掌柜"，平台与外卖员间的直接雇佣关系被消解；外卖员自行购买商业保险，若发生工伤事故，责任则推给保险公司。由于平台企业法定责任松懈，在社会保障方面未承担主体责任，导致相当一部分从业者的社会保障处于"裸奔"状态。

第二，平台强制性权益保障缺乏，角色模糊带来保障资格"缺位"。我国对常规劳动者的社会保险缴纳有法定强制要求，基本保证了社会保险"应保尽保"。但在新业态背景下，平台与从业者难以形成固定劳动关系，支付主体缺位导致从业者游离于社会保险的保护范畴之外。新业态从业者虽然可通过短时的商业险"救急"，但商业险的覆盖率和保障效果并不足以替代社会保险。例如，意外险和责任险相对工伤保险存在高成本和短时效缺陷，保障范围只能涵盖意外死亡、伤残等一次性赔付，对劳动者因伤导致的劳动能力损害和长期医疗费用没有分担能力，无法产生有效的市场替代效应。

2. 城市"技工荒""普工荒"与乡村人才短缺并存

在刘易斯二元经济增长阶段，我国劳动生产率提高的很大一部分来自农村劳动力向高生产率的工业部门转移所创造的资源配置效应。"十四五"期间，我国将迈入城镇化S型曲线的稳定阶段，过去支撑我国城镇化进程的大规模劳动力转移即将减缓，劳动力"无限"供给以及城乡资源配置效应将趋于减弱。

第一，技能型岗位"一才难求"与中低技能劳动者"供小于求"的现象将长期并存。我国当前的"用工荒"并非纯劳动力数量短缺，而是低预期和技能短缺双重作用下的结构性短缺。一方面，进城农民工由于户籍以及由此带来的医疗、子女入学等社会保障问题，无法形成在城市工作的稳定预期。一旦经济不景气，农民工就会返乡，导致劳动供给关系不稳定。解决问题的"牛鼻子"在于户籍制度改革，推动"人的城镇化"。另一方面，当前我国农民工分年龄段的受教育年限最好的是9年多，而第二产业资本密集型岗位所需的受教育年限将接近11年，第三产业技术密集型岗位则要求更长年限，我国受教育最好年龄段的农民工群体也不能满足这一要求。低技能劳动者要适应产业结构调整，主要靠接受培训，特别是在职培训。

第二，对人才下乡入农的支持政策制定不够，缺少有效的逆人才流动方向激励措施。在城镇化过程中，乡村精英具有最高流出意愿，城镇精英下乡入农的意愿则不高。当前人才返乡下乡多以生源地高校毕业生和新乡贤等本土精英为主,尚未成为乡村振兴的支撑性力量;小部分新生代劳动者尝试返乡就业,但绝大部分返乡劳动者还是需要在城镇寻找岗位;科技、教育、医疗等体制内人才下乡多源于政策引导下的乡村帮扶行动,即使下乡也难以长期驻乡;企业家和工商资本下乡入农动力不足,投资乡村的能动性尚未被充分激发。

3.公共就业和人才服务的便利性与可获得性有待提升

公共就业和人才服务的事项覆盖度、办事时效度、流程简化度、功能合理度有待进一步提高。如何打破"数据烟囱"、拆掉"数据藩篱",通过搭建"互联网+"公共就业和人才服务平台提高服务的可获得性、可操作性,成为下一阶段必要和紧迫的任务。

第一,劳动者缺乏对就业创业政策的准确认知,公共就业和人才服务的可获得性仍需提高。不少劳动者表示"不知道有什么政策可以帮到我们""不知道到哪里咨询";有相当一部分劳动者对房租补贴、社保补贴、创业补贴等就业创业帮扶政策不甚了解,"不知道找谁办、怎么办"。导致上述情况的原因在于就业创业政策宣传存在不便捷、不到位的情况,造成劳动者的政策理解和信息获取不便利、不精准、不全面,影响了就业创业帮扶政策的整体成效。

第二,我国很多地方的"互联网+"公共服务已经取得显著成就,但在公共就业和人才服务领域,很多数据库还尚未充分联网,使一些原本可以采用"互联网+政务"提供的服务并未发挥作用。在劳动力就业过程中,分散就业的求职者与组织化的用工单位在地位上具有不对等性,劳动者对用工信息掌握不全面恶化了其谈判地位。对于这部分"市场管不了、企业做不了"的局部"市场失灵"的领域,政府需要适当介入,为公众提供更及时、更优质的信息服务。

二、对完善新条件下就业政策的若干建议

1.调整"有劳动关系才社保"的思路,先统筹纳入、后完善提高

第一,调整"有劳动关系才社保"的政策思路,突破将劳动关系作为社保门槛的传统理念。社保关系的建立应以是否缴费为标准,而不是一味强调有无劳动关系。也就是说,社保关系应该去劳动关系化。一是制订《新就业形态劳动用工管理条例》,填补劳动关系政策"短板"。条例制订的重点应聚焦于"弱从属、弱保障"这一新型劳动关系的承认和相关权利义务的创设上,引导平台企业在劳动权益保障上承担更多主体责任。二是加大工会组织对新业态从业者的

覆盖力度。重点就劳动定额标准、最长工作时间、计件工资单价、社会保障缴费等内容开展集体协商，提升从业者劳动条件和待遇。

第二，构建社保"三方机制"，"先统筹纳入、后完善提高"。新业态从业者的社会保障，应在"三方机制""低准入、低享受""先入门、后提高"原则指导下，做到单项、重点突破及相关措施配套协调。一是可采取国际劳工组织对于劳工关系的"三方机制"吸纳方式，政府、主要用工方、从业者三方共同承担社会保障费用。不论何种用工关系，都可以找到劳动关系中的主要三方；与之对应，无论是用工企业还是劳务派遣公司，总会有一个对应的企业方用工主体。锁定三方以后，可划分出多个缴费档次和缴纳比例，供相关主体根据情况选择。二是相较于常规劳动关系中五险齐全、单位缴费率较高的"强保障"，新业态从业者的社会保障可适当缩减，仅保留托底功能，即定位于托底保障。在险种选择方面，根据从业者需求迫切程度，先抓与职业安全直接关联的工伤保险，再抓带有个人账户的医疗和养老保险，然后再扩展其他项目。

2. 通过留才破解城市"用工荒"，依托引才缓解乡村人才短缺

第一，对农业转移人口，重点是要解决其"市民化"问题，提升人的融合性感受。一是加快户籍和社会保障制度改革，扩大"政策留人"的覆盖面。我国新型城镇化发展的关键，是要解决 8 亿多城镇常住人口中 2 亿多进城农民工、一千多万城镇低保人口的生活问题，以户籍壁垒的有效破解和社会保障的及时跟进，通过增强薪酬待遇、住房补贴、劳动权益、教育医疗等保障力度，提升劳动者的"获得感"。二是落实职业培训、创业培训等促进性就业政策，开展"储备式""订单式""对接式"培训，精准实施技能提升。由政府或企业推动的职业培训计划能够直接瞄准现有技能短缺，显著提升劳动者技能。要突破"刘易斯拐点"带来的发展瓶颈，一个不可或缺的条件就是通过教育培训将逐渐消失的人口数量红利转变为质量红利。

第二，引导新乡贤返乡创业，鼓励乡村能人就地创业。完善新农民创业帮扶和失败救助机制，健全新农民创业融资担保体系，发掘一批"田秀才""土专家""乡创客"；强化本地外出人员联络机制，建立镇村两级新乡贤数据库，以乡愁乡誉吸引乡贤返乡；完善下乡入农激励举措，鼓励城镇居民"带资、带技下乡"；畅通体制内人员入乡通道，以更精准的支持政策使其"想下乡、入得乡、能驻留、能返岗"。

3. 加快打造整体智治的"数字人社"，提升公共服务可获得性

第一，深化"数字人社"改革，搭建"互联网＋"公共就业和人才服务一体化

平台。深化人社事项经办"一网通办、一网统管"改革,实行"掌上办、一次办""身边办、马上办""村口办、就近办";扩大人社数据共享范围,加强跨层级、跨地域业务协同,打通信息共享"最后一公里";加强就业岗位信息归集提供,建立失业人员定期联系和服务机制,常态化提供职业介绍、就业指导、创业培训和失业援助。

第二,加强就业形势监测预测,防范规模性失业风险。一是利用人才市场、社保等大数据信息强化"算法监管"。加强对劳动力输出地等重点区域,脱贫人口、农民工、下岗人员等重点群体,房地产、餐饮、互联网等重点行业的就业预测和失业预警。二是委托专业研究团队对重点领域、重点行业的劳动力供需状况进行摸底调研。建立不同省域间常态化的跨区域岗位信息发布机制,强化劳动力输入和输出地的劳务协作。三是完善权益保障"操作系统",用大网络"守好门"、用大平台"看好门"、用大系统"管住人"。通过一体化平台开通"一键维权"通道,完善劳动者纠纷处置和权利救济途径,为劳动者提供调解纠纷、法律援助等维权服务。

促进数字经济健康发展的建议[①]

新一轮科技革命和产业变革席卷全球,催生出人工智能等"新技术"、智能机器人等"新劳动力"、数字孪生等"新土地"、金融科技等"新资本"、区块链等"新思想"。近年来,数字技术支撑的新产品、新服务、新业态、新商业模式成为经济增长的主引擎、创新创业的主阵地和转型升级的主动能。加快发展数字经济,构建以数据价值化为前提、数字产业化和产业数字化为核心、数字化治理为依托的"四化"协同发展生态,成为从中央到地方、从政府到企业的共识。

一、数字经济发展中的四大问题及解决思路

(一)数字产业化:新型基础设施建设仍须健全,全产业链数字化进程有待提升

一方面,数字产业化的大楼盖得很高,但"地基"不牢,积极推动移动、安全、高速、泛在的新型数字基础设施建设刻不容缓。另一方面,全产业链数字化有待加强,亟须"扩链""补链""增链"。数字产业发展既存在脱离产业基础,一味追求"新特奇""高大上"的问题,也存在"偏消费端",即"偏产业链后端"的现象。

1."固基础":强化新型数字基础设施建设,破解技术"卡脖子"问题

第一,加大人工智能、大数据、云计算、物联网和区块链等为代表的"云、网、端"一体化新型数字基础设施建设,积极推动城市大脑、工业互联网、"5G+4K"等技术攻关和产业化应用。第二,梳理"卡脖子"技术攻关与应用清单,解决关

---

① 本文作者金雪军、朱玉成,最初发表在《公共政策信息专报》第 220065 期。

键流程、重要领域、特殊工艺的数字技术瓶颈,提升数字化原始创新能力。

2."壮产业":积极培育数字经济新增长点,延伸数字产业链条长度

第一,积极扶持最近涌现的在线教育、线上文娱、新零售等新兴业态和"宅经济""无人超市""云逛街"等数字经济消费模式,拓展数字技术应用的广度、深度与长度。第二,积极培育按需制造、个性化定制、产业链协同制造等新模式,推动实施一批无人配送、智能制造、智慧养老、远程医疗等新兴数字化产业集群。

(二)产业数字化:数字经济渗透效应发挥不够,产业数字化发展不充分不平衡

一方面,传统产业数字化转型较为缓慢,覆盖全流程、全产业链、全生命周期的数据链建设尚不成熟。另一方面,产业数字化发展不充分不平衡问题突出,呈现出"三产优于二产、二产优于一产"的特征,全产业链"智慧化"升级仍存在短板。

1."促转型":推进实体经济数字化转型,破解数字化改造成本问题

第一,引导有条件的企业加快传统制造装备联网、关键工序数控化等数字化升级改造,推动新一代数字技术向传统产业的扩展、融合与应用。第二,从成本上为企业数字化改造"减负"。其中,所得税抵扣、进口税收优惠等税收激励和设备购置补贴、技术改造资金等帮扶基金可以分别起到"推一下"和"拉一把"的效果。

2."增融合":推广智能制造新模式,多措并举推进企业"上云用云"

第一,通过"机器换人"、智能改造,对机器设备和生产流程等进行优化升级,以协同制造平台整合企业间分散的生产能力,以网络化协作弥补单一企业资源不足,实现"数据信息共享、供需产能对接、生产过程协同"。第二,加大对企业"上云用云"指导力度,鼓励企业设备"上云"和业务系统向云端迁移。

(三)数字化治理:数字经济治理能力有待提升,公共服务平台建设亟须完善

一方面,数据治理和监管相对落后,数字经济治理能力有待提升。对数字经济领域"赢者通吃"的垄断现象,以及"大数据杀熟"、平台强制"二选一"、数据操纵等风险的监管和治理还需完善。另一方面,数字化公共服务平台建设相对落后,数字化顶层设计亟须完善。适合数字经济发展的标准支撑体系、推广应

用体系和人才服务体系还不够完善,服务执行有"痛点"、服务宣传有"堵点"、服务落地有"阻点"。

1."强政策":完善财税扶持政策,发挥政府基金"资本杠杆"作用

第一,完善研发投入补助、创新激励补贴、订单采购补贴等政府补贴,强化税收减免、加计扣除等税收优惠。第二,依托政府性金融服务共享平台开展线上融资需求对接服务,通过政府基金的杠杆撬动风险投资、天使投资、创业投资等社会资本投资数字经济发展。

2."优服务":强化智慧型政府建设,统筹推进"互联网＋"政务服务

第一,强化政府部门间(G2G)的政务协同。推进政务数据资源跨地区、跨层级、跨部门共享和交换,在更广范围内推进标准统筹。第二,优化政府对企业(G2B)的政策供给。运用大数据提升政府产业政策的科学性,利用数字技术和"算法监管"更有效地调控经济和监管市场。第三,提升政府对群众(G2C)的便利服务。通过流程再造打通办事便利化改革的"中阻梗"和"最后一公里",提升人民群众获得感。

(四)数字价值化:数据产权制度安排有待完善,数据要素交易市场尚未广泛建立

一方面,产权制度安排有待完善,数据权属界定不够清晰,容易引发数据滥采滥用、数据交易纠纷等问题,如菜鸟与顺丰因快递柜数据而相互封杀、京东因支付费率终止与支付宝合作等。另一方面,数据价值增值开发尚不充分,数据要素市场尚未广泛建立。数据交易行业总体处于初级阶段,交易深度不够、动力效应不足,数据资产评估、大数据质押、大数据融资等配套业态尚不成熟。

1."重确权":完善数据市场法律法规,加速数据要素价值化进程

第一,加快建立数据资源产权、交易流通和安全保护等基础制度和法律法规,组织开展数据标准研制工作,着重解决数据的权责关系、定价机制、数据安全、隐私保护等问题。第二,推进数据采集、存储、传输、管理、应用等全生命周期价值管理,强化数据产品、算法、服务及衍生品的增值开发。

2."育市场":大力培育数据要素市场,加强数据安全监管力度

第一,发展数据资产评估、登记结算、交易撮合等市场运营体系,完善大数据质押、大数据融资等配套业态,发展知识资产评估、知识产权信用担保等知识产权评估、保险、贷款、投资、交易服务支撑体系。第二,运用大数据、区块链等技术,构建数字安全制度体系,落实风险评估、信息安全等级保护等网络安全

制度。

二、推动数字经济健康发展的几个关键抓手

(一)数字经济与创新平台构建——夯实数字产业之"基"

第一,以企业主体为抓手,达成"倍增提质"。充分发挥企业的创新主体作用,积极探索"企业出题、政府立题、协同解题"的创新链产业链对接模式,使企业成为创新要素集成、科技成果转化的生力军。第二,以创新要素为根本,推动"集聚裂变"。加快形成要素联动的创新生态系统,使政策、金融、市场、服务等创新生态环境日益完善,平台、人才、技术等创新资源得到有效集聚。

(二)数字经济与知识产权保护——砌好产权保护之"墙"

第一,实施数字经济知识产权创造工程。由政府制定计划开展特定的共性技术、战略性技术研发,为数字经济发展提供基础性技术和共性核心技术。第二,实施知识产权服务促进计划。政府可委托专业机构全面调研数字经济企业知识产权服务需求,并集中到相关数据系统中整理分析,完善知识产权金融服务、知识产权交易、知识产权投融资对接等服务。第三,让知识产权保护的篱笆"通上电"。整合自我保护、行政保护和司法保护等多种维权方式,破解知识产权维权周期长、取证难、赔偿低、效果差等问题。

(三)数字经济与人才队伍建设——筑好人才引育之"巢"

第一,实施数字经济人才培养计划。融通"教育链—人才链—创新链—产业链",打造"政企社协同、产教训融合、育选用贯通"的培养体系。第二,突出市场发现、市场认可、市场评价的引才机制。大力建设数字经济人才库、"人才码",通畅高层次数字化人才的"绿色通道"。第三,构建灵活的人才管理模式。充分赋予地方"引育留用管"自主权,加强人才政策突破,探索灵活的人才引进、使用、培养、保障和激励政策。

(四)数字经济与风险监控防范——编好风险监管之"网"

第一,加强共享时代下的信息安全保护。科学界定数据信息开放和共享的边界,强化对用户数据公开、隐私、保密、许可等制度约束,监督企业遵循"合法、

最低、必要"原则收集用户信息并妥善管理敏感信息。第二,完善"事前""事中"
"事后"监管体系。采用底线原则与负面清单管理方法,优化"事前监管";探索
大数据、区块链等技术在监管中的使用,完善"事中监管";及时调整既有政策的
边界及监管要求,改进"事后监管"。

调整交易时间安排提升我国资本市场
活跃度的建议[①]

    3 月 16 日,国务院金融稳定发展委员会召开专题会议,强调必须深刻认识"两个确立"的重大意义,坚决做到"两个维护",保持中国经济健康发展的长期态势,共同维护资本市场的稳定发展。作为资本市场最为基础的交易规则,现行的交易时间安排已难以满足市场参与者的需求,成为制约资本市场活力、阻碍资本市场开放进程的重要因素。我国内地股票市场的交易时间自成立伊始便确立为上午 9:30—11:30、下午 13:00—15:00,三十余年来从未发生改变。香港股票市场曾两次调整交易时间以对接内地市场,但至今两地仍存在一个半小时的非同步交易时段。合理的交易时间安排也是资本市场功能发挥的重要制度保障,构建与市场发展相适应、具有高度竞争力、惠民便民的交易时间体系,有利于活跃股市交易,维护股票市场稳定,促进资本市场健康有序发展。

一、我国资本市场交易时间存在的问题

1. 日内交易时长过短

    北沪深三家证券交易所的每日交易时长均为四个小时,在世界主要国家和地区证券市场中最短,与全球金融体系重叠不足。为保证交易的连续性和充分性、照顾不同市场主体的时间要求,发达国家市场普遍具有较长的证券交易时间。美国纽约证券交易所和纳斯达克证券交易所的交易时长为 6.5 个小时,英德法三国证券交易所的交易时长均达到 8.5 个小时。面对日趋激烈的交易所

---

① 本文作者金雪军、骆兴国、赵惊宇,最初发表在《公共政策信息专报》第 220075 期。

竞争，亚太地区竞相出台股市交易时间延长政策。新加坡、日本、韩国、俄罗斯等国家以及我国香港、台湾地区对交易时间均进行了不同程度地延长。我国幅员辽阔，横跨五个时区，过短的交易时长不但使边远地区的人无法便捷地参与证券交易，同时也难以满足境外投资者的需求，客观上阻碍了资本市场改革开放的进程，与我国金融市场的体量和国际地位不符。此外，交易时间限制削弱了证券价格形成的连续性，加剧价格跳空现象，过短的交易时间也使得价格无法充分反映信息，降低定价效率。

2. 交易时间与香港不同步加剧市场分割

香港股票市场比内地股票市场多出一个半小时的交易时间，分别为上午11:30—12:00 和下午 15:00—16:00。随着资本市场全面深化改革稳步推进、对外开放步伐加快，内地与香港市场联系日益紧密。截至 2022 年 3 月，已有143 家企业于内地和香港同时上市融资。但与此同时，A 股和 H 股间的溢价也达到了历史峰值，2021 年恒生 AH 股溢价指数的日均值达 139.30，创下近十多年来的新高。由两地股市交易时间差异引起的市场硬性分割和资本自由流动障碍是导致 A-H 股溢价的重要原因。在非同步交易时段里，虽然香港股票市场正常反映供求信息，但内地股票市场的提前闭市限制了 A 股股价的及时反应，使得价格变化延伸至下一交易时段，同时两地市场的双向互通受阻，最终的结果是两个市场的供需配置扭曲，A-H 股日内价差增大。经测算，H 股下午多出的一个小时交易时间（15:00—16:00）使次日早盘开盘时的 A-H 股溢价上升0.7 个百分点；H 股上午多出的半个小时交易时间（11:30—12:00）使当日午盘开盘时的 A-H 股溢价上升 1.3 个百分点。从世界各国的经验来看，经济联系紧密、市场一体化程度高的地区，应当具有相同的股票交易时间，如美国和加拿大、英德法三国之间在股票交易时间的安排上均保持一致。

3. 休市安排不合理

我国内地股票市场目前的休市安排呈现出时间长、频率高的特征，存在特有的"调休仍休市"现象，股市休市时间长于股民的放假时间，股民的工作日时常不是股票的交易日。尤其是春节小长假和国庆小长假期间，A 股连续休市时间往往会长达八至九天。长时间的休市极大提高了市场的不确定，对节前节后市场的交易活动和流动性产生巨大冲击，也容易滋生恐慌情绪，积累价格压力，加剧 A 股市场的脆弱性。同时，交易日与工作日的错配也影响了投资者参与交易的热情与便捷性，降低了 A 股对海内外投资者的吸引力。

二、优化资本市场交易时间安排的政策建议

一是延长 A 股交易时间使之与香港股票市场同步。针对内地股市日内交易时间短及与香港股市不同步的问题,建议将 A 股早盘收市时间调整为12:00,午盘收市时间调整为 16:00,即通过延长一个半小时的每日交易时长消除两地股市的非同步交易时段。香港交易所曾两次调整交易时间接轨内地市场[①]。经测算,2011 年 3 月 7 日的交易时间同步政策使得每日 10:30 和 14:30 的 A-H 股溢价分别下降 2.5 个百分点和 5.6 个百分点,2012 年 3 月 5 日的交易时间同步政策使得每日 13:30 的 A-H 股溢价下降 3.1 个百分点。结合现有文献和港交所实践,交易时间同步政策一方面有助于缩小 A-H 股价差,平缓 A 股价格的日内波动,提高两地金融市场的一体化程度;另一方面,A 股交易时间的延长能够提高我国股票市场与全球交易体系的重叠程度,从而加强对海内外投资者的吸引力,这有利于增加 A 股交易量,深化我国资本市场开放进程。在具体实施步骤上,建议采取分批次分阶段的调整方法,率先对上海证券交易所进行调整,而后推广到深交所和北交所;建议首先延长早盘的交易时间,再对午盘的交易时间进行调整。最后,待时机成熟时,可以适时取消香港和内地股票市场的午间休市安排,提前开市时间,以更好地接轨国际资本市场,提高我国金融体系的竞争力与话语权。

二是探索建立盘前盘后交易制度。此举可作为解决 A 股交易时长过短问题的有效补充手段。集中持续的交易方式虽然有利于连续及时地反映股票价格,但也面临较高的人力物力成本。建议借鉴美股的交易时间安排,探索设立盘前盘后交易,通过非集中交易的形式弥补 A 股主体交易时长不足、与世界市场重合度不够的问题,着力保持交易时间的连续性,以改善 A 股价格的信息效率,满足海内外交易者的时间要求,适应日趋全球化的投资环境。具体实施过程中,建议可以先从创业板和科创板的盘后交易时间延长和灵活性改善着手,而后逐步推广到主板市场。机制设计过程中要特别注重盘前盘后交易的流动性保障。

---

① 一次是在 2011 年 3 月 7 日,香港交易所将股票市场的交易时间延长 1 个小时,早市交易时段提前 30 分钟,午休时间则缩减至 1.5 小时。调整后,股票市场主体交易时间由早市 10:00—12:30、午市 14:30—16:00,变为早市 9:30—12:00、午市 13:30—16:00。另一次是在 2012 年 3 月 5 日,香港交易所进一步将股票市场交易时间延长 30 分钟,午休时间缩短至 1 小时。调整后,股票市场主体交易时间为早市 9:30—12:00、午市 13:00—16:00,延续至今。

　　三是优化 A 股交易日的时间安排。从交易时间角度，内地和香港股票市场除了日内差异外，两地对于交易日的规定也有所不同，两地的假期存在差异，并且香港还有半日市的情况。类比日内非同步交易时段对 A-H 股价差的影响，交易日时间安排上的差异势必也会加剧两地市场的分割，降低资源配置的效率。A 股总有长达一周多的休市安排对市场交易也产生影响。因此，建议内地交易所适当对 A 股休市安排进行优化，改变调休仍休市现状，提高与香港金融市场的同步性。

　　四是同步延长金融衍生品市场的交易时间。从金融衍生品市场建设的国际经验上看，金融衍生品市场的交易时间一般不短于现货市场。目前，我国内地股指期货和股指期权产品的交易时间与 A 股一致。为保证金融衍生品价格发现、套期保值等功能的有效发挥，衍生品市场交易时间的调整应与股票市场同步。建议将中国金融期货交易所权益类产品的交易时间一并逐步调整为上午 9:30—12:00、下午 13:00—16:00。

金融支持创新的短板问题、国际经验和
启示建议[①]

　　高质量的经济发展与创新型经济的发展密不可分。创新型经济的发展要以创新驱动发展战略为核心支撑,它既包括创新人才的引育、创新资金的集聚、创新空间的培育和升级,也包括创新政策的供给,通过培育发展战略性新兴产业,同时用高新技术改造传统产业使之升级,是推动创新驱动战略深入落实的重要表现。

　　创新型经济的发展离不开金融的支持,即科技创新产业的发展能否得到金融的大力支持、如何得到金融的大力支持,其关键是技术资本、产业资本与金融资本的高度融合。经济要实现高质量发展,需要金融给予针对性的、持续的、有力的支持,推进金融支持创新体系建设是必由之路,这样才能够更好地发挥金融服务实体经济的功能。

一、金融支持创新的短板问题

　　当前,我国在实现金融推动创新型经济发展,实现经济高质量发展的过程中面临以下七个短板问题。

(一)知识产权的市场化程度弱

　　知识产权的市场化包括明确知识产权的权属(所有权、支配权、收益权)、活跃知识产权的交易、完善知识产权的税收等。这关系到知识产权是否作为完整

---

① 本文作者金雪军,最初发表在《公共政策信息专报》第 220087 期。

的要素资产为金融资本所认可接受,从现在的情况看,知识产权的市场化过程还需要进一步的完善。

(二)投资基金中天使投资规模小

科创性企业的特点是不确定性大、抵押品缺、资金使用时间长等,为解决科技创新型中小企业发展的融资"瓶颈"问题,在企业发展初期,除国家提供的政策支持和银行提供的金融服务外,企业更需要能承担风险的天使投资等新的融资渠道。从现在的情况看,天使投资的发展仍显缓慢,需进一步完善天使投资的激励机制与运行机制。

(三)资本市场的退出通道不顺

这方面目前还存在多层次资本市场发展中的制约因素和相关制度不健全等问题,还需要从资本市场的制度建设和环境保障等方面完善风险资本的退出机制。

(四)债权与股权无法联动与转换

不同金融资源有各自的特点、适合企业发展不同时期的不同需求。从美国硅谷的情况看,科技企业债权与股权的联动与转换具有重要作用。从现在的情况看,债权与股权的联动与互换机制还尚未形成,还需吸引整合不同特点、不同风险偏好的金融机构参与到科创企业的发展中来。

(五)全链条金融服务体系缺乏

科创企业从种子期开始,到成长期、成熟期,需要从天使投资到IPO的各种金融服务,也需要一系列配套的中介服务。从现在的情况看,金融服务在科技创新中还未实现全链条产业一体化,还需要进一步推动这一体系的完善。

(六)科创企业与银行对接难

迄今为止,银行依旧是国内金融体系最重要的构成部分,银行所提供的融资总量占到整个金融行业存量的80%以上,处于绝对支配地位。银行选择贷款对象不仅要强调房地产的抵押与互保联保关系,还要考虑企业的销售收入和利润,在贷款期限上,也偏重于短期性。而科创企业往往有轻资产、周期性较长、不确定性较大等特点。从现在的情况看,银行从事科创金融业务的风险和收益机制不匹配,科创企业通过银行实现融资存在难度。

(七)复合型人才缺乏

科技创新产业具有很强的新技术、新产业特点,因此需要有一大批既懂金融又懂新技术新产业的复合型人才,只有这样才能真正发挥金融为创新型实体经济服务的作用。从现在的情况看,复合型人才的培养体系还有不足,需要加速推进。

二、金融支持创新的国际经验

国际上,以美国硅谷为代表的一些发达国家和地区的发展经验对我国推进金融支持创新体系建设具有重要借鉴意义。

(一)知识产权交易市场发展

国际上,知识产权交易市场可分为以美国、英国和德国等欧美国家为代表的市场主导型的知识产权交易市场和以新加坡、日本和韩国等亚洲国家为代表的政府主导型的知识产权交易市场。上述国家的知识产权交易市场发展经验可为我国知识产权市场化的开展提供借鉴。

一方面,美国、英国和德国等欧美国家通过充分利用信息技术的优势,建立线上知识产权交易平台,提高交易效率,降低交易成本,并始终致力于扩大业务范围,建立国际合作关系,将技术交易扩展至多个国家和地区。此外,通过采用丰富的运营模式,包括借助知识产权证券化等金融工具,进一步推动了市场型主导的知识产权交易市场的发展。

另一方面,新加坡、日本和韩国等亚洲国家均由政府构建知识产权交易平台,并不断修订知识产权相关的法律制度,出台配套政策,以扶持知识产权的商业化和产业化活动,从而推动了政府主导型知识产权交易市场的发展。

(二)风险投资的有限合伙制

国际上,在以美国硅谷为代表的风险投资发展繁荣的国家及地区,风投机构的组织形式大多采用有限合伙制。有限合伙制对美国创业投资领域的发展发挥了巨大的推动作用,从而间接助推了美国高科技企业创业和美国经济的发展。有限合伙制在国际上的发展经验可为我国发展风险投资行业和扩大天使投资规模提供借鉴。

有限合伙制是由承担无限责任的合伙人和以认缴出资额为限的有限合伙人组成的组织形式。由于风险投资具有高风险和高收益的特征,有限合伙制因其独有的特征实现了投资者和创业者的最佳结合。一方面,有限合伙制可以对承担无限连带责任的普通合伙人管理者起到约束作用;另一方面,有限合伙制可以使有限责任合伙人的投资者在获取潜在高额回报的同时,将其投资的最大风险限制在出资范围内,从而极大地提升了风险投资对于投资人的吸引力。此外,有限合伙制企业的投资人只需缴纳个人所得税无须缴纳公司税,避免了重复征税,降低了投资人的税收负担。

自 20 世纪 70 年代末起,随着传统形式的小型投资公司投资成功率走低以及美国公司制企业税收负担的加重,有限合伙制成为了美国风险投资领域的主要组织形式。目前,美国超 80% 的创投机构采用有限合伙制的组织形式,并孵化出了一大批世界闻名的高科技企业,包括苹果、谷歌、雅虎等。

(三)纳斯达克的退出通道

纳斯达克证券市场自建立以来,对美国以电脑、信息为代表的高科技产业的发展以及美国近年经济的持续增长起到了十分巨大的推动作用。其中,该市场最重要的作用之一便是为科创企业提供了上市的最佳场所,从而为风险投资畅通了退出渠道。纳斯达克市场的发展可为我国完善风险资本退出通道提供借鉴。

首次公开上市(IPO)是风险投资退出科创企业的主要渠道之一,以 IPO 方式退出不仅能为风险资本获取更高的资本溢价,还能为 IPO 后的企业发展提供持续的融资渠道。然而,IPO 的高成本、高门槛以及对企业原有大股东控制权的稀释是限制风险资本通过 IPO 方式实现有效退出的最主要因素。

作为全球最大的风险资本市场和场外交易市场,纳斯达克市场拥有独立的组织管理系统和发达的电子交易系统,做市商制度的存在和发展,使得该市场透明度极高。该市场采用与主板市场不同的上市评价标准,进入门槛非常低。有形资产 400 万美元的进入门槛,大大低于纽约股票交易所 4000 万美元的标准。同时,纳斯达克市场的双层股权结构,即同股不同权的股权架构,保障了企业原有大股东的控制权。

(四)硅谷银行与硅谷集团的股债联动和多元化服务

硅谷银行是全美在高科技公司投资领域最有影响的商业银行。其由起初的几家银行注册资金 500 万美元起家,发展到目前已经成为庞大的硅谷银行金融集团(SVB Financial Group),并于 1987 年在美国纳斯达克市场上市。硅谷银行独特模式和创新做法可在股债联动、银行对接科创企业和打造全链条金融服务体系等方面为我国提供借鉴。

在商业模式上,硅谷银行作为科技创业发展银行,与风险资本有着密切的联系。一方面,它将自己的客户群延伸到风险资本领域,为风险资本提供基本金融服务的同时,与风险资本进行着信息上的共享与交换,借风险资本筛选投贷对象;另一方面,它充当着风险资本与高科技企业间的媒介,积极促进双方的合作,并提供多元化增值服务。不同于风险资本,面向科技企业时,硅谷银行作为科技创业发展银行,在债权人、投资者、融资中介与金融服务商间灵活地变换着角色,实现了直接投资和间接投资的有机结合,并为科技企业提供全方位的金融支持。

在收益模式上,硅谷银行采用"利息+期权"的模式保障了其商业模式的可持续性。一方面,硅谷银行只吸收其贷款客户和风险资本的存款。由于风投机构资金多为活期账户,资金成本较低,有助于提高息差收益。另一方面,除贷款利息收入外,硅谷通过与科创企业签订认股期权协议来提高收益的上限。上述收益模式从一定程度上解决了科技贷款收益与风险机制不匹配的难题。

三、启示与建议

综合国际经验的启示以及我国目前的短板和实际情况,本文给出以下关于推进金融支持创新体系建设的建议。

(一)法规制度的完善

一是完善保护知识产权的法治环境,推动知识产权的商业化交易。一方面,参考新加坡等政府主导型知识产权交易市场的发展经验,完善的法律制度是推进知识产权市场化的重要保障。对于我国而言,需要继续完善保护知识产权的配套政策,提高知识产权估值的可靠性,从而加强通过知识产权进行融资的可操作性。另一方面,参照欧美国家等市场主导型知识产权交易市场的发展经验,便捷的知识产权交易平台及丰富的运营模式是知识产权商业化交易的重要推手。对于我国而言,需尽快建立全国统一的知识产权交易中心,为科技成果的落地提供更为便利的交易环境,使企业可以通过交易平台更好地获取技术成果与资金资源,实现业务的快速发展。

二是完善有限合伙制的法规,促进风险投资机构的发展。参考美国等国家及地区风险投资业的发展经验,有限合伙制是风险投资最重要的组织形式。对于资本市场处于高速发展的我国而言,结合我国国情完善有限合伙制的配套法规,对于扩大天使投资规模从而推动金融支撑创新体系建设有着十分重要的意义

三是完善多层次资本市场体系,畅通风险资本的退出通道。参考纳斯达克市场的发展经验,通畅的退出通道对风险资本及科技产业的创新发展有巨大的推动作用。对我国而言,需尽快推进全面注册制改革平稳落地,推动大量"专精特新"中小企业在北交所、科创板和新三板等上市,降低企业IPO的成本和等待时间,缩短创投项目的退出周期。同时,推动场外交易与场内交易市场的并行发展,畅通风险资本多元化的退出渠道。

(二)投融资机制的创新

一是投贷模式的创新。参考硅谷银行的发展经验,投贷联动等商业模式在一定程度上能解决科技贷款收益与风险不匹配的难题。对于我国而言,需持续大力推进商业银行科技支行的打造和发展,引入科技贷款,推动投贷联动。此外,还可参考浙江省桥隧模式(企业向银行申请贷款时,投资公司做出如企业无法还款时的兜底承诺,作为回报,企业让渡相应股权给投资公司)与路衢模式(金融机构发结构性金融产品,财政、银行和投资公司等分层购买,投资公司劣后,其他如担保、保险等配合,批量解决科创性中小企业的融资问题,路衢模式也可作为桥隧模式的升级版)开展经验,为科创企业提供资金支持。

二是业务产品的创新。参考硅谷银行的发展经验,知识产权等无形资产是对银行等金融机构进行风险补偿的重要手段。对于我国而言,应加快科技型企业名录库的完善并推动知识产权质押的实践,帮助企业盘活更多的无形资产,拓展融资渠道,将金融资源投向具有知识产权的科创企业。

三是技术手段的创新。依托现有的技术优势,推动云计算、大数据、区块链等新一代信息技术向各行业融合渗透,打造"互联网+"生态体系,以数据和技术为核心驱动力,提高金融业的整体服务水平,对接应用到更多科创企业的实际发展中来。

(三)复合人才的培养

一是打造产业与金融融合的生态圈。参考美国硅谷的发展经验,高科技产

业和风险资本的聚集效应对吸引和培养科技与金融的复合型人才有显著的促进作用。对于我国而言,可以通过强化科技产业和促进金融要素聚集,建设具有影响力的科技金融试点、科技金融集聚区,从而推动金融机构组建具有产业和金融共同背景的专家团队,培养既懂金融又懂新技术新产业的复合型人才。

二是强化产学研的协同创新。利用双一流高等院校资源,尽快打破学科专业壁垒,用好学科交叉融合的"催化剂",促进复合型人才的培养。

明确资本治理规则 引导资本健康发展①

改革开放 40 多年来,我国经济持续快速发展,已经积聚起巨大的资本能量。资本规模显著增加,资本主体更加多元,资本已成为促进社会生产力发展的重要力量。但是,资本也是一把"双刃剑",既能创造价值,也会无序扩张、野蛮生长,关键在于能否全面提升资本治理效能,正确有效引导资本行为。正因如此,全面提升资本治理效能,充分发挥资本积极作用,引导资本推动企业复工复产,促进产业高质量发展。这是顺应当前时代变革背景的有效举措,是提升新时代中国特色社会主义经济体系下资本主体生命力和竞争力的重要办法。本文基于当下我国资本发展中存在的问题提出相关建议。

一、四位一体的资本与界限

资本是创造财富的各种资源的总和,或者说是具有经济价值的物资财富或生产的社会关系,因此,应从四个方面的结合来理解资本:首先,资本是一种生产要素,是和劳动力、土地、技术等并列,作为生产经营过程中不可缺少的一种要素;其次,资本是一种组合机制,它把各种生产要素组合在一起共同完成生产经营过程,货币可以说是企业生产经营活动的第一推动力与持续动力;再次,资本是一种社会关系,体现了生产与再生产过程中人与人的关系,体现了人们在经济社会中的联系与地位;最后,资本是一种权力体现,在资本身上和资本发挥作用的地方,都展现了包括决策、收入分配、话语等权力和影响力。所以,不能仅仅从普通的生产要素上去看待资本,必须从上述四方面的结合上来认识理

---

① 本文作者金雪军、刘建和、章宇康,最初发表在《公共政策信息专报》第 220102 期。

解。也由此可以看到资本的属性,不但具有垫支与增值功能,而且具有运动与社会属性。

正确认识和理解资本,有助于确定资本无序扩张和健康发展的界限。对此,我们认为可有两个维度:一是从市场的角度看,主要看在法律法规规定的活动领域,是否有利于竞争公平与活跃,包括生产进出是否受到强制限制,交换是否存在欺骗强制,是否凭支配地位转嫁风险,是否遵守价格运动的基本规律等;二是从社会的角度看,除了看是否符合国家的法律法规,还要看是否符合社会的基本伦理,是否导致系统性或社会性的风险等,对影响面广的大资本的运行还要看是否符合国家的发展目标。因此,可把两者结合起来确定资本是无序扩张和健康发展的界限。

二、资本发展中存在的问题

1. 平台资本缺乏正确引导

平台资本以大型互联网集团为代表,是数字经济时代背景下的新型经济模式催生的资本主体。由于该类资本能够对商家和客户等市场主体进行双向控制,对监管体系具有穿透能力,存在一定程度的无序扩张,影响市场良性发展。因此,有必要明确资本经营范围和相关权限,引导资本良性发展,推动市场高质量发展。

2. 上市资本竞争力和影响力有待进一步加强

上市资本以 A 股上市企业为代表,目前在国际上产品竞争力和影响力仍然偏弱,缺乏掌握核心科技与行业标杆的龙头企业,容易受到境外风险溢出影响。不仅如此,个别上市资本涉嫌信息披露违法违规、集团公司涉嫌操纵证券市场,导致股价非正常波动,挫伤投资者积极性,对市场造成不利影响。因此,有必要推动资本高质量发展,提升资本监管效能。

3. 民间资本抵御风险能力较弱

民间资本主要以小微企业为代表。小微企业解决了大量就业,是经济发展不可或缺的成分,也是创新的重要源泉。小微企业体量小,抵御风险能力差,融资渠道单一,融资风险较高,容易受到冲击。在 2022 年新冠疫情多点暴发的情况下,众多小微企业经营成本提高,招工复工困难。因此,有必要关注资本主体发展困境,切实解决生存难题,为市场注入活力。

三、几点建议

为使国内资本良性发展，优化资本治理环境，针对以上问题，笔者提出以下几点建议。

1. 加强新时代资本治理理论和应用研究

在社会主义制度下如何规范和引导资本健康发展，这是新时代马克思主义政治经济学必须研究和解决的重大理论及实践问题。建议：（1）深化社会主义市场经济条件下资本理论研究，用科学理论指导实践。必须加强新时代条件下对我国各类资本及其作用的认识，研究能够引导资本健康发展、发挥其主观能动性的资本治理体系。（2）深入总结新中国成立以来特别是改革开放以来对待和处理资本的各类经验，促进各类资本良性发展、共同发展。（3）研究事前引导、事中防范、事后监管相衔接的全链条资本治理体系，推动形成联合监管、综合监管、特色监管和针对性监管相结合的治理机制。

2. 设立资本"红绿灯"，明确资本治理规则，划定底线

准确认识资本的特性和行为规律，对我国资本运行情况真实掌握，对外部环境可能的变化及时预判，把握资本规模、流动配置方向和变化趋势。建议：（1）设立资本"红绿灯"，明确资本治理规则。明确行业边界、价格机制、数据算法等规则，划定底线，建立负面清单，设置资本禁区和限制区。（2）明确监管理念和政策价值取向。保证消费者和劳动者的合法权益，引导资本正确发展。坚持法治化治理，创造市场化、法治化、国际化的营商环境。（3）对于已设立的资本活动界限应落实监管，健全治理体系。深化监管体制改革，提升资本监管效能，完善治理分工体系。建立防腐败制度，打击以权力为依托的资本逐利行为。

3. 构建有效市场，激发各类市场主体的活力，发挥资本的积极作用

进一步深化资本市场改革，完善我国资本市场基础制度，为各类资本发展释放出更大空间。积极落实对资本合法权益的保护并妥善解决资本发展面临的困局。建议：（1）建立完善的反垄断制度，规则制定确保全面、细致、清晰、无歧义，保护各类市场主体合法权益。加强反垄断和反不正当竞争监管，禁止大资本违规蚕食小资本，确保资本有序竞争。（2）完善市场准入制度，降低资本进入门槛，发挥资本稳住经济大盘的作用。支持符合新发展理念的资本，鼓励服务国家发展战略。引导资本流向民众需求、产业短板和国际技术竞争领域，充分发挥资本作为市场经济重要生产要素的积极作用。（3）出台资本纾困政策，

保障涉农、小微、民企和受疫情影响行业的资金和政策支持。确保产业链安全稳定,提振市场信心。

4.建立健全金融风险防范机制,推动资本健康发展

股市异常波动会挫伤投资者投资热情,影响企业正常融资,对企业健康发展不利。为防范金融风险,应当建立常态化应对机制。建议:(1)建立平准基金,防范A股市场非正常价格波动风险,确保股市平稳运行。建立完善的平准基金决策程序和管理制度,合理确定动用基金干预市场的时机和规模。(2)完善制度,加大上市公司优胜劣汰的力度。加大上市公司立法监管,明确界限建制度,做到合法行为不干预,违法行为零容忍。全面落实注册制,一方面做到上市公司退市常态化,切实提升存量上市公司质量;另一方面发挥金融服务实体经济的作用,做大做强上市资本。(3)培养长期投资者,引导树立长期投资概念。支持鼓励长期投资者持有业绩优良、经营稳健的上市公司股权,既支持上市公司发展,又稳定证券市场运行。

中小银行风险滋生,亟须优化布局^①

　　近年来,中小银行金融风险事故频发,2020 年包商银行无力清偿到期债务,向法院申请破产清算;2021 年受疫情冲击,中小银行盈利能力普遍下滑,部分银行出现大额亏损;2022 年 5 月,河南省四家村镇银行出现储户取款难事件,引发了一系列对于中小银行风险的讨论与信任危机。因此,如何引导中小银行回归本源,整治中小银行经营乱象,提升中小银行的市场竞争力,对促进中小银行形成持续健康发展的长效机制,防范区域性金融风险具有重要意义。

一、当前中小银行概况与风险现状

　　截至 2022 年 6 月,中国共有中小银行 3991 家,其中城市商业银行为 147 家,农村信用合作社 2196 家,村镇银行 1651 家,合计总资产为 92 万亿元,占中国银行业总资产 29%,是中国区域金融市场的重要组成部分。作为主要专注于小微企业金融服务以及"三农"服务的区域性银行,中小银行设立初衷为服务地方经济,填补大型商业银行的下沉市场空缺,发展普惠金融。从数据来看,虽然在 2021 年一季度至 2022 年一季度内,中小银行(城市商业银行与农村金融机构)普惠型小微贷款占比在下降,但是其绝对值继续稳步增长,且占比额度仍接近 45%(图 1),这表明中小银行在普惠金融领域发挥着不可忽视的作用。

　　然而,中小银行迅速发展的背后,其潜在的金融风险亦不可忽视。从 2020 年四季度央行所公布的最新金融机构评级结果来看(图 2),处于红区内(8 至 D 级)的高风险金融机构占比总计为 442 家。而其中以农合机构(包括农村商业银行、农村合作银行、农信社)和村镇银行为代表的中小银行风险最高,高风险

---

① 　本文作者金雪军、施云辉,最初发表在《公共政策信息专报》第 220105 期。

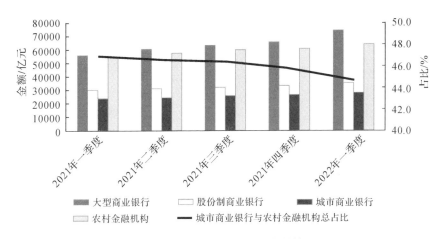

图 1　银行业金融机构普惠型小微贷款情况（亿元）

数据来源：中国银行保险监督委员会

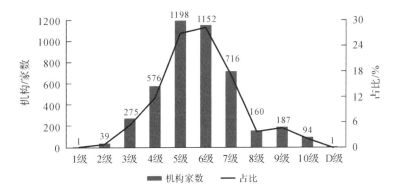

图 2　2020 年四季度央行评级结果分布情况

数据来源：中国人民银行

机构数量分别为 285 家和 127 家，资产也分别占本类型机构的 8％、10％。这意味着目前我国银行业金融风险很大一部分集中在区域性的农合机构和村镇银行，虽然其总资产占比较低，但由于其地域性和普惠性的特点，一旦发生重大金融风险事故，将会对区域内的金融稳定产生极大的影响。

二、中小银行风险滋生原因

结合近期中小银行已发生的风险事件，我们认为有以下四点原因导致中小银行风险相对高发。

1. 违规揽储与信贷审批不规范造成的风险

在揽储方面，部分中小银行借助互联网平台，突破了传统揽储方式的空间限制，成为"全国性"银行，但在吸储过程中却存在隐瞒、欺诈以及挪用资金等不规范行为。其中较为典型的是，村镇银行并没有发售理财产品的资格，部分银行却通过高利率与补贴吸引储户，后续则擅自将储户资金挪用变为风险较大的理财产品，违反金融监管。一旦市场环境发生变化，出现了亏损，最终结果将引发对于中小银行的扩散性信任危机。在信贷方面，部分中小银行在贷款发放的过程中不重视贷前审核，忽视了对客户资信情况调查的必要性，或为了追求贷款发放量的增加，而降低贷款指标，为不良贷款者骗取贷款提供了可乘之机。在贷后的追踪与管理上，中小银行也普遍存在疏于检查或不根据要求追踪贷款者后续资金使用情况，进而导致不良贷款的产生，增加了银行的金融风险。

2. 公司治理与股东股权管理存在缺陷造成的风险

"三会一层"①运行机制受阻，中小银行公司股权结构极端化，缺乏有效制衡。一方面，部分银行中公司股权分散，银行所有者缺位，造成了"内部控制人"问题，极易出现治理决策失误与道德风险；而另一方面，中小银行股权结构过于集中，部分股东谋取对银行的实际控制权，并对银行的经营决策产生重大影响，由此衍生出一系列的问题，如操控经营、关联交易以及利益输送等。其次，在监督层面，董事会对关联交易的审查、监事会对关联交易的监督，往往流于形式，难以有效识别和防范关联交易风险，风险管理和内部控制等方面缺乏有效监督。在部分地方，也存在着地方政府持股比例较低或并未持有中小银行股份，但时常干涉中小银行公司治理和经营的情况。

3. 跨区域发展与跨域属地管理问题造成的风险

自 2020 年银保监会进一步明确中小银行的定位与方向，地区性中小银行跨区域发展行为得到改善，但仍存在以设立村镇银行或参股同业"曲线"实现跨区域布局的现象。在公司治理不完善，资本与风险抵补能力不足的前提下，中小银行盲目进行跨区域发展、吸收异地大额存款、发放异地贷款等，很容易在风控环节与不良贷款处置方面出现纰漏，导致区域性金融风险的滋生。尤其是村镇银行，作为中小银行的重要组成部分，其发起行大多设立在异地，跨域属地管理的过程中各方存在严重的信息不对称问题，也成为制约监管机构推动风险化解的不利因素。

---

① "三会一层"即股东大会、董事会、监事会以及高级管理层。

4. 中小银行人才队伍匮乏与道德问题造成的风险

在人才队伍建设方面，中小银行长期存在门槛过低，审核不严的问题，导致人才队伍中高素质金融人才相对匮乏。对外，部分中小银行从业人员在对相关投资理财产品不熟悉的情况下，向客户过分强调收益，而忽视背后的风险与弊端，存在诱导客户的可能。对内，部分中小银行管理人员为非金融领域专业人才，长期存在"乱作为"或"不作为"现象，对银行业务及相关法律知之甚少，存在"瞎指挥"的问题。更有甚者严重违反银行从业人员职业道德规范，通过违规操作、泄露客户信息、隐瞒歪曲以及违法犯罪等行为谋取私利，却最终对中小银行带来经济损失与声誉影响，严重时引发社会矛盾。

三、引导中小银行优化布局，化解风险的对策建议

1. 规范中小银行揽储行为，健全信贷审批制度，建立数字化风控体系

杜绝中小银行"高息揽储吸存"与"价格竞争"的不合理行为，规范中小银行通过互联网开展个人存款业务的有关事项，引导中小银行在合规范围内，加强金融产品创新和服务优化，着重改善服务供给质量。在信贷方面，制定和完善合理的信贷审批责任认定制度，落实主审批人、专职审批人的贷款审批的责任制，建立合适有效的激励约束机制，激发银行各员工的积极性；鼓励和引导中小银行运用金融科技，推进数字技术与普惠金融的深度融合，并加强对企业信贷的事前与事后风险管理。按照"主动防，数智控，全面管"的思路，将数字化风险管控嵌入业务全流程，做好风险的事前事后防控工作。

2. 加强中小银行内部治理监管，深化中小银行股权结构和公司治理改革，从源头上化解潜在金融风险

加快推进"三会一层"公司治理结构，完善中小银行公司治理体系，提升中小银行内部经营管理水平与稳健发展能力。特别是对中小银行股东资质与公司股权持有情况进行穿透式监管，完善和细化中小银行股东激励约束机制，杜绝股东利用中小银行作为"提款机"，进行影子银行、不正当关联交易以及违规挪用储户资金或是股东"只投不管"等短视行为的发生。对违法乱纪的不良股东和管理人员，加大问责力度和整改纠正的监督力度，将金融风险扼杀在源头。在此基础之上，可以根据实际发展情况与战略需求，鼓励中小银行引进合格的战略投资者，进一步完善公司的治理体系，提高中小银行的管理决策效率。

3. 鼓励中小银行深耕普惠金融领域，推动中小银行聚焦主责主业，回归中

小银行本源定位

确保中小银行不折不扣地执行各项普惠金融政策，提升本地小微企业和涉农领域金融服务水平。各部门要协同配合，打通信息数据壁垒，完善融资担保体系，便利普惠贷款的发放与管理。明确中小银行市场定位，利用深耕本地区域与体量灵活的优势，设计贴合小额融资需求客户的差异化产品，扩展自身的利基市场，形成本地化的竞争壁垒。在政策方面加大支持力度，如再贷款额度的发放、额外下调存款准备金率与中小微贷款利率优惠等，协助中小银行聚焦主责主业，回归其本源，让中小银行恢复可持续经营的能力，杜绝盲目追求速度和规模的发展模式，提升在控制风险的前提下，中小银行嵌入本地经济发展，服务实体经济的能力与意愿。对跨区域经营的中小银行更要强化全过程监管。

4. 加强中小银行内部人员培训，建设金融专业人才库，补齐金融人才队伍建设短板

为中小银行从业人员提供继续教育的支持，坚决执行持证上岗的准则，对相关人员展开定期培训，对金融机构运行机制与运行风险、金融企业社会责任等问题形成深刻理解与认识，进而培养其责任感与使命感。同时，进一步推进金融人才库建设，鼓励大型银行保险机构的专业人员，通过市场化选择，到中小银行担任相关职务，补齐人才短板。另一方面，加强相关从业人员行为管理，定期开展员工与管理层异常行为排查活动，强化对内勤、客户经理以及高管等重点岗位人员的风险监控，及时排除职业道德风险隐患，避免内部道德风险事件的发生。

5. 持续推进中小银行的合并重组，加快不良资产处置，维护地方金融稳定

部分高风险中小银行由于自救能力缺失，仅靠自身无法实现改变困境，合并重组成为最有效、成本最小的出路之一。通过合并重组，能够将金融资源重新进行优化配置，促进规模效应，降低合作间的交易成本，提升区域协同发展能力，增强区域服务能力和差异化服务水平，实现"1＋1＞2"的效果。地方政府与监管机构应积极推动中小银行进行合并重组，鼓励优质的银行与其他优质企业参与并购重组。在重组过程中，厘清各行之间的股权关系，妥善安排被合并银行相关人员，加快不良资产的处置速度，在避免发生系统性风险的前提下实现较高风险中小银行的市场退出。同时，也应当强化后续监管责任，追踪指导合并重组后的银行长期发展，对主发起行建立有效的激励约束，真正让合并重组成为中小银行突破困境，维护地方金融稳定的有效手段。

关于警惕海外债违约风险的几点建议^①

防范化解重大风险是近年来的重点工作之一,全面学习贯彻党的二十大精神,其中一方面就要求我们着力增强防风险、迎挑战、抗打压能力,主动识变、应变、求变,防范化解各类风险挑战。与此同时,党的二十大明确指出要"健全资本市场功能,提高直接融资比重"。债券市场是直接融资的重要渠道,防范化解债券市场金融风险具有重大意义。

截至 2022 年 12 月 5 日,2022 年我国新增违约债券 161 只,涉及违约金额约 2761.52 亿元。从违约情况具体构成来看,161 只违约债券中有 98 只海外债,涉及金额超 350 亿美元,境外债务违约情况加剧,发债企业的外部融资支持和资金现金流存在安全隐患,应警惕相关风险向境内蔓延形成系统性金融风险。同时,2022 年涉及违约主体共 65 家,新增首次违约主体 42 家,这 42 家中33 家违约主体或其母公司主营业务为房地产开发与经营,房地产行业海外债务违约风险正加速集聚,有行业海外债务风险爆发与外溢的潜在可能。正是因此,笔者基于 Wind 数据库统计的 2022 年债券违约情况数据,分析海外债市场的潜在风险并提出建议。

一、海外债违约风险分析

1.海外债违约情况加剧,需警惕中国企业境外融资环境恶化

根据 Wind 数据,笔者将 2022 年违约债券情况按债券类型进行分类。截

---

① 本文作者金雪军、刘建和、左智玲,最初发表在《公共政策信息专报》第 230121 期

至 2022 年 12 月 5 日,共有 98 只中国企业发行的海外债违约,违约金额超 350
亿美元。以海外债违约日当期汇率折合成人民币约 2357.47 亿元,占 2022 年
全部债券违约金额的 85.37%。而 2021 年同期海外债违约金额为 1664.45 亿
元,占比 69.19%。2022 年我国企业发行的海外债违约情况显著恶化,潜在风
险亟须警惕并重点防范。

表 1   2022 年中国违约债券的债券类型分布情况(截至 2022-12-5)

	违约债券数目	违约金额(亿元)	违约金额占比
可交换债	1	1.30	0.05%
交易商协会 ABN	2	4.50	0.16%
定向工具	3	11.24	0.41%
证监会主管 ABS	7	14.56	0.53%
超短期融资债券	6	24.75	0.90%
私募债	10	59.56	2.16%
一般中期票据	17	142.05	5.14%
一般公司债	17	146.09	5.29%
海外债	98	2357.47	85.37%
总计	161	2761.52	100.00%

数据来源:Wind 数据库

中国企业境外发行债券是我国将外资"引进来"和鼓励企业"走出去"的重
要融资途径,对人民币国际化发展、发债企业拓宽融资渠道和拓展国际市场都
具有重大意义。发债企业在境外债券市场信用风险频发,将打击投资者对中资
海外债的信心,引起海外债二级市场的价格震荡,推升融资成本,加剧企业从境
外债券市场再融资的难度,进而使企业的资金面进一步恶化。

海外债频繁违约给中国企业境外融资环境恶化带来的影响不可忽视,亟须
警惕相关风险。Markit iBoxx 亚洲中资美元非主权债券指数在 2022 年 11 月 3
日创下 195.75 的历史最低点,2022 年 12 月 5 日收盘价报 211.51,仍处于历史
低位。与此同时,2022 年以来中资海外债的净融资额同样不容乐观(见图 1)。

2. 关注企业海外债违约情况,要谨防相关债项风险向境内市场蔓延

对于具有海外债发行资格的发债企业来说,海外债违约往往意味着公司陷
入了严重的流动性困境,这时"保内"成为大部分企业普遍采用的策略,这些企
业将有限的流动性优先用于境内债务兑付以及日常经营。但一旦公司流动性

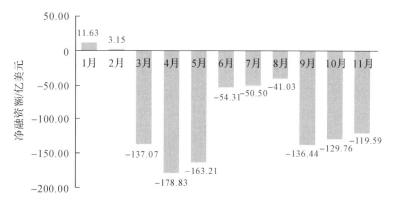

图1 2022年1—11月中资海外债净融资额(亿美元)

未能得到有效缓解,其违约风险将极有可能蔓延至国内债券市场,引发系统性金融风险。

3.房企海外债违约风险加速集聚,应防范行业内部隐性风险

作为资金密集型行业,房地产企业债务违约频发一方面会严重损害公司的信誉,造成后续融资困难;另一方面会对提供融资的机构以及相关联的上下游行业造成严重冲击,进而产生连锁的债务违约效应。Wind数据显示,截至2022年12月5日我国债券违约主体共65家,新增首次违约主体42家,这42家中33家违约主体或其母公司主营业务为房地产开发与经营,涵盖了一些知名房企,2022年房地产行业债务违约风险正加速集聚。

2022年违约房企的困境既与行业现状相关,销售下行、资金回笼不理想加之融资受阻,导致房地产行业信用风险显著攀升;也需重点关注存在"明股暗债"嫌疑房企的潜在风险隐患。事实上,2022年新增的债券违约主体如中梁控股、融创、恒大、正荣地产等都难洗"明股暗债"嫌疑,近年来少数股东权益呈"爆发式"增长。部分房企通过"明股暗债"的操作将债务包装成股权,极大程度上增加了公司的隐性风险,必须格外警惕。

二、相关建议

针对我国企业信用债尤其是海外债违约的潜在风险,笔者提出三点建议。

1.目前很多海外债信用违约主体虽然普遍采取"保内"策略,国内信用债市场风险似乎有所缓和。但已存在部分公司陷入严重流动性困境,海外债风险向发行的境内债券蔓延。因此,建议:(1)重点关注并排查海外债信用违约主体及

其存续债券现状,考量信用主体偿债能力,对短期内偿债压力大、利润水平低、陷入严重流动性困境的信用主体,做到早识别、早预警、早发现、早处置。(2)鼓励企业通过转让旗下资产自救等方式激活流动性,防范风险进一步扩散蔓延,尽早切断海外债务风险蔓延链条。

2.债券违约会造成对企业信用环境的严重破坏,进而导致融资环境进一步恶化,投资者担忧增多、望而却步。因此,建议:(1)进一步完善信用评级机制,建立有效的债券违约退出机制,提升投资者的投资意愿与信任度。可借鉴国外市场加速清偿、采用限制性条款等措施,使不同风险偏好的投资者都能匹配适合的保障条款。(2)通过设立信用保护工具,鼓励部分信用良好的企业与困境企业加强合作的方式,改善企业现金流状况,重筑企业信用环境。拓宽企业融资渠道,借助多层次资本市场,股权、债权、民间金融资金、银行信贷资金等多渠道融资。

3.针对部分房企存在"明股暗债"现象,隐性风险巨大。建议:(1)加强行业监管,相关监管规范持续加码。加强对信贷资金、私募基金投资的穿透式监管,通过了解资金流向严查是否存在通过"明股暗债"的方式为部分房企输送资金的操作,严格打压、严厉惩处相应违规行为。(2)加强对投资协议等相关文件的排查,要求明确当事人双方的权利义务,保证信息的透明、真实、可靠。

关于防范部分地区城投债偿债压力相关
风险的几点建议^①

2022 年 12 月 15 日,党的二十大后的首次中央经济工作会议在北京召开,会议在部署 2023 年经济工作时强调"有效防范化解重大经济金融风险"是必须要把握好的重大问题之一,同时强调"要防范化解地方政府债务风险,坚决遏制增量、化解存量"。显然,对于地方政府债务存量化解的重视程度提升,预计 2023 年城投各方面融资环境依然偏紧。Wind 数据显示,截至 2022 年底我国城投债总存量达 13.52 万亿元,比 2021 年同期仍增长 5.66%。城投债规模维持在高位,存量化解工作仍任重道远。与此同时,受土地出让市场进一步降温影响,城投债还本付息压力增大,需警惕防范相关风险。在此背景下,笔者根据 Wind 及中指数据分析我国城投债的偿债压力并给出相应建议,有利于把握各省城投债的潜在风险大小,找准化债工作的重点方向,推动城投债风险化解工作稳步进行。

一、我国各省市自治区城投债偿债压力

1. 城投债规模逐年攀升而净融资规模大幅下降,还本压力加大

2021 年以来在"15 号文"等政策的约束下,我国城投债同比增速有所放缓,但总体仍保持着 5% 以上的增长,城投债存量规模逐年攀升。截至 2022 年 12 月 31 日,全国城投债总存量达 13.52 万亿元,比 2021 年同期增长 5.66%,城投债规模维持在高位。

---

① 本文作者金雪军、刘建和、左智玲,最初发表在《公共政策信息专报》第 230122 期。

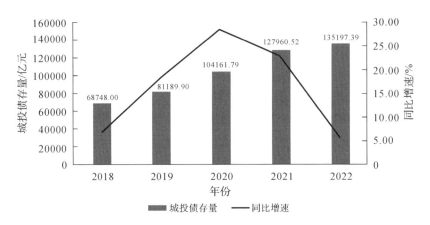

图1　2018—2022年我国城投债存量规模变化

数据来源:Wind

　　在城投债规模不断扩张的同时,2022年城投债净融资规模大幅下降。Wind数据显示,2022年我国城投债净融资1.09万亿元,较2021年同期减少1.25万亿元。城投债获取增量融资困难重重,叠加规模维持高位,城投债还本压力高企。

　　分省来看,存量城投债方面,江苏、浙江和山东存续的城投债规模超万亿元,其中江苏存量城投债高达2.77万亿元,位居全国首位;浙江存量城投债也接近1.89万亿元,位居全国第二位。2022年多数省份的城投债规模同比增加,其中广西、河北同比增速超20%。城投债净融资额方面,2022年有23个省份的城投债净融资额同比减少,甘肃、吉林、青海、贵州等8个省份城投债净融资额为负。一方面,需要关注城投债存量规模较高和规模同比增速较大的省份,关注其地方政府债务存量化解压力;另一方面,有必要重点关注净融资额为负、净融资增减变化较大省份的潜在风险,净融资规模大幅下降可能使得还本压力快速放大。

表1　2022年各省区市城投债的存量规模和净融资额

地区	城投债存量(亿元)		存量同比增速	城投债净融资(亿元)		净融资同比增速
	2022	2021		2022	2021	
江苏	27,746.14	26,337.03	5.35%	1,351.36	5,512.84	−75.49%
浙江	18,858.07	16,768.50	12.46%	2,075.37	5,349.35	−61.20%
山东	11,514.75	9,828.74	17.15%	1,568.71	2,565.92	−38.86%
四川	9,592.22	8,506.46	12.76%	1,028.23	1,796.84	−42.78%

续　表

地区	城投债存量（亿元）		存量同比增速	城投债净融资（亿元）		净融资同比增速
	2022	2021		2022	2021	
湖南	8,027.49	7,593.89	5.71%	403.31	1,186.35	−66.00%
湖北	6,512.00	5,831.98	11.66%	658.37	1,089.14	−39.55%
重庆	6,093.63	5,738.74	6.18%	343.53	985.42	−65.14%
江西	6,041.13	5,520.85	9.42%	511.60	1,240.23	−58.75%
安徽	5,029.04	4,477.36	12.32%	540.67	769.14	−29.70%
广东	4,560.51	3,927.84	16.11%	645.82	1,038.88	−37.84%
福建	4,000.91	3,558.11	12.44%	623.34	744.64	−16.29%
河南	3,844.21	3,372.57	13.98%	619.76	583.04	6.30%
天津	3,557.85	3,208.95	10.87%	8.74	−752.08	101.16%
陕西	2,942.89	2,948.19	−0.18%	295.96	296.44	−0.16%
贵州	2,722.60	2,634.67	3.34%	−220.93	−19.87	−1011.95%
上海	2,086.62	2,026.04	2.99%	451.93	518.18	−12.79%
广西	2,062.68	1,684.40	22.46%	40.14	417.08	−90.38%
北京	1,785.78	1,645.77	8.51%	101.38	−46.20	319.43%
河北	1,698.02	1,398.10	21.45%	292.20	123.13	137.31%
新疆	1,321.74	1,335.07	−1.00%	48.65	148.02	−67.13%
云南	1,174.57	1,269.29	−7.46%	−167.35	113.19	−247.84%
吉林	1,052.70	1,187.50	−11.35%	−134.80	−5.04	−2574.60%
山西	1,006.93	929.46	8.33%	81.53	60.56	34.63%
甘肃	639.57	913.48	−29.99%	−289.65	−10.44	−2674.43%
辽宁	296.29	346.05	−14.38%	−49.76	−147.66	66.30%
黑龙江	257.24	268.58	−4.22%	−9.74	−31.23	68.80%
西藏	215.52	196.10	9.90%	30.72	50.00	−38.56%
宁夏	208.10	189.50	9.82%	18.60	−22.60	182.30%
海南	142.35	183.00	−22.21%	17.35	27.57	−37.07%
内蒙古	115.75	130.00	−10.96%	−80.35	−77.28	−3.97%
青海	90.10	125.00	−27.92%	−39.90	1.65	−2518.18%

数据来源：Wind 数据库

以广西和贵州为例，广西 2022 年存量城投债规模同比增加 22.46%，增速位居全国第一，而净融资额却同比减少 90.38%，需要关注当地城投债化债工作漏报隐性债务等可能存在的潜在风险。2022 年贵州存续的城投债为 2722.6 亿元，位于全国中游水平，同比增长 3.34%；其城投债净融资额为－220.93 亿元，连续两年为负值且同比减速巨大。这虽然与当前贵州的化债进程基本匹配，但 2022 年贵州的地方政府负债率高达 769.14%，财政自给率却仅 35.23%，地方财政兜底压力仍较大，仍需警惕隐性债务扩张风险。

2. 土地出让收入大幅下滑，付息压力增加

2022 年以来，土地出让市场进一步降温。根据 CREIS 中指数据，2022 年全国实现土地出让金 5.45 万亿元，同比下滑 24.39%。其中，仅上海、海南、陕西和内蒙古等地的土地出让金同比增速为正。

土地出让金大幅下滑导致地方政府付息压力明显增加。笔者根据 Wind 和 CREIS 中指已有数据对 2022 年各省土地出让金对城投债、地方债利息支出的覆盖比例进行估算（如表 2）。其中，2022 年城投债利息支出用"2021 年末城投债余额×2021 年末存量平均票面利率＋(2022 年末城投债余额－2021 年末城投债余额)×存量平均票面利率/2"计算；2022 年地方债的利息支出用"2021 年末地方债余额×2021 年末存量平均票面利率＋(2022 年末地方债余额－2021 年末地方债余额)×存量平均票面利率/2"计算。结果显示 2022 年有 28 个省份的土地出让金对城投债和地方债利息支出的覆盖比例同比下降，地方政府付息压力普遍增加。值得注意的是，覆盖比例不足 100% 的省份由 2021 年的 4 个增加到 2022 年的 9 个，有必要重点关注这些省份地方债务的潜在偿债风险。

表 2　2022 年各省区市土地出让金及其对利息支出的覆盖比例

地区	2022 年土地出让金（亿元）	出让金同比增速	2022 年城投债利息支出（亿元）	2022 年地方债利息支出（亿元）	2022 年出让金对城投债和地方债利息支出的覆盖比例	2021 年出让金对城投债和地方债利息支出的覆盖比例
上海	3,287.48	19.92%	75.80	260.77	976.78%	910.59%
浙江	7,128.56	－27.41%	823.13	649.05	484.22%	785.87%
江苏	9,269.34	－20.87%	1,321.91	680.04	463.02%	641.20%
北京	1,776.35	－24.24%	75.09	314.06	456.47%	709.12%
广东	4,180.08	－40.27%	159.14	778.37	445.87%	935.41%
福建	2,062.93	－20.29%	160.85	387.05	376.52%	563.57%

续 表

地区	2022年土地出让金（亿元）	出让金同比增速	2022年城投债利息支出（亿元）	2022年地方债利息支出（亿元）	2022年出让金对城投债和地方债利息支出的覆盖比例	2021年出让金对城投债和地方债利息支出的覆盖比例
安徽	2,506.29	−8.40%	236.59	438.99	370.98%	464.18%
山东	4,177.70	−28.26%	532.67	753.21	324.89%	531.34%
陕西	1,505.61	4.63%	148.03	324.57	318.58%	344.36%
四川	3,298.56	−1.87%	483.04	584.50	308.99%	366.60%
海南	339.64	58.64%	5.14	110.08	294.76%	209.56%
河南	1,919.59	−31.82%	192.13	476.01	287.30%	496.23%
河北	1,674.57	−8.44%	77.70	507.26	286.27%	372.01%
江西	1,780.26	−10.89%	288.22	345.97	280.72%	371.64%
湖北	2,032.93	−31.42%	303.12	440.67	273.32%	457.15%
湖南	2,170.47	−23.14%	417.46	510.98	233.77%	337.64%
山西	503.88	−30.96%	53.77	201.70	197.23%	315.56%
贵州	1,038.43	−37.22%	182.15	436.80	167.77%	274.27%
广西	671.25	−17.09%	133.83	328.25	145.27%	195.54%
宁夏	101.24	−3.82%	9.78	70.33	126.37%	134.84%
重庆	824.72	−54.28%	333.87	329.80	124.27%	313.34%
辽宁	442.63	−56.57%	20.57	377.32	111.25%	272.49%
天津	398.67	−64.68%	182.67	284.30	85.37%	253.17%
新疆	303.64	−31.46%	64.32	296.78	84.09%	142.74%
内蒙古	262.84	5.99%	8.92	317.17	80.60%	79.64%
云南	381.22	−12.15%	79.26	400.45	79.47%	97.48%
甘肃	179.84	−55.02%	38.34	191.76	78.16%	199.24%
吉林	189.32	−76.08%	66.26	239.73	61.87%	287.34%
青海	56.15	−58.72%	6.44	102.12	51.72%	137.14%
黑龙江	64.78	−67.49%	17.98	249.66	24.20%	83.43%
西藏	0	−100.00%	8.14	18.01	0.00%	27.48%

数据来源：Wind 数据库，CREIS 中指数据

在土地出让金对城投债、地方债利息支出覆盖比例小于100％的省份中，甘肃、云南、天津等地的融资成本普遍较高，地域利差位于全国前列（如表3）。如果这些地区缺乏较强的财政实力，其债务利息覆盖能力势必不断削弱。在当前各地区土地出让金恢复速度偏慢的情况下，可以预计2023年这些地区仍将面临较大的付息压力。这些地区虽然城投债余额占比较小，但潜在风险事件对市场投资者信心的打击却不容忽视，相关付息压力风险亟须警惕。

表3　2022年土地出让金对利息覆盖比例小于100％省份的地域利差（部分）

地区	AAA	AA+	AA
天津	454.31	630.85	554.39
新疆	136.96	228.02	413.57
内蒙古	164.88	268.07	421.51
云南	723.10	649.48	638.47
甘肃	303.27	1370.36	657.30
吉林	293.05	452.80	618.60

数据来源：Wind数据库，表中数值单位为基点bp(0.01％)。

二、相关建议

针对目前我国部分地区城投债偿债压力增加，还本付息压力增大的现象，笔者提出两点建议。

1.目前虽然尚未出现城投债实质性违约现象，但在土地出让金大幅下滑、城投融资政策持续偏紧的背景下，城投债的偿债压力和潜在违约风险较大，不排除未来出现实质性违约的可能。建议：(1)排查城投债及其相关主体，考量信用主体偿债能力，对净利润水平低、资产负债率高和流动性负债占比大的城投企业，做到早识别、早预警、早发现、早处置，尽早切断债务风险链条。(2)应加强对城投非标违约高发区域相关风险的排查和预警防范，非标违约可能导致该区域信用环境恶化，城投再融资受较大负面影响，从而形成恶性循环。(3)降低债务利息成本，合理定价风险溢价，缓解付息压力，将节约的付息成本沉淀为化债资金。可通过加大信息沟通力度，及时调整可能违约债券的评级，同时加强投资者教育，使得投资者对风险理性预期。同时增强地方政府的财政实力，改善当地信用环境。

2.在城投债新增受限、存量债规模仍维持高位,短期内还本付息压力不断增加的背景下,实现存量债的顺利滚续,是降低短期债务风险的重中之重。建议:(1)对存量债规模较大而市场认可度不高,城投再融资困难、融资成本较高的地区,可通过非债券类债务展期、重组来实现降成本、拉期限,缓解短期还本付息压力,保障城投债存量实现顺利滚续。(2)对存量债规模较大而市场整体认可度较高,城投融资较为顺畅的地区,其风险主要集中在尾部城投。可通过整合尾部城投平台从而加强对区域内城投平台业务职能与定位、城投债务增速及融资成本的管控,降低尾部风险。(3)对融资成本较高、付息压力较大,但存量债规模较小的地区,可通过梳理区域内未来一年内城投债集中到期、偿债压力较大的发债主体名单,协调资源将其债券提前兑付,有利于区域内其他主体债务更顺利地滚续,防止这些地区出现发债主体连续违约,风险集中爆发的可能。(4)对于土地出让金覆盖利息比例较低,地方政府负债率较高、综合财力较弱地区,对区域内资产质量尚优的信用主体,可借鉴已有债务化解经验,置换债务、注入流动性、激活现金流,降低违约可能。

城投公司转型发展迫在眉睫及对策建议①

2022 年 12 月 30 日,贵州遵义最大的城投"遵义道桥"公告宣布将约 156 亿元的债务展期 20 年,且前 10 年只付息后 10 年才还本。这一事件再次引发人们对于城投公司债务的担忧。据公开可查询的城投债数据显示,截至 2022 年底我国城投债总存量达 13.52 万亿元,比 2021 年同期增长 5.66%。城投公司债务规模不断扩张并逼近风险临界点,债务展期甚至"爆雷"等问题频发,兰州城投、山东潍坊城投等多家城投公司发生违约。城投公司相关风险不容小觑,亟经通过转型化解。在此背景下,笔者分析了当前我国城投公司面临的困境并给出转型发展的建议,对于推进我国城投公司转型升级,防范化解地方政府隐性债务风险具有重要意义。

一、城投公司转型发展迫在眉睫

城投公司指由地方政府及其部门和机构等通过财政拨款或注入土地、股权等资产设立,承担政府投资项目融资功能,并拥有独立法人资格的经济实体(国发〔2010〕19 号)。其诞生之初主要职能是替地方政府融资,业务开展主要是政府回购、委托代建等传统模式,与政府信用深度绑定。但近年来在城投债务巨大压力下,城投公司未来发展面临重重困境,急需靠转型破局。

1. 城投债规模居高不下,城投化债工作推进缓慢

根据广发证券发展研究中心测算的数据显示,截至 2022 年 6 月末,全国城投有息债务规模达 50.2 万亿元,逼近 2022 年上半年全国 GDP(约 56.26 万亿

---

① 本文作者金雪军、刘建和、左智玲,最初发表在《公共政策信息专报》第 230126 期。

元),同比增速保持在 10% 以上。从公开可查询的城投债数据来看(图 1),虽然我国城投债存量规模增速有所放缓,但仍保持 5% 以上的增长水平,而且存量规模持续保持在高位。截至 2022 年 12 月 31 日,全国城投债总存量达 13.52 万亿元,比 2021 年增长 5.66%。以"控制增量、化解存量"为核心目标的化债工作取得一定进展,但作为隐性债务的城投债整体规模不降反增,城投公司存量债务的化解工作急需通过改革转型进一步推进。

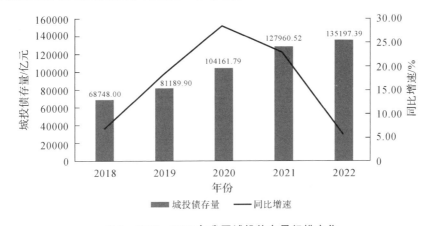

图 1　2018—2022 年我国城投债存量规模变化

数据来源:Wind

2.融资受限和自身造血能力不足,城投发展困境加剧

在债务规模高企的同时,城投公司依旧面临偏紧的融资环境。Wind 数据显示,2022 年我国城投债净融资 1.09 万亿元,较 2021 年同期减少 1.25 万亿元,甘肃、吉林等 8 个省份城投债净融资额为负,城投公司获取增量融资困难重重。

多数城投公司面临业务短板,造血能力不足。虽然城投公司不愁业务、不缺项目,但其多是债权融资执行、建设项目代管、委托代建等模式下的公益类项目。一方面,项目经营性和市场化程度低,业务获取和开展呈"资源拉动型"特性,靠的是政府信用、土地等地方政府背书的有限资源,这些资源一旦受损或消耗殆尽,城投公司发展可能陷入停滞;另一方面,业务经济效益低,回款周期长、资金占用大,收入与利润受限,使得城投公司自身造血能力不足。尤其是随着我国城市建设的不断推进,城镇化率不断提高。2021 年全国常住人口城镇化率达 64.72%,2022 年预计已突破 65%。各地城投公司原先较为依赖的传统基础设施建设将不断收缩,急需转型发展拓展业务空间、拓宽收入来源。

3.财政吃紧影响城投救助，城投转型要求迫切

从政策面上看，2021年以来银保监15号文、国发5号文等政策多方位明确强调政府不再无条件对城投托底，2023年初财政部也再次重申对于地方隐性债务坚持中央不救，"谁的孩子谁抱"的原则。事实上，受新冠疫情影响，世界百年未有之大变局加速演进，中国经济增长下行压力加大，财政收入受到明显冲击，财政收支矛盾明显加大。财政部数据显示，2022年1月至11月累计，全国一般公共预算收入185518亿元，扣除留抵退税因素后增长6.1%，按自然口径计算下降3%。全国一般公共预算支出227255亿元，比上年同期增长6.2%，缺口41737亿元。2022年以来土地出让市场进一步降温也对较为依赖土地财政的地方政府财力造成较大冲击。根据CREIS中指数据，2022年全国实现土地出让金5.45万亿元，同比下滑24.39%，其中仅上海、海南、陕西和内蒙古等地的土地出让金同比增速为正。财政吃紧必然影响政府对城投公司拨款和救助的自主意愿，所谓"城投信仰"正遭受质疑与冲击。在这一现实背景下，城投公司固步自封、一味指望政府兜底的运营模式也亟须打破，转型要求迫在眉睫。

面临巨额债务的偿还压力、融资压力，当前城投公司短期资金缺口巨大而业务长期造血能力不足，现金流产生能力有限，未来发展不容乐观。事实上，无论是2022年4月"重庆八大投"之一的重庆能投申请破产重组，还是2023年开年贵州遵义最大城投宣布156亿元债务展期20年，均凸显了当前城投公司面临的困局，城投公司未来发展亟须通过转型破局。

二、相关建议

随着城投公司债务快速扩张，内外源偿债资金受限，并逐渐逼近风险临界点，城投平台债务展期甚至"爆雷"等问题多发，相关风险不容小视。在控制新增债务、化解存量债务的基础上，城投公司亟待通过业务转型破局。对此笔者提出两个方面的建议。

1.面临融资偏紧环境下的巨额资金缺口，城投公司应不断盘活存量资产、注入新资源，并积极向股权融资为主的市场化资本结构转型。建议：（1）将经营性资产和公益性资产分类管理，整合经营性资产，发行基础设施公募REITS等资产证券化产品，提升经营效益。对于资产较为庞杂的城投集团，加快资产专业化整合，提升资产运作能力，推动资产经营提质增效。（2）对于经营较为稳健、存量资产质量较高的城投公司，当地政府应在转型过程中给予适当支持，通

过增加资本金、依法注入优质资产、引入战略投资者等形式加快城投公司的重组转型。(3)城投公司应积极探索上市融资、股权引资等股权融资模式。在当前政策大力鼓励公募REITs的背景下,积极参与REITs也是城投公司较好的利用股权融资降低债务负担的方式。(4)在上市公司与经营性业务条件具备的情况下,积极使用可转债转股、市场化债转股等手段进行债务重组减负。

2.针对城投公司过于依赖当地财政而自身造血能力不足的业务短板,唯有积极主动做实业务、推动业务市场化转型才能解决根本性问题。建议:(1)城投公司应根据当地资源禀赋、区域发展水平、地方政府发展战略和自身的优势等找准业务定位,在做专做强主业的基础上谋求多元发展,避免陷入盲目多元化、增收不增利的转型困境。(2)对于经过长年为地方政府代管代建和项目运营,在基建、公用事业等领域积累资源与业务能力,形成了优势经营业务的城投公司,可借鉴上海城投的成功经验,依托已有业务转型,在熟悉的业务板块下寻找细分的可盈利业务,调整业务架构,剥离绩差业务,增加转型成功概率。(3)坚持科技赋能,在传统基础设施建设项目的基础上,城投公司可积极介入城市和产业园区的新基建业务,不仅包括5G基站建设、大数据中心、人工智能、工业互联网等新兴领域,主动争取诸如智慧停车、新能源充电桩等项目的非传统特许经营权等,还可包括城市旧基建领域的升级和补短板,如公共卫生和医疗的智慧化、安防、冷链物流等各个领域。(4)城投公司可借鉴合肥建投的转型经验,培养配备专业化的业务人才队伍,先在部分新业务项目试水,而后做大做强,以产业链的思维主导布局上下游多元化业务路径。

总之,城投公司可借力地方政府大力发展的优势领域与资源,结合自主市场布局,积极推进业务转型。

推进温州金融综合改革试验区建设的若干建议[①]

当前社会舆论对温州金融改革出现一些质疑,究其原因是社会各界对金融改革的高期望与金融改革的渐进性存在反差,改革实践与理想目标距离较远。其实,一方面温州金融改革需要经济、法律等多个领域配套政策、协同推进,另一方面金融改革的效果显现有一定时滞,不可能立竿见影。

经过一年多的摸索实践,温州金融改革的基本框架已经搭建,各项改革效应也正开始逐步显现,但在推进过程中尚存在一些困难和瓶颈。主要有:在金融的风险逐渐暴露时期试点金融改革,无形中增加了改革难度;金融综合改革牵涉的部门和领域很多,政策突破难度大,温州民间金融活跃,市场主体资质参差不齐,金融改革监管难度较大,加上理念上的偏差,尚未为金融改革创造良好的生态环境;由于缺乏引导和政策支持,主体金融机构参与金融改革的积极性与动力不足等等,必须予以重视,着力加以解决。同时有几点认识必须厘清,避免在改革试验中走弯路。一是正确看待"两多两难"。"两多两难"问题中的"两难",其实与"两多"关系不大。另外,"两多"中的民间资金多命题本身值得探讨,实际上很大一部分所谓的"民间资金"系银行信贷资金转化而来。同时,民间资金"散、小"特征明显,大额民资主体很少。可见温州的"两难"确实存在,但表现为明显的结构性、阶段性、实体性等特征。金融改革不到位和配套制度不健全是产生"两难"的重要根源。二是必须站在国家战略的高度考虑问题。要明确温州金融改革的定位是金融综合改革,而并非只是民间金融改革。所以,下一阶段的金融改革,一定要在调整金融结构上狠下功夫,使其发挥作用,更好地服务实体经济发展,最终实现经济金融双转型。三是明确金融改革的最终目

① 本课题主要负责人金雪军、蒋志华、杨小苹,执笔人金雪军、姜聪聪,最初发布于 2014 年 11 月《咨询研究》。

的是为实体经济服务。温州金融改革的方向是始终坚持为实体经济服务,改革的切入点是调整现有的融资结构,改革的落脚点是建立多元化、多层次的金融体系。

推进温州金融综合改革试验区建设,要在现有改革措施基础上,理清思路,切入重点,有所突破;要加快融资结构多元化步伐,力争早日打通民间小资本与大项目、银行大资本与小企业两个对接通道,拉长地方金融短腿,破解利率市场化难题;要充分发挥省部联席会议作用,建立完善的上下联动、左右协调的推进机制,形成通力合作格局,增强推进金融改革工作的时效性和针对性。为此,提出以下建议,供决策参考。

一、重视地方法人金融机构功能发挥,建立多层次、多元化的投融资主体

多层次、多元化的投融资主体是金融改革发挥作用的载体,在目前形势下,应积极发挥现有地方法人金融机构的作用,并力争在以下投融资主体方面有所作为,并在地方法人金融机构增资扩股中,引入民间资本,打造温州民资金融机构板块。

1. 银行类金融机构方面。加快农村合作金融机构股份制改革步伐,争取农信社、农合行改制及早到位。在农信社股改和温州银行增资过程中吸引民间资本入股,力争每家机构吸收5—6家具有一定实力的民营股东参与,优化股权结构,完善公司治理;积极发挥村镇银行农村金融服务生力军作用,将村镇银行的设立重点放在温州本地,做到每个县都有一家,努力实现村镇银行分支机构在每个乡镇全覆盖,同时,要在拓宽资本金来源渠道、拓展业务经营方式等方面为其创造条件,增强村镇银行的活力;积极向上争取由民资发起设立有限牌照银行试点,具体形式为试点组建有限牌照的社区银行,在特定区域、开展特定业务,提供特色服务,进一步完善银行体系结构。同时,也要建立地方风险补偿制度。

2. 证券类机构方面。顺应金融综合化发展的大趋势,把握良机,以温州银行为主体,争取政策支持,发起设立基金公司,吸收有经验的国外投资机构参股,以及一定比例的民资入股;量身定做符合温州经济发展需求的基金产品,实现"民资和实体项目"两头有效对接,促进金融业共生共荣。积极支持当地法人银行机构持股基金公司、证券公司、信托公司的股份,实现综合化经营发展。鼓

励在温的大型银行分支机构积极向各自总行争取在温州设立银行控股的证券公司。争取设立温州民资发起的全牌照的证券公司以及由台资参与设立的证券期货机构。支持全国优质券商和期货公司在温州新设网点,参与温州金融改革。

3.保险类机构方面。支持有实力的温州民营资本发起设立区域性、专业性保险公司,尤其是符合温州当地经济社会特色的专业性保险公司,参与温州多元化金融保险服务体系建设。支持符合条件的民营资本参股保险机构。支持温州积极引进各类保险机构的分支机构,加强政策扶持和产品创新,拓宽保险服务领域;同时,结合实际需要,争取各保险公司在温州试点保险创新项目。充分发挥保险机构作用,引导保险资金投资温州基础设施建设、养老产业、医疗产业等领域,促进地方经济发展。

4.其他非银行金融机构和非金融机构方面。积极争取国家有关部门支持,争取设立信托公司、金融租赁公司、企业集团财务公司、消费金融公司等非银行金融机构,发挥其重要的补充作用;深化小额贷款公司发起人招投标制度,完善小贷公司发展各项政策,适当降低准入门槛,下放相关管理权限。同时,探索多元化的小额贷款公司融资渠道,帮助小额贷款公司稳健扩大经营规模,拓宽服务小微企业的融资方式;积极试点民间资本管理公司,鼓励民间资本管理公司以债权、股权等形式组织民间资本投资中小企业。同时,积极稳妥地发展典当行、融资担保、风险投资公司等非金融机构。

二、创新融资方式、产品和渠道,提高直接融资比例

通过资本市场拓宽中小企业融资平台,提高直接融资的比重,是调整融资结构的重点,也是温州金融改革的必然选择。数据显示,温州地区的贷款额与GDP的比重高达1.87,而全国的这一指标数为1.29;温州地区的间接融资比例占80%以上,而全国的这一指标数据(同口径)为52%。可见,温州地区的现有的社会融资存在结构性问题,亟经改善。

1.将资本市场建设作为调整融资结构的主要切入点。加大力度培育地方资本市场,加快现有企业股份制改造步伐,积极与"三板"和全国中小企业股权转让系统对接。重点培育一批能直接在主板市场上市的企业,培育一批到中小板上市的企业,扶植一批在股权交易中心交易的企业。提升温州金改广场服务内涵,在现有服务平台基础上,整合资源,为知识产权、专利、技术以及林权、海

域使用权等多方交易提供平台,打造具有温州特色的小微企业融资综合服务中心。

2.把发展地方债券市场作为温州新一轮发展的重要动力源。积极争取中央国债登记结算公司在温州设立分中心,进行债券登记、托管、交易、结算;试点市政债的发行,争取银行间保障房私募债发行落地;争取试行商业银行发行私募债券,为利率市场化的运行探路做准备;支持温州银行业机构发行小微企业贷款专项金融债券,推出小额贷款公司定向债;加大企业债券融资工具的宣传推广力度,鼓励温州市符合条件的企业发行短期融资券和中小企业集合债;放宽无担保债券的投资范围,逐步增加保险资金投资无担保企业(公司)类债券的品种。

三、引导主体金融机构参与改革,发挥其推动地方金融发展的作用

温州金融改革不能简单看金融机构设多少,设立一家纯粹的民营银行,实际上也是象征意义更多。要推动金融改革步伐,必须重视包括现有金融机构的改革和体制机制的创新、金融产品有效提供、金融服务质效提高,通过融资结构多元化,推进利率市场化,破解中小企业和基础设施建设的资金需求难题。

1.争取产品创新实验基地落户温州。鼓励和引导温州辖外法人金融机构(包括银行、证券、保险)积极将产品创新实验基地落户温州,试点推出大额可转让存单产品、推行商业银行风险定价机制、提高信用放贷和中长期贷款比例、扩大中期流动资金贷款额度、推进小微企业还款方式创新等,支持中小企业转型升级;加强对信贷产品、担保贷款的研发和推广,扩大小微企业和三农贷款的抵(质)押资产范围,拓展科技贷款、动产抵押贷款、经营权质押贷款、股权质押贷款、知识产权质押贷款、土地承包经营权抵押贷款等项目,缓解融资难问题。

2.支持金融机构业务创新先行先试。在风险可控的前提下,积极开办与信托贷款、委托贷款、票据融资等相关的融资理财业务;通过合作等方式推动和发展股权投资基金、创业投资基金、投资型信托产品,引导资金投向,达到民间资本健康有序流动的目的;引导金融机构增加围绕高速公路网、殴飞工程、保障房、市轨交通等重大项目建设的信贷投入,推动地方基础设施建设;利用新技术改造传统业务和传统网点,积极开办互联网金融,促进第三产业发展。

四、搭建多层次综合服务平台，优化金融生态环境

一度时间温州出现的借贷风波，给温州经济和温州人的信用形象造成很大损害，在金融改革中要加强信用体系建设，重塑温州信用，优化金融生态环境。

1.搭建金融信息平台，建立良好的信用环境。以政府为主导，加快推进跨部门信息整合，建立涵盖企业有关的工商、税务、环保、海关、法院、公安、电力、水务等信息，搭建区域信用信息平台，着力破解信息不对称难题。争取设立人民银行征信中心温州分中心，吸纳小贷公司、融资担保等相关信息，将温州地区与其他地区暂时适当隔离，免费对温州的村镇银行以及小贷公司、融资担保公司、典当行等类机构开放，便于信息查询。探索建立民间信用服务体系，通过深化信用体系建设，推动政府、人行和民间三大征信体系协调互通，实现银行信息与社会信息有效对接，构建"民间互信、企业诚信、银行守信"的良好社会信用环境。

2.建立健全有关法律法规，优化法治环境。推进民间借贷相关立法工作，规范市场秩序，重点是确保《浙江省温州民间融资管理条例》在2013年年内顺利出台，为金融改革提供法律保障；研究出台在法律框架下民间借贷登记的税收优惠政策，消除其后顾之忧，更好发挥民间借贷中心的引导作用；争取有关法律法规支撑，尽快启动温州个人境外直接投资试点，探索建立规范便捷的直接投资渠道。

3.制定和出台相关扶持措施，完善政策环境。积极借鉴上海、天津、宁波等地做法，筑巢引凤，以优惠的政策措施吸引优质的金融机构和高素质人才落户；对温州民营企业股份制改造过程中涉税方面给予适当减、免、缓等优惠政策；对小贷公司、农村资金互助社等创新型地方金融组织给予涉农机构税收待遇。

4.加强物理平台建设，改善服务环境。可以在空间上将金改广场与民间借贷管理中心合并，充分发挥金融集聚效应，打造中小企业融资便利、服务优质的平台。同时，同步推进各县(市、区)金融服务平台建设，实现服务全覆盖。

五、建立分级负责、协同高效的监管机制，防范金融改革风险

建立政府分级负责、监管部门按职监管和金融企业严格自律相结合的监管

体系,是温州金融改革能够顺利进行的保证。健全各项监管制度,实行行政首长负责制,确保金融运行稳定有序,做到有法可依、有责可追、有度可量。

1.建立完善金融预警机制。加强监管机构之间的信息交流,构建科学的风险预测指标体系,进行动态监测、科学评价,力争在第一时间对可能发生的金融风险发出预警,使风险损失降到最低。尊重市场规律性和金融数据真实性,防止存贷款和其他业务大起大落的现象发生。

2.构建一套科学的危机应急机制。借鉴国际经验,从法制角度对危机出现的源头进行打压,在危机出现后采取有效措施,将危机的破坏程度降到最低,并避免危机的重复出现。

3.建立健全地方金融综合统计制度。为更好地监测全社会融资状况,以及全面及时、掌握金融改革进程,应以人民银行为主,完善人民银行与银监局、保监局、证监局、发改委、经信委、商贸部门以及金融办的数据共享机制,建立覆盖全面、信息准确的金融信息体系,为政府和有关部门提供决策依据。

4.探索建立存款保险制度。基本思路是以政府为主导,发挥现有保险机构作用,调节险种间的利益关系,适合温州的实际情况,为村镇银行、社区银行、农村资金互助社等小微金融机构提供保险服务;并探索以农村专业合作社为基础的农村保险互助社,与农村资金互助社的金融服务配套。

5.充分发挥金融行业协会的自律作用。有关金融监管部门要加强指导,充实力量,并从实际出发,赋予金融行业协会一定的风险监管职能,形成管控合力。

高质量发展需要科创与金融的融合①

经济发展的高质量与创新型经济的发展密不可分。创新型经济的发展要以创新驱动发展战略为核心支撑,它包括创新人才的引育,创新资金的集聚,创新空间的培育和升级,也包括创新政策的供给,通过培育发展战略性新兴产业,通过用高新技术改造传统产业使之升级,是推动创新驱动战略深入落实的重要表现。浙江省近几年在引领新兴产业发展和推动传统产业转型升级上走在了全国前列,2017 年浙江省发布《浙江省培育发展战略性新兴产业行动计划(2017—2020 年)》,明确重点发展五大领域、十大产业,提出力争到 2020 年,主营业务收入突破 2.5 万亿元,年均增速超过 13%;支撑产业迈向中高端水平;新增龙头骨干企业 100 家以上。创新型经济的发展推动了经济的高质量发展。

创新型经济的发展离不开科创金融的支持,所谓科创金融,就是科技创新产业的发展能否得到金融的大力支持,如何得到金融的大力支持,其关键是技术资本、产业资本与金融资本的高度融合。经济要实现高质量发展,需要金融给予针对性的、持续的、有力的支持,发展科创金融是必由之路,能够更好地发挥金融服务实体经济的功能。

科技创新与科创金融的发展相辅相成,科创企业的发展离不开金融的创新、保障和支持,否则科技创新发展成果无法落地并产业化应用,科创企业也无法实现发展和扩张。一般来说,企业的发展过程有种子期、初创期、成熟期和衰退期,即生命周期。科创企业在不同发展阶段中,对于不同融资来源的需求也有所差异。内源融资的需求在整个周期中呈现逐渐下降的趋势,而外部融资则是在种子期和初创期需求增加幅度较快,之后呈现缓慢下降趋势,从整体来看,科创企业对外部融资的需求更大,尤其是在企业发展的前期阶段,科研经费的

① 本文作者金雪军,最初发布于 2018 年 6 月《决策咨询》。

大量投入会导致公司对于资金的大量需求,因此需要更多的外部融资以满足公司发展的需要。科创企业的现金流量也能在一定程度上反映公司在生命周期的四个发展阶段中对于资金不同的需求程度,企业在成长期到成熟期的过渡阶段,在销量接近达到顶峰的阶段,现金流量低于危险水平,科创企业在生命周期最关键的阶段更加需要资本的投入以弥补公司在现金流上的短缺。因此,结合生命周期的融资行为来看,企业融资普遍是个需要解决的问题,无论从产品市场前景和现金流量,还是从抵押资产和信用担保等方面看,处在初创发展过程中的科技创新企业往往处于劣势。所以鼓励科创企业的发展,提供融资来源的保障,维持稳定的现金流,需要金融创新给予持续有力的支持。

迄今为止,银行依旧是国内金融体系最重要的构成部分,银行所提供的融资总量占到整个金融行业存量的80％以上,可见银行在融资市场上的绝对支配地位。然而,银行虽然占据了融资市场的主导地位,但长期来,银行选择贷款对象总是强调房地产的抵押与互保联保关系,还要考虑企业的销售收入和利润,在贷款期限上,也偏重于短期性,即使是较长时期的贷款也往往有“过桥”的要求,而科创企业往往有轻资产、周期性较长、不确定性较大等特点,如何使两者相容对称是个突出问题。面向科技企业的服务方式和专业审批权限等与客户实际需要之间有不小的距离,银行从事科创金融业务的风险和收益机制不匹配,科创企业通过银行实现融资存在难度。

促进科创战略有效落实,促进金融为实体经济服务,实现经济的高质量发展,需要着力推动科技创新与科创金融的融合发展。这些年来,科创金融的发展在以下几个方面比较突出:一是商业银行创新。如打造科技支行,引入科技贷款,推动投贷联动,从桥隧模式到路衢模式,为科创企业提供资金支持的融资模式。二是业务产品创新。如通过科技型企业名录库的建立和知识产权的质押,帮助企业盘活知识产权等更多的无形资产,拓展融资渠道,将金融资源投向具有知识产权的科创企业。三是技术手段创新。如依托现有的技术优势,推动云计算、大数据、区块链等新一代信息技术向各行业融合渗透,打造“互联网＋”生态体系,以数据和技术为核心驱动力,通过技术手段提高金融运行的效率。四是区域发展创新。如通过措施强化科技产业和促进金融要素聚集,探索科技创新与创新金融交互式发展的模式,建设具有影响力的科技金融试点、科技金融集聚区。五是基金形态创新。如设立风险补偿基金、海归人才基金、创投引导基金、产业发展基金等多种基金为科创企业的融资提供全新的模式和思路。六是机构体系创新。如通过科技担保、科技投资、科技企业上市、科技保险、科技债券等多种运作形式。七是交易平台创新。如通过技术市场,通过知识产权交易中心为科技成果的落地提供交易环境,科创企业通过交易平台可以更好地获取技术成果与资金资源,实现业务的快速发展。

科创金融在推动创新型经济发展,实现经济高质量发展的同时,也需要解决六个问题。一是知识产权的市场化。它包括明确知识产权的权属(所有权、支配权、收益权),活跃知识产权的交易,完善知识产权的税收等。从现在的情况看,知识产权市场化过程中还需要进一步的完善;二是复合型人才队伍的建设。科创产业具有很强的新技术、新产业特点,因此需要有一大批既懂金融又懂新技术新产业的复合型人才,只有这样才能真正发挥金融为创新型实体经济服务的目的。从现在的情况看,复合型人才的培养体系还有不足,需要加速推进;三是债权与股权联动与转换机制的形成。不同金融资源有各自的特点、适合企业发展的不同需求,从美国硅谷的情况看,科技企业的债权与股权的联动与转换具有重要作用。从现在的情况看,债权与股权的联动与互换还尚未形成,还需吸引整合不同特点、不同风险偏好的金融机构参与到科创企业的发展中来;四是全链条金融服务体系的完善。科创企业从种子期开始,到成长期、成熟期,需要从天使投资到IPO的各种金融服务,也需要一系列配套的中介服务体系。从现在的情况看,金融服务在科创中还未实现全链条产业一体化,还需要进一步推动这一体系的完善;五是科创金融与金融科技的结合。如果说科创金融指金融如何支持科创产业的发展,那么金融科技就是指金融如何运用新技术提高金融运行效率,优化金融资源配置,在信息技术为代表的新兴技术发展的时期,如何更多地利用大数据、云计算、区块链和人工智能等新技术提高金融业的整体服务水平,对接应用到更多科创企业的实际发展中来十分重要。从现在的情况看,大有发展空间;六是资本市场的退出渠道的顺畅。这方面目前还存在多层次资本市场发展中的制约因素和相关制度不健全等问题,还需要从资本市场的制度建设和环境保障等方面完善风险资本的退出机制。

当前,针对科创金融在发展中的现状、优势和存在的问题,在推动创新型经济发展,推动经济高质量发展的过程中,重要的是要加快形成推动科创和金融的有效融合的机制,例如,城西科创大走廊和钱塘江金融港湾建设之间,大湾区产业带与新兴金融中心之间,开放性经济与创新型经济之间的协同发展机制,打造科创金融综合改革示范区,秉承金融支持实体经济发展的理念,把强化金融与产业发展的融合作为关键目标。

全面注册制与退市常态化对浙江经济的影响及建议①

一、全面注册制对浙江带来的机遇与挑战

自 2017 年浙江省首次提出推进企业上市和并购重组的"凤凰行动"计划以来,浙江省上市公司发展成绩斐然,截至 2022 年 11 月,浙江省境内 A 股上市公司累计达 640 家,在全国范围内占比 12.83%,位居全国第二。全面实施股票发行注册制是资本市场的重大改革。这对我省企业对接资本市场产生积极影响,但同时也要看到注册制对我省资本市场发展提出了更高的要求。

(一)机遇:有助于我省加快实现"腾笼换鸟、凤凰涅槃",产业升级

一是有助于扩大直接融资更好地服务实体经济。全面注册制释放出了重长期融资、重股权融资的信号,增加了股权投资的退出渠道,股权融资规模将大幅增长,进一步激发金融机构通过股权投资方式支持实体经济发展的积极性,提高直接融资占比,避免融资过度集中在银行体系,一定程度上降低实体部门杠杆过高的风险。

二是有助于加快省内企业上市速度。首先,注册制对新股发行的条件进一步放宽,会加快全省优质企业的上市融资速度。浙江是民营经济大省,后备上市公司资源充足,截至 2022 年 11 月全省有境内拟上市公司 422 家。其次,全面注册制下北交所为省内优质中小企业借助资本市场发展带来了历史性机遇。

---

① 本文作者金雪军、朱芳菲、施云辉,最初发表于 2022 年 12 月《咨询研究》。

浙江盛产专精特新"小巨人"中小企业，截至 2022 年，工信部发布的专精特新"小巨人"企业名单中，浙江共有 1073 家，数量位居全国第一。除此之外，全面注册制下中小银行可以通过上市获得资金补充，更好服务实体经济发展。

三是有助于加快我省高新技术和战略性新兴产业发展。一些高成长的科技型企业，在过去核准制的标准下无法满足上市要求，而注册制更加灵活的上市标准为此类优质企业打开了融资通道。全面注册制对盈利要求的放宽，使更多科技型企业能够通过资本市场获得足够资金支持研发，加快我省高新技术和战略性新兴产业发展，加快产业转型升级和高质量发展。

（二）挑战：全面注册制对企业科技创新能力和市场核心竞争力要求更高

一是传统企业的上市平台资源优势相对降低。全面注册制后，上市公司平台本身的光环和资源集聚效应相对降低，特别是一些市场空间不大的传统企业。二是我省企业"硬科技"属性相对单薄。注册制对预备上市企业的硬科技属性和创新能力的要求大幅拉高。尽管我省后备上市公司和专精特新企业数量较多，但与江苏、广东、上海、北京相比，企业"硬科技"属性偏弱。当前我省在已试点注册制的科创板和北交所的表现落后于主板，也验证了这一短板。全国科创板上市公司 486 家，其中浙江 41 家，远低于江苏 92 家、上海 78 家、广东 76 家、北京 65 家；北交所挂牌上市公司 124 家，其中浙江 11 家，位居全国第五，均落后于浙江省主板上市公司 438 家、位居全国第二的表现。三是我省企业集中在产业链中低端。从全球产业链角度，中低端企业利润容易受宏观经济影响且易被产业链中高端环节侵蚀。

二、退市制常态化对浙江带来的风险挑战

（一）浙江退市现状

退市新规以来，全国退市节奏明显加快，2022 年浙江有 4 家上市公司退市，未来两年还将面临 11 家上市公司退市风险。2021 年退市新规发布之前，除去 2009 年和 2013 年两家企业考虑到自身发展原因吸收合并、主动退市外，全省共 2 家企业退市，而 2022 仅 1 年浙江退市公司数量超过新规发布前的一倍。截至 2022 年 11 月，我省有 ＊ST 天马等 11 家潜在退市风险企业。其中，2023 年

3 家 ∗ST 企业退市风险较大;剩下 8 家 ST 公司,很可能 2023 年戴 ∗ST 帽,2024 年退市风险较大。

(二)退市引发的风险挑战

一是债务风险传染加大。上市公司与本地中小微企业、上下游企业、银行机构存在着紧密的业务联系和以担保、抵押贷款等资产关联,一旦突然退市,容易引发债务风险传染的连锁反应。二是对产业链供应链产生冲击。一些被风险警示的上市公司是地区内产业集群的代表性制造业企业和重要的批发零售业企业,其退市将可能导致本地产业链和供应链受到冲击。三是中小投资者集体诉讼风险增加。随着新证券法对证券虚假陈述的惩处力度加大,预计上市公司退市后,中小股东起诉情况可能会显著增加。四是员工失业引发社会就业风险增加。上市公司被风险警示或被强制退市后,经营规模收缩,会出现裁员,引发社会就业风险增加。

在充分认识退市常态化带来的风险挑战同时,也要看到其带来的机遇。一是有利于加速劣质上市公司出清,促进优胜劣汰,提高资本市场资源配置效率。二是有利于引导上市企业更加关注发展质量,不断提高科技创新能力与市场核心竞争力。三是有利于加快企业并购重组和产业转型升级,推进同行业、上下游整合,打造龙头企业,提升产业层次,促进企业做强做大。四是有利于提升上市公司治理水平,营造良性生态,吸引省内外更多中长期资金投入企业。

三、相关对策建议

总体来看,全面注册制和退市常态化有利于我省加快发展资本市场,促进经济高质量发展,但同时也带来不可忽视的风险挑战。我们要高度重视、正确对待、抢抓机遇、化险为夷。

(一)加快实施"凤凰行动"计划升级版

一是加大企业上市的培训与指导力度各级政府及有关部门要加大上市宣传与培训教育,加强与上市培训机构合作交流,加强中小企业关于上市流程的普及工作。二是积极推动优质企业多渠道上市。围绕我省三大科创高地和"415X"先进制造业集群建设,推动有条件企业多渠道上市,支持主业突出的成熟型企业到主板上市,成长性强的创新创业企业到创业板上市,鼓励优质红筹企业回归境内上市。三是加强高新技术企业和专精特新企业上市支持力度。针对我省企业"硬科技"属性相对薄弱问题,加强侧重预备上市的高新技术和专精特新企业的政策引导和激励。四是引导上交所、深交所、北交所上市服务与工业强县(市)合作。推广长兴建立的"上交所资本市场服务长兴工作站"、"新三板协会"和"太湖运营中心"的经验,建立与多层次资本市场体系相对应的多层次资本市场工作站体系,为处于不同阶段的企业提供个性化指导服务。五是建立金融顾问和科技顾问两大顾问队伍。针对浙江企业在资本市场上市及转型发展的迫切需要,由省地方金融监管局牵头,组织省内金融机构、会计师事务所、律师事务所、相关行业协会,建立为省内企业上市提供咨询服务的金融顾问队伍;由省科技厅牵头,组织相关的高校、科研院所和科技领军企业的高层次人才,建立科技顾问队伍,帮助企业对接科技机构,提高企业创新能力。

(二)推动上市公司做优做强

一是支持上市公司加大对研发和人才的投入,鼓励银行对研发强度大、创新能力强的上市公司在再融资政策方面给予享受优待和审核绿色通道。二是引导上市公司加强股权融资。重视企业的长期融资需求,鼓励其使用长期债、优先股等融资工具,进一步简化融资流程和降低融资成本。三是推动国资监管部门优化国有控股上市公司考核评价和监管机制,切实提升国有控股上市公司的科技创新能力、行业地位和竞争力。四是引导支持头部公司专注主业、稳健发展、做优做强,发挥其稳定市场和示范引领的双重积极作用。

(三)加快企业并购重组步伐

以 ST 巴士为例,2022 年其通过中天美好集团剥离了亏损业务并注入了新资产,更名为中天服务,扭亏为盈,最终实现摘帽。为此,要支持省内优质资产通过重组方式进入上市公司,盘活存量资源。引导上市公司围绕主业开展同行业、上下游及上市公司之间的并购重组,加大对并购重组的土地、金融和财政支持力度,同时注重并购标的质量,防范忽悠式重组、盲目跨界重组产生的后续风险。对研发强度高,创新能力强的企业在并购重组政策方面提供优待和审核绿色通道。

(四)建立退市风险"事前—事中—事后"管控机制

一是事前建立健全排查和预警机制。由省级主管部门牵头,加强对上市公司的债务、财务情况的摸排,做到早识别、早预警、早处置。二是事中设立专办机制。研究建立退市风险防范的预案,探索设立专门的机构负责上市公司的风险预警和应急处置。结合风险企业在产业链供应链的重要性和影响度,构建分类处置机制,优先帮助影响较大的企业及时化解退市风险。三是事后实行分类管理。对 ST 股票和非 ST 股分类处置,对非 ST 股实行定期跟踪,预防潜在风险;对纠纷较少、问题较轻的 ST 股票,及早介入纾困。

(五)构建退市风险化解、维稳及后续处理机制

根据退市最新的规定、制度要求和流程,发布省内上市公司退市指南,帮助退市公司平稳进入退市板块。引导退市的企业到省区域股交中心挂牌,做好后续的股权处理。对退市后主营业务仍然看好,具有较强竞争力和发展前景的企业,积极指导帮助其及时清算和处理债务。针对退市可能引发职工、债权人、其他利益相关方维权和上访等涉稳事件及可能引发相关舆情,提前做好维稳预案,加强金融与宣传、政法、网信、公安、信访等部门协同机制,形成宣传引导、舆情监控、信访维稳等监管合力,做好退市风险防范化解工作。

附录一

金雪军主要著作目录

1. 资本主义论,浙江大学出版社,1988年出版。

2. 世纪之梦,学苑出版社,1989年出版。

3. 现代货币金融学,浙江大学出版社,1991年出版。

4. 机遇与挑战:关贸总协定与中国经济贸易,中国国际广播出版社,1992出版。

5. 证券经济学:中国社会主义证券经济问题研究,浙江大学出版社,1992年出版。

6. 利率机制论,浙江大学出版社,1992年出版。

7. 对台经济贸易导论,中国纺织工业出版社,1993年出版。

8. 中国国情丛书:百县市经济社会调查(绍兴卷),中国大百科全书出版社,1995年出版。

9. 国际金融导论,浙江大学出版社,1998年出版。

10. 中国21世纪知识经济系列丛书,浙江大学出版社,1999年出版(丛书主编)

11. 微观经济学,浙江大学出版社,2000年出版。

12. 证券学导论,中国经济出版社,2000年出版。

13. 经济学案例教学丛书,浙江大学出版社,2004年出版(丛书主编)。

14. 信用——定价、套期与风险管理,南开大学出版社,2004年出版(译著)。

15. 提高国际竞争力的技术标准体系战略研究——以浙江省为例,浙江大学出版社,2006年出版。

16. 跨国风险资本流动与我国的应对策略,浙江大学出版社,2006年出版。

17. 实验经济学,首都经济贸易大学出版社,2006年出版。

18. 桥隧模式:架道信贷市场与资本市场的创新型贷款担保运作模式,浙江大学出版社,2007 年出版。

19.中国金融市场分析与预测,浙江大学出版社,2008 年出版。

20.从桥隧模式到路衡模式——解决中小企业融资难问题的新探索,浙江大学出版社,2009 年出版。

21.行为经济学,首都经济贸易出版社,2009 年出版。

22.融资平台浙江模式创新——合政府与市场之力解决中小企业融资难,浙江大学出版社,2010 年出版。

23.打破不动产的束缚——破解中小企业融资难的金融仓储模式探索,浙江大学出版社,2011 年出版。

24.股权投资与经济转型升级——以浙江省为例,浙江大学出版社,2011 年出版。

25.社会管理的"浙江创造",浙江人民出版社,2011 年出版。

26.人民币汇率定价机制研究:波动、失衡与价值,浙江大学出版社,2012 年出版。

27.纾解中小企业融资困境策略研究,科学出版社,2015 年出版。

28.治理现代化:浙江探索,浙江大学出版社,2016 年出版。

29.人民币管理机制研究——风险溢价视角下的汇率调控时机选择,浙江大学出版社,2017 年出版。

30.中国数字金融研究报告,中国财经出版社传媒集团,中国财政经济出版社,2018 年出版。

31.治理创新的浙江解法,浙江大学出版社,2018 年出版。

32.转型与创新:浙江足迹,浙江大学出版社,2018 年出版。

33.奋进"十四五"浙江的跃迁之路,红旗出版社,2021 年出版。

附录二

金雪军指导的博士论文目录

姓名	博士论文题目	毕业时间
章 华	嵌入性与制度演化	2002
陶海青	基于知识的企业组织结构演化	2002
余津津	声誉与绩效:理论与实证研究	2003
王雁茜	交易制度、交易成本与市场质量	2003
戴志敏	国际风险资本运作、退出与多层次资本市场体系研究	2004
蔡健琦	基于BSV、DHS和HS模型的证券市场反应行为理论与实证研究	2004
邵少敏	我国独立董事制度:理论分析和实证研究	2004
徐建斌	信息不对称与信贷资源配置研究	2004
贾 婕	企业融资结构与产品市场策略——理论模型与实证分析	2004
林国蛟	中国城市化的动力机制研究	2004
章 融	证券市场中的羊群行为研究	2004
郑亚莉	准市场组织与集群经济	2005
鲁志国	广义资本投入与技术创新能力相关关系研究	2005
付 强	单个银行失败的预测与处理研究	2005
潘丽春	中国上市公司并购价值影响因素和演进路径的实证研究	2005
杨晓兰	证券市场泡沫问题的实验经济学研究	2005

姓名	博士论文题目	毕业时间
卢新波	论学习型体制转型——后发国家市场化进程的逻辑（以中国为例）	2005
付明明	关系型融资效率研究	2005
田　霖	金融地理学视角下的区域金融成长差异研究	2005
朱晓明	人力资本差异性与区域经济增长——以浙江、陕西两省为例	2005
徐利君	国债市场流动性问题研究——基于上海证券交易所的数据分析	2006
包春静	借贷市场中介与信息成本优势——基于 Diamond Model 的分析	2006
裴成焕	中韩贸易纠纷问题研究：贸易相关性问题、商务纠纷及反倾销纠纷	2006
康承东	利用外资与经济增长——基于 FDI 和 FPI 视角的研究	2006
程　迅	商业银行信贷审批制度：理论与实证研究	2006
李文豪	我国银行信贷配给程度及其对货币政策效果的影响	2006
朱建芳	区域金融发展差距：理论与实证分析	2006
王晓荣	贸易与劳工标准问题研究	2006
徐宏伟	A 股总量变动的股价效应及反应偏差的研究	2007
徐　光	发展中国家银行业开放的福利效应研究	2007
李艳荣	内部资本市场中的利益冲突与协调研究	2007
李红坤	资本约束下银行机构激励相容监管研究	2007
张学勇	"金字塔"式股权结构下中国上市公司中小股东利益——兼论外资持股的治理效应	2007
欧朝敏	银行业竞争对单个银行和银行体系稳定的影响——基于中国的理论和实证研究	2007
张雪芳	可转换债券对公司市场价值的影响——对我国上市公司的理论与实证研究	2007
崔准焕	中国股市与美国股市之间联动性研究	2007

姓名	博士论文题目	毕业时间
王利刚	中国上市公司现金持有的影响因素与价值效应研究	2007
王义中	论人民币汇率波动、失衡与升值	2008
宋晗	人民币汇率与房地产价格关联效应研究	2008
毛捷	贷款定价与违约风险：利率风险结构研究	2008
邢自霞	中国外债管理研究	2008
郑明海	开放经济下中国金融发展的生产率效应研究	2008
徐少君	中国区域金融排除的研究	2008
严谷军	竞争环境下美国社区银行发展研究	2008
卢佳	贸易信贷在中国货币政策传导中的作用研究	2009
郑国英	中国商业银行金融产品创新演化研究	2009
罗经华	金融危机与产业均衡——基于银行业、房地产业和制造业的互动研究	2009
曹建钢	A股私募基金绩效研究	2010
金建培	中国上市公司治理结构与成长性：理论与实证研究	2010
邢增福	商业银行贷款定价问题研究	2010
韩凤舞	贸易开放和金融开放的互动机制研究	2011
王永剑	基于金融发展视角的中国资本配置效率研究	2011
殷志军	中小企业信用担保机构运行机制和效率研究——以浙江省为例	2011
夏泰凤	基于中小企业融资视角的供应链金融研究	2011
任少波	基于制度分析的城市经济理论研究	2012
陈雪	我国人民币汇率政策调整的时机选择研究——基于风险溢价的新视角	2012
郑冰开	科技与金融资源结合：理论及经验研究	2013
钱一鹤	债券风险的定价、分解和控制——基于风险因子的方法研究	2014

姓名	博士论文题目	毕业时间
钟　意	汇率波动、金融稳定与货币政策	2014
黄　滕	地方金融体系金融效率非线性增长效应门槛效应	2015
周建锋	投资者关注、资产定价与市场有效性研究	2016
曹　赢	量化宽松货币政策研究——实施与退出	2017
郑丽婷	嵌入在社会关系网络下管理者声誉的影响机制研究	2017
卢学法	产业结构变动与经济周期波动关系研究	2017
赵治辉	政府风险资本挤出效应研究	2017
徐凯翔	基于银企借贷视角的货币政策传导渠道研究	2018
祝　宇	在线社交学习对投资行为与资产定价影响的研究：基于网络的视角	2018
朱芳菲	国际原油市场的影响及溢出效应——基于隐含波动率的经验研究	2018
陈震豪	政治关联与上市公司行为：基于八项规定反腐败政策的研究	2020
高　媚	基金经理激励机制的实验研究	2020
陈紫晴	异质性媒体对投资者行为和股票市场的影响研究	2021
肖怿昕	企业投资同侪效应的动因研究	2021
李　锐	基于社会互动视角的处置效应、收益率和资产配置研究	2021
沈一凡	基于基金微观参与主体的基金业绩影响研究	2021
竹可儿	加密数字货币价格形成机制及市场溢出效应研究	2022
周　雪	经济政策不确定性下信贷工具对消费行为的影响研究	2023
俞嘉炜	社交信息传递对投资者行为及资产价格的影响	2023
柯园园	政府增信下中小企业信贷定价和风险研究	2023
潘　潇	政府对数字经济的注意力影响微观企业行为的机制和效果研究	2023

姓名	博士论文题目	毕业时间
陈　宬	国际媒体情绪对于跨境资本流动和股票市场的影响研究	2023
赵惊宇	金融市场分割下同质资产的价格差异研究	2023
李泓泽	基金投资者非理性行为识别、纠偏与策略优化	2024

注：邢增福系获澳门科技大学博士学位；殷志军系与陈菲琼合作指导；高媚、陈紫晴、竹可儿系与杨晓兰合作指导；潘潇系与王义中合作指导。

附录三

金雪军团队：严谨善良 坚持超越^①

  "金门飞云"团队由金雪军教授领衔，主要从事金融学方面的研究与研究生培养，导师组由 6 名毕业于国内与海外著名高校的教师组成。团队以金雪军教授在长期研究生培养中形成的招生环节"三性"理论、培养环节"三度"理论、论文写作"三新"理论与研究过程"五步"理论为基础，实行因材施教的导学机制，坚持严格要求与自主性发挥相结合的育人原则。在建设过程中，团队总结了四大建设经验：制度建设、效率提升、知识共享、师生联动，形成了培养学术能力与提升思想素质相结合的金门精神"yscc"，即严谨（y）、善良（s）、坚持（c）、超越（c）。

一、因材施教式的导学机制

  导师在学生培养过程中，根据因材施教式的原则，实施多元化的人才培养模式，以提升学生学术能力为导向，加强过程管理，着力打造全方面发展的高素质人才。导师在培养方面既注重"教"，又注重"带"，在科研活动中，定期了解学生科研的进展，并在大方向上给予指导，保证科研活动顺利展开。定期组织Seminar，开展团队学习。Seminar 由博士生轮流主持，每次由 1～2 名同学担任报告人，提前准备 PPT，对最近科研进展或成果进行汇报交流。在组会中，团队成员对报告中存在的问题积极提问，开展头脑风暴。与此同时，团队定期邀请业界知名专业人士对相关热门专题进行业务讲解，培养学生理论与实际相结合的能力。

---

① 转载于 2018 年 6 月 27 日《浙江大学研究生教育》微信公众号。

二、严格要求与自主性发挥相结合

导学团队中的成员都具有很强的自主性学习能力。除了以优异的成绩完成专业学位课程之外，研究生从一开始就可参与导师主持的科研项目，介入高水平的研究工作。每一个人在学习活动中都有很强的学术动力，有一套适合自己的学习方法。首先，学生在学习上具有很大的自主性，通过阅读大量的国内外优秀文献，学生可以选择自己感兴趣的领域，并在导师的指导下进行研究。其次，团队不定期聘请国内外的优秀学者进行学术交流，拓展学生的视野，让学生与经济学界的知名学者进行思想交流，接触经济领域理论前沿。学生还可以根据研究兴趣组建学习小组，开展多元化小组交叉，共达碎片式知识分享。

三、互助分享式的学术社区

金雪军教授带领的"金门飞云"团队秉承"志趣相投、激情交流、成果传承、共同提升"的理念，以大类专业为基础，在学术上相互启迪、取长补短、共同提高，形成一个互动分享式的学术社区。学生们和导师可以在学术问题上畅所欲言，分享各自的学术成果。学生们可以利用自己的专长，为其他同学介绍相关知识。学术社区的主要导学形式是：一方面，采取新老学生一对一帮扶制，新生入学后会在师兄师姐的带领下学习基本的科研方法、技巧和经验，使其能够较快地适应新环境；另一方面，在平时科研活动中还可以根据实际需要衍生出相应的专题学习小组，有分有合，进一步拓展和深化了学习的广度和深度。

团队的一个重要经验就是通过制度化的机制或有组织的形式进行以知识共享为依托的知识管理，增强团队协作能力，使团队作为一个整体系统能够不断适应环境变化，获得生存和发展。在知识类别中最为重要的是隐性知识，由于隐性知识只可意会，难以编码，无法明言，最佳的选择是通过人与人的接触、面对面的交流来实现隐性知识的共享。个体因素、环境因素及强化因素都会对科研团队的隐性知识共享产生不同程度的影响。因此，导学团队应当从三个方面入手，使隐性知识共享达到一个更为理想的水平。第一，建立相应的培训机制，引导个体意愿朝着有利于隐性知识共享的方向发展；第二，确保团队拥有和谐的氛围，塑造有利于隐性知识共享的良好软环境，包括开放合作的组织文化、优秀的组织领导、科学合理的组织目标和良好的团队凝聚力;第三,构建人性化和个体化的激励机制,安排合理的隐性知识共享的强化因素。

四、多平台交流体系

金门建立了以 QQ 群、微信群和网站为主的"三位一体"的多平台交流体系。团队微信群成员接近 500 人,群里汇集了所有在金门工作过和学习过的老师和学生。导师每天都会在群里分享经济政策的最新动态,发表自己的看法,大家积极参与交流与讨论。团队共有 4 个微信群,分别是"金门金色""金门玉泉""金门银座"和"金门群星"。"金门银座"涵盖了大部分金门内部的人,平时讨论最多;"金门金色"内的成员主要是已经参加工作的,并且已经在各自的领域有一定建树的人;"金门玉泉"内的成员则相对较为年轻,是行业内未来的精英;"金门群星"里主要是近几年在校的老师和学生。团队还有专属的网站 http://www.jinxuejun.com/,网站会及时更新团队的最新动态及科研成果。师门内学生交流畅通,网络交流平台填补了导师出差在外的沟通空白。金雪军老师会关注每一个学生的微博、朋友圈等社交网络,同学们也乐于和导师分享生活的点滴。导师也解决了许多同门的情感困惑,促成了不少良缘佳话。

五、制度建设 师生联动

任何组织为了实现其愿景和目标,必须建立一系列行之有效的制度。其中,科研沟通管理制度是"金门飞云"团队最具特色的一项制度。学习型科研团队最本质的特点就是不断学习,尤其是强调团队的"集体学习",即不仅重视个人学习和个人智力的开发,更强调团队成员的合作学习和群体智力的开发。为实现团队知识的更新与深化,导学团队建立了一定的团队学习制度,定期组织学术交流与培训。以团队的 Seminar 制度为例,其基本结构包括选题、答辩和考核等环节。论题的确定由导师与学生共同完成,首先由研究生根据自身的特点及导师的研究方向提出自己的优势范围,从中选择 2～3 个有意义的专题,然后由导师从新颖性、可借鉴性及可行性角度对学生的选题进行评价,与学生讨论,最终确定题目。这种安排一方面考虑到了学生自身的基础,另一方面也有利于对学生独立科研能力的培养。团队 Seminar 的答辩环节极具特色,只许批评和建议,不提褒扬和赞许。这种安排让整个答辩过程紧张而高效,让报告人和参加者能获得实实在在的收获。考核环节则不仅针对报告人的讲演，还包括主持人的组织和参加者的参与，使报告人更加专心细致，使参与者更加积极用心，使主持人更加认真负责。

导师组团队的老师尽管有着丰富的教学工作经验，但面临着瞬息万变的互联网信息时代，固守陈规会使自己与时代脱节。而经济金融又是一个与社会环境变化高度相关的学科，年轻人对环境改变的适应能力和创新能力都是老一辈无法企及的。在科研和学习过程中，导师们经常性地请教学生，建立学生分享平台。导师组人手一份学生笔记，从门下学生中取得"经书"，仔细研究。而学生们在给老师"上课"的同时，也极大激发了自身的自主创新和学习能力，导师组的肯定和建议对学生的影响十分重大。

金雪军教授自1984年在浙大从教以来，指导的学生遍布全球，取得了令人瞩目的成绩。金老师多年的言传身教为高校、金融机构、企业和政府部门培育了大批高素质、高层次人才，金门研究生已在社会上形成了很强的品牌效应。

附录四　访谈

访谈一："多赢模式"解困"中小企业融资难"①
专访金融学专家

采访撰文：周联宁

　　今年 10 月 25 日，在美国哥伦比亚大学举办的一次国际性经济论坛上，紧随诺贝尔经济学奖获得者、全球著名经济学家、"欧元之父"蒙代尔的精彩发言之后，一位来自中国的学者，以"解决中小企业融资难"为主题的演讲同样赢得了与会者的热烈掌声。他就是浙江大学金融学科带头人、浙江大学"求是特聘教授"金雪军。

　　近一段时间以来，浙江温州等地中小企业主由于"民间借贷"而引发的"跑路"甚至自杀的消息纷纷见诸各大报端，使得"中小企业融资难"问题再次凸显。金雪军认为，"中小企业融资难"是一个世界性的难题，当前在中国民营经济最活跃的地区出现并由此引发一系列社会问题，并不为怪，但应高度重视。作为一个社会性问题，应整合社会力量，创建"多赢模式"，多方合力才能真正解困"中小企业融资难"。

　　其实，长期工作、生活在我国民营经济发达省份浙江的金雪军，10 多年前他就敏感地捕捉到了这一在当时尚未被广泛关注的"中小企业融资"等相关问题，并组织进行深入调研。他带领课题组先后创造性地提出了"桥隧模式""路衢模式""融资平台浙江模式创新""仓储模式"等富有可行性的一系列解决方案，不失时机地为迅猛发展起来的中小企业融资撕开了一个个突破口，并在浙江及周边地区获得了"桥隧模式"的成功运作。这些创新模式也得到了金融机构、担保公司、投资公司、中小企业和政府的好评。2007 年，中共中央政治局委员、时任湖北省委书记、现任上海市委书记的俞正声同志从《内参》中看到"桥隧模式"的融资创新观

---

　　①　转载于《中华英才》2011 年第 22 期。

点后,即作了相关批示表示肯定,倡导积极推广,金雪军也应邀前往湖北作报告。

如今,这些融资模式仍在浙江等地的中小企业中实际运用,特别是在国家扶持的高新企业中发挥着积极作用。为了进一步了解和推广这些行之有效的中小企业融资办法,本刊记者就相关问题对金雪军教授进行了专访。

一、"桥隧模式"应运而生

"顶天立地"是浙江大学经济学研究者们喊出的一句口号,也是金雪军多年来做金融学研究的一大原则,正可谓前沿课题与现实问题"两条腿"齐步走、互动行的研究之路。

77级南开大学经济系的莘莘学子与浙江大学经济学、金融学 27 年的任教经历,使金雪军无疑成为了中国改革开放后成长起来的第一代经济学人。由于金雪军的研究切合改革开放实际,对利率、汇率、金融市场、担保体系的建立和风险投资发展等现实经济问题的研究取得了突出成果,1990 年,年仅 32 岁的金雪军被破格晋升,再次成为浙江大学当时最年轻的副教授之一。1994 年,36 岁的金雪军又破格晋升,成为浙大当时最年轻的教授之一,并成为浙江大学与浙江省第一批四位经济学博导之一。此后,他先后担任了浙江大学外经贸学院副院长、经济学院副院长、应用经济研究中心主任、江万龄金融投资研究中心主任、浙江省国际金融学会会长、公共政策研究院执行院长等诸多校内外职务。

得天独厚的平台,使他深入到了浙江经济生活的最前沿,获取了鲜活的第一资讯,对中小企业发展尤其是中小企业发展中的资金这一现实课题进行了率先研究。

记者:2007 年,您提出的"桥隧模式",其实质是什么?

金雪军:简单地说,就是构建起信贷市场和资本市场间的桥梁和隧道,使得中小高新科技型企业的贷款申请能够通过担保公司的信贷担保和风险投资公司的相应承诺机制来提高应对银行风险控制的要求,顺利实现贷款融资。

记者:为什么取名为"桥隧模式",它的创新主要体现在哪些方面?

金雪军:其中的"桥"指的是连接信贷市场和资本市场;"隧"指的是连接银行、中小企业、担保公司和投资公司。这种模式区别于传统模式,就在于它在担保公司、银行和中小企业三方关系中导入了第四方——投资公司,从而架通了信贷市场和资本市场,并实现了四方共赢。

记者:它们之间实现"共赢"如何体现?

金雪军：对于企业来说，在财务处于困境时，能够以出售或稀释股权的方式，尽可能减少现金流的缺少而带来的危机，从而更能得到银行的贷款；对于银行来说，相关投资公司的介入，降低了交易成本，也减少了坏账发生的概率；对于担保公司，则因投资公司的介入，降低了所承担的代偿风险，改善了与银行的合作条件，大大拓展了业务发展的空间；对于投资公司，则能够更有针对性地进行项目选择与项目投资。"桥隧模式"实现了中小企业、担保公司和风投的"整体价值链"，从而有力提升了与银行谈判的筹码，提高了中小企业在信贷市场融资的成功率，也实现了风险的分散化，达到了"四方共赢"。

记者：那么，这一模式的构建有着怎样的背景和动因？

金雪军：其实，中小企业融资难问题是学术界和实业界长期关注的焦点问题。中小企业的发展对于国家经济的发展意义重大，各方对中小企业的发展也给予各种支持。但是，现实中，它们的发展还是受到了诸多政策的约束，面临着多种发展难题。中小企业对资金有客观需求，银行贷款又很难获得，进入资本市场投资的门槛、成本也高，使"融资难"成为了中小企业发展的最大瓶颈。在很长一段时间里，融资渠道没能跳出信贷市场的范围，有些理论又不具有现实操作的条件。2000年前后，浙江的民营企业迅速发展，我在调研中常常切身感受到一些中小企业老总的困境，尤其是在与企业家的交谈和思想碰撞中认识到，若是把风险投资引入中小企业的融资担保中，对突破瓶颈将大有作为。经过反复调研和多方研讨，我们推出了"桥隧模式"。当时，在浙江省信用与担保协会成立一周年大会上，还作为专题进行研讨，得到了国家发改委和中小企业司领导以及金融机构、担保公司、投资公司、中小企业的充分肯定。2007年，有企业运用这一模式，顺利得到了浙商银行的支持，首次尝试运作取得成功。从此，开始推广应用，有不少中小高新科技企业顺利地取得了融资。

记者：这一模式还有怎样的优势，运用前景如何？

金雪军：除了刚才谈到的"四方共赢"的优势外，"桥隧模式"还是一种"主动性投资"，在风险控制方面有较为明显的优势。比如，投资公司一开始就要跟担保公司签订协议，对中小企业的贷款做事前保障，这就从源头上降低了银行不良贷款的发生概率，从根本上减少了造成各方损失的可能性。此外，在这种模式下，在贷款企业出现资金困难时，投资公司也能解燃眉之急，及时帮助企业摆脱因银行还贷而出现资金链断裂引起的企业破产等不良后果。总之，"桥隧模式"的出现，不仅有力缓解了部分中小企业融资难，还促进了我国资本市场的多元发展。2009年7月，杭州科技银行开业，主要就是针对那些有形资产少、具有无形资产资质的科技型中小企业进行融资服务，有力地扶持了新兴科技企业的健康成长。

二、从"桥隧模式"到"路衢模式"的创新

早在 2008 年，由于国际金融危机、出口增速放缓、国内劳动力成本上升、人民币汇率升值、材料上涨等因素的影响，中小企业融资难问题变得更加突出。本着早已树立的经济学"经世济民"的研究理念，为了使更多中小企业获得正规的融资渠道，金雪军和他的团队一道又开创出了新的融资模式。

记者：在"桥隧模式"进行推广的同时，你们又提出的"路衢模式"有什么现实作用？

金雪军："桥隧模式"主要是针对高价值与高增长型中小企业设计的，核心在于成功地吸引风险投资，除此之外，条件不具备的企业就很难以这一模式运作。因此，它客观上具有单一性、标准化程度不高、点对点操作等局限性。

记者：那么，"路衢模式"的优势又在哪里呢？

金雪军：它的优势在于，将各种金融资源（担保、信托、投资）及各个市场主体——担保公司、信托公司、银行证券业、中小企业、投资者等，与政府间通过四通八达的网络连接起来，集合了企业、资金、政策、金融产品等多种资源，实现融资各方的福利优化，从而为中小企业融资提供有效的途径。

记者：那么，这种模式的可操作性如何？

金雪军：这一模式运作的核心流程是：由政府等组成的项目委员会向社会发布可参与行业企业的类别及要求，具有发展潜力的中小企业可进行申报，由专业的顾问机构对每个企业的融资需求进行评级。根据风险分散原则，把一批中小企业的资金需求进行"打包"后，由信托投资公司向社会募集资金，并由担保公司提供不完全担保，同时由企业承诺释放部分期权。到期后，由企业向投资人进行偿还。利益机制非常清晰，应该说可操作性还是比较强的。同时，中小企业围绕着一个产业在一个区域连片、聚集后，形成的"聚合效应"大大提高了它们在金融交易中的谈判砝码和博弈地位，转"弱势"为优势，极大提高了获得金融机构贷款的可能性。

记者：那么，在使"民间投资合法化"方面，"路衢模式"又起到了怎样的积极作用？

金雪军：长期以来，我国相当数量的民间投资游离于国家金融管理体系之外，整个民间金融缺少规范的运作机制和监管体系，社会投资者一般没有机会

直接投资企业。"路衢模式"正是为众多社会投资者提供了一条合法而相对安全的投资渠道,使得社会投资者能够通过这种中小企业集合债权基金、信托基金,来扩大可投资的目标企业,大大降低了投资者的投资风险,还能享受企业发展带来的高回报。中小企业集中融资也比单打一的融资在信息搜集、交易成本、信用评级等方面更有优势。所以,"路衢模式"是在市场强大的需求下催生出来的,在当前经济环境下,它可以说是一场"及时雨",为市场经济中相关经济主体的发展都提供了广阔的发展空间。

三、政府与市场合力解决"融资"难题

"理论上有依据,政策上可行,实践中可运用",是金雪军和他的团队始终遵循的一个原则。多年来,浙江省中小企业总体形势发展良好,这与政府不断提高对中小企业的服务密不可分。在缓解中小企业融资难问题上,浙江也一直走在全国前列,但是还不能得到根本解决。金雪军不断深入实际,在中小企业融资渠道方面进行卓有成效的创新。他认为,只有合政府与市场之力,才能根本解决中小企业融资难问题。

记者:近几年来,国家在中小企业发展上扶持力度不小,投入的资金也不少,为什么还解决不了融资难的根本问题?

金雪军:这是因为,政府财政扶持方式存在着"资金无法放大、企业选择标准复杂、覆盖范围小、自己无法回收、效果难以评估"等问题。此外,不符合标准的企业"免费搭车"、道德风险等弊端,也使资金使用难以达到预期的效果。因此,单纯依赖政府或单纯依靠市场,都很难解决这一难题。只有两种力量形成合力,整合多方资源,才是解决问题的最佳方案。

记者:中小企业融资的主要瓶颈还有什么突破的好办法?

金雪军:中小企业一般具有透明度、信用度较低、经营风险大的特点,这些是银行提供贷款的最大担忧。同时,这些企业又往往不具备银行贷款要求作为抵押的房屋、厂房等不动产,就使得银行这一融资主渠道严重受阻。为了使中小企业走出贷款困境,我们阐述了"金融仓储模式",力图打破企业不动产的束缚。

记者:"金融仓储模式"的运作有着怎样的现实意义?

金雪军:这一模式的运作方式是,银行以市场畅销的、价格波动小且符合质押品要求的企业动产作为抵押条件,通过较有实力的仓储企业的信息管理系统,将银行资金与企业物流有机结合起来,向中小企业客户提供融资、结算等多

种银行综合服务,从而突破了中小企业贷款难这一制度性的瓶颈。成功例子有不少,其中比较典型的,比如杭州银行这几年来就根据一系列的新模式,将自己打造成了为中小企业服务的品牌银行,并在仓储金融实践取得了成功。浙江还出现了专门从事仓储金融的机构。

记者:你所强调的政府与市场合力解决"融资难",有怎样的成功范例?

金雪军:这方面比较典型的是,2006年浙江省中小企业局和国家开发银行浙江省分行建立了浙江中小企业创业融资平台,充分整合政府、银行、担保机构和中小企业的资源。这一平台实行标准化、科学化的运作流程,需用款的中小企业只要按照协议的规定使用资金,根据要求及时报送相应资料,按时足额还本付息、支付相关费用即可顺利融资。这一平台的建立,有效地控制、规范了风险,实现了参与各方的共赢,也开创了我国开发性金融支持中小企业发展的新局面,为中小企业提供了及时的资金支持,这也是区域经济发展中可以大力推广的一种融资模式。

记者:那么,政府在解决"中小企业融资难"问题上的作用,应如何定位?

金雪军:对于处在经济转型期以及经济社会发展明显具有政府推动传统的我国来说,政府对中小企业融资体系的建设至关重要。尽管,融资问题是一个较为专业化的社会经济活动,但它所涉及的面却非常广泛,融资服务的内容也非常广泛,包括法律服务体系、管理体系、技术咨询服务体系等的建设,都需要有政府直接参与。像刚才提到的"中小企业融资平台",政府的参与就对中小企业从银行顺利融资起到了"黏合剂"和"催化剂"的作用。事实证明,自发的资本市场是容易造成极大混乱的。因此,规范市场行为,通过政策法规,设立合理的"游戏规则";适时提高优惠政策,引导投资方向,促进中小企业产业升级;保持政策的稳定性、连续性和有效性,为中小企业融资提供更加宽松的环境,都需依靠政府得以实施。我们提出的一系列融资模式还需要不断在实践中总结、完善,并继续创新,希望不久的将来,中小企业融资难题能够在政府和市场的合力下得到根本解决。

10月初,温家宝总理携央行行长周小川、财政部部长谢旭人等财经要人赴浙江温州调研时,就提出了支持中小企业发展的四点意见,要求采取措施妥善处理企业资金链断裂等问题。本次采访之后,记者看到中央和一些地方政府又纷纷出台一系列政策、措施,积极应对中小企业融资难问题,为中小企业融资提供了更多的途径。相信在各方的积极努力下,这一世界性难题将会逐渐得到妥善解决。

访谈二:浙大人的采访

一段人生,一条河流[①]
——访浙江大学经济学院金雪军教授

采访撰文:李小雨

冰川化雪,始于纯粹

走进金老师的办公室,眼之所见是一目了然的陈设:一张办公桌,一把旋转椅,一张软沙发,一个立式书柜,没有繁杂的摆设,简单得有些出乎意料。随后与金老师谈及他最初的求学经历,才发现这份简单纯粹缘来已久。

1977年,高考恢复的第一年,金老师考入了南开大学经济学系,成为该校当年在浙江仅招收的四名学生(该系在浙江招收二名学生)之一。对南开大学只有朦胧概念的金老师选择经济学的原因却简明扼要——"从社会发展脉络来看经济的作用会越来越大",用他自己的话说,"当时也没想太多,就凭着一腔热血做了选择,日后证明经济学研究确实是很有意义的。"七年之后,金老师带着经济学硕士学位告别了母校,同时带走的是母校留给他"求实、包容、创新、济世"的烙印:他记得老师教导自己要用数据和样本说话,也记得国外教授介绍的经济学前沿理论;他记得课堂上自由讨论的探索氛围,也记得"允公允能"校训赋予自身的社会责任感。那个年代,质朴的校园生活如同冰川化雪,点滴汇聚成溪流,终成为对学术研究的一份渴求。

1984年经教育部的分配,金老师正式踏入了浙江大学的校门,那时他也许未曾料想,在浙大校园里的一驻守,便是31年。当年浙大的经管学科也正处在长河的发展源头,金老师被分在的社会科学系,经济方面只有一个政治经济学

[①] 采访撰文时间,2015年10月16日。

教研室,尚未成立经济学系,直到三年后才在社科系之中分出了经济、哲学等系,再后来金融学科建立,之后又是多个博士点成立,直至今日学科不断完善的经济学院又迎来了全国第一个也是至今唯一一个互联网金融学科博士点。在这31年中,金老师见证并参与其中,在方方面面勇做"第一个吃螃蟹的人"。他是浙大最早教授西方经济学与金融学的老师,也是浙江省最早的经济学博导之一;他是老浙大第一任金融系主任,也是四校合并之后的第一任金融系主任。筚路蓝缕,以启山林,国际金融学专业正是在金老师手里逐步起步的。谈及在浙大教学的感悟,金老师表示受益颇多:"浙大的教风和学风都很严谨,加之其工科背景,使得经济学科和数理相结合,牢牢盯住前沿发展方向,又和社会紧密相连。而且受益于四校合并带来的各方人才,让我从最开始就树立了团队合作的意识。"浙大"求是创新"的校训恰与南开烙印相吻合,让他保留了一如既往的质朴。

从当年选择经济学的一个简单念头,到如今桃李成林,最初的纯粹从未改变。

汇融细流,滋养万方

浙大校歌开篇云:"大不自多,海纳江河",在金老师身上正体现着容纳的力量。

翻开金老师受聘求是特聘学者期间的履历,厚厚一叠内容一时竟不知从何说起。如最近四年时间里,金老师承担国家级、省级主要科研项目12项,发表SSCI、权威刊物、一级刊物论文成果16篇,出版著作4本,同时承担本硕博五门课程的讲授工作。他的科研方向囊括了汇率机制、中小企业融资、政府金融监管等多个方面,而这也仅仅是他学术工作的一部分。现已卸去行政职务的金老师还身兼多项学术职务,例如中国金融学会常务理事、浙江省国际金融学会会长等,也多次受邀参加国际会议与论坛。

若要回溯金老师先后担任指导教师的六个博士点(企业管理学、政治经济学、国际贸易学、金融经济理论、金融学和互联网金融学),则会发现其涵盖了管理学、理论经济学、应用经济学等学科,让人不禁发问:"如何能兼顾这众多的学术方向?"金老师笑言:"明确主线,不断开拓。"金老师以金融学作为自己学术研究的主线,从本科生阶段开始始终没有中断动摇。在这条主线之下,他特别专注于利率汇率机制与中小企业融资创新两个方向的研究,主持承担了国家社会科学基金重大项目"推进人民币汇率形成机制研究"与国家自然科学基金应急团队项目"纾解中小企业融资困境的策略研究"。又正如江河吸纳支流,才有奔涌入海的不竭动力,在主线之外的研究领域,金老师同样孜孜以求。他认为金融本身就是一门与众多领域交叉的学科,企业管理避不开企业融资问题,政治经济学避不开货币政策问题,国际贸易也避不开汇率问题,因此想要做好研究必然需要广泛吸纳。同时作为浙大的教师,不断扩展研究领域,初衷也是为了服务学科发展与人才培养。

金老师在学术道路上坚持的另一个原则是"顶天立地",他将其解释为"理论上有依据,政策上可执行,实践中可应用"。金老师认为学术研究要做到理论与实践相结合,上可紧追前沿,下可扎实落地。在30多年的学术生涯中,最让金老师感到骄傲的是一项名为"'桥隧模式'——打通信贷市场与资本市场联系"的研究成果。长期工作在民营经济发达的浙江省,金老师在10多年前就敏感地捕捉到了在当时尚未被广泛关注的"中小企业融资"问题,并组织进行深入调研,带领课题组创造性地提出了"桥隧模式",建构起信贷市场和资本市场间的桥梁和隧道,使得中小高新科技型企业的贷款申请能够通过担保公司的信贷担保和风险投资公司的相应承诺机制来提高应对银行风险控制的要求,顺利实现贷款融资。这一被称为金融重大创新思路的成果,不仅在学术界引起了广泛的重视,也得到了中央领导的专门批示,在浙江省得到实践检验之后向全国推广。在此基础上,金老师又带领团队提出"路衢模式""融资平台浙江模式创新""仓储模式"等富有可行性的一系列解决方案,不失时机地为迅猛发展的中小企业撕开了一个突破口。在这些荣光的背后,不可或缺的是金老师对前沿问题的敏锐观察,与实际部门的调研探讨。那段时光里,浙江省大大小小的典型企业里都曾留下他的足迹。

汇融细流,不断开拓崭新学术领域;滋养万方,以"经世济民"为毕生所求。

奔涌不息,常活常新

在学生眼中,与做学术时严谨执着的样子不同,平日里的金老师是个"很有娱乐精神,心态很年轻的人"。虽已年近六十,但无论是言语间清晰的逻辑,还是谈及爱好时眼眸里的兴奋,都透露着金老师不竭的活力。

尽管平日里工作繁忙,一旦有空金老师就会到外经贸楼410实验室和学生们聊聊天,既聊学术,也聊人生,甚至连时下热播的电视剧《伪装者》也成为讨论的话题。"金老师经常向我们打听一些新潮的事情,偶尔也让我帮他下载些美剧。""老师经常给我们带吃的,他自己也是喜欢吃哈根达斯喝星巴克的。"他的学生如是说。也许正是和学生在一起的时间久了,才能看到金老师身上常活常新的风采。

大学校园里,老师是铁打的营盘,学生是流水的兵,执教31年,金老师迎来送往的学生难以计数,唯"金门精神"恒久不变。金老师将金门精神总结为"YSCC",分别代表严谨、善良、执着、超越,作为对学生做人做事的要求。在学生看来,金老师是和蔼可亲的,在学术方面给予学生较大的自由,根据其兴趣确定研究方向,但同时又对科研标准有着严格的要求,每每研究中遭遇困境,又总能得到金老师耐心的指点。浙江大学经济学科的第一个全国百优博士论文,正出自金老师的学生王义中之手,金老师又曾先后带出过三篇省级优秀硕士论文及浙大百优本科毕业论文。

除了平日里的交流,每年如开学、教师节、年底等,都已成为金老师与学生们聚餐交流的固定时段。特别每逢金老师生日时,还有被大家称为"金斯卡"的活动,在校与在杭甚至外地的金门子弟在这时自发齐聚一堂,金老师自己也会在聚会上表演节目唱唱歌,师生关系极为融洽。2014年是金老师执教30周年,近400名金门弟子从国内外各地赶来,为金老师举办庆祝活动。这些曾经的学子,如今或是中央省部委的厅局干部,或是银行行长,或是上市公司董事长,或是学校教授博导……看着眼前桃李成林,无疑是最让金老师欣慰的事。

因为热爱与执着,金老师的一生正如大河奔涌,常活常新。

一路征途,细水长流,31年,始终坚守,终而百川归海,破浪乘风。

访谈三　南开人的采访

悠悠学长心,久久南开人①
——访南开浙江校友会会长金雪军学长

采访:范炜　肖宏勇　执笔:吴艳虹

记南开求学岁月浓,忆往昔峥嵘岁月稠

1977 年恢复高考后,南开大学在浙江省招收数学系和经济系各两名学生,金学长即是其中一位。金学长回忆道,当时其实他对"南开"并没有特别清晰的了解,只是有着一个朦朦胧胧的概念——"南开是个很好的学校"。从此,"南开"便成为了他生命中最美好的烙印,为他的人生写下了最浓墨重彩的一笔。

金学长入学时,天津还没有从"唐山大地震"的影响中完全恢复,但是作为从十年动荡里走出来的学生,金学长的心情非常激动,对学习、新生活和未来充满无限憧憬。南开七年的学习时光是金学长最难忘的回忆,如果用几个词来概括南开教给自己的东西,金学长用了"朴实"、"包容"和"济世"。南开的"朴实",在校园的优良学风里,在善良的师生品性中。金学长说,每一个同学学习都特别的刻苦认真,他们经济学学习当时读的都是原著,每个人书本的空白地方都记满了用不同颜色记的笔记,第一遍看用铅笔,第二遍看用圆珠笔,第三遍用钢笔……老师的教学也特别严谨,金学长记得,曾经有位老师告诉他们,文章写完后自己要读一下,如果自己朗诵的时候觉得别扭的话,那说明这句话一定是不通的,一定要改。写文章不能用例子说明,一定是要用大量的数据和样本进行阐述的……每一个南开人都用最严谨朴实的态度来对待知识。除了朴实踏实的学习,南开人的品性朴实。无论是老师还是同学,著名的学术权威大教授还

① 采访撰文时间,2015 年 5 月 25 日。

是普通的工作人员，每个人都非常朴实善良，金学长特别提到了南开百岁老师、国内发展经济学的奠基人杨敬年教授，当时也是他的老师，穿着简单，为人朴实和善，这些都给他留下了深刻的印象。

除了南开的朴实善良，南开对新事物、对不同观点的包容也让金学长感受颇深。当时正值改革开放初期，南开专门组织一些班，请国外的教授们来讲国外经济学的理念，介绍国际经济和世界经济的状况，为学生提供更好的视野来探索新的知识。在平时课堂上，课堂就是讨论会，百花齐放，百家争鸣，有着一种宽容包容的氛围，同学间、师生间进行观点的交流和思想的碰撞，对不同观点的探讨和包容使金学长收获颇丰。金学长说，当时刚上大学，自己其实是有点羞于在课堂上发表观点的，但是就是通过在课堂上大家这样自由的讨论，无形之中增强了自己的自信和语言表达能力，为自己以后的发展奠定了良好的基础。

除了"朴实"的为人学习做事，"包容"的心态沟通进步，金学长表示，南开更是教会了自己一种"济世"的情怀，把理论和实际的结合，强调学习为实践服务，鼓励更多地去调研和落实理论，从这个层面上来讲，南开主动承担起了自己的社会责任，在那个百废待兴的年代，为国家的建设和进步做出了南开的贡献。

南开"朴实""包容""济世"的为人态度、处事方法和做事态度更好地促进了金学长的成长成才，为他以后的工作奠定很好的基础，使金会长具备了广阔的知识面和国际视野，踏实学习的作风和朴实做人的品性。金学长说："归结起来，这些也都是南开'允公允能'理念的体现，所有的氛围和风格都是在这个理念下逐渐成形。"

为人师桃李遍天下，任会长关切心悠悠

金学长在南开求学七年，1984年毕业后来到浙江大学成为了一名教师。求学期间打下的扎实专业基础，再加上个人踏实勤奋的努力使得金学长在自己的教学研究事业上取得了巨大的成绩。金学长在1990年、1994年先后破格晋升为副教授与教授，1990年被评为硕士生导师，1998年被评为博士生导师，是浙江大学与浙江省最早的经济学博士生导师之一，著作等身，闻名四方，为浙江省和国家的经济发展都做出了重要贡献。金学长深厚的专业知识，正直和善的人品性格，朴实严谨的为人做事获得了同事和学生的尊敬和爱戴。2014年，金学长迎来了他从教30周年纪念，师生共聚一堂，庆祝金学长30年的教师生涯。金学长的学生们都是各行各业的精英领袖，那天都特地从全国各地甚至世界各地赶过来,为自己的恩师庆祝。

不仅对自己的学生关心照顾,金学长对南开的校友和校友会同样关怀深切,始终心系母校的发展、校友会的建设和校友的成长。自2000年担任南开浙江校友会会长以来,金学长见证着南开浙江校友会的成长壮大。他认为,南开浙江校友会立足于服务母校、服务校友和服务浙江,三者不分先后,如果从人本的角度上来看,首先是服务校友,为校友提供一个沟通、分享和互助的平台,同时更是一个能够让南开人不断提升和展示的平台,加强大家对新知识的学习和各种机会的共享。金学长对年轻的南开校友们也提了一些建议和希望,他认为,年轻人要有一个不断学习和超越的精神,不停地学习、探索、创造、超越,无论是在学习上还是工作上。社会在不断发展,只有在学习的过程中根据新的工作要求进行思考才能适应这个时代,同时学习要和工作实际结合起来,在应用的过程中不断进行创造。金学长提到,他在南开的7年,是新事物不断出现的时代,需要大家不断地更新进步,而南开从这么多年的风风雨雨中能够不断地壮大和进步,靠着就是一种不断探索和创新的精神。

金会长也说,作为校友,要有一颗为校友会服务的善良之心,我们校友会是南开的校友会,每一位校友都是在南开的培养中成长起来的,在南开求学的几年肯定是每个人人生中最有回味、最难忘的时光。每个人的能力有大小,服务不在多少,我们始终要记得为母校的发展做一些力所能及的事情,搭建母校和浙江的桥梁,或者扩大南开的影响面等等。同时也要立足于浙江的发展,南开浙江校友会服务于浙江的发展本身也是服务南开的一个重要表现,为南开浙江校友会服务南开、服务浙江做出自己应有的贡献。

后记:从年龄上看,金学长可能和采访者我们的父辈相当,但是我们仍愿以"学长"相称,一方面是金学长身上一种年轻的气质和精神风貌,更重要的是我们都是南开人,有着一种独属于南开人的纽带和亲切感。"允公允能,日新月异",在采访过程中金学长没有完整提到过南开的校训,但是没有一处不是体现着校训的风范和气质——提升自身之能,投身社会为公,学习日日为新,包容万物之异。《中国青年报》曾有一篇文章评价"南开永远年青",在采访了金学长之后,笔者觉得,南开之所以年青,正是因为有这样一群校友,秉承南开精神,发扬南开品格,壮大南开事业,始终传承着一种同样的理念和信仰,代代相传,代代年青!

访谈四 研究生"五好"导学团队专访系列[①]

——"金门飞云"团队

执笔:方倩如 祖文静

浙江大学第七届研究生"五好"导学团队评审结果已经揭晓,经济学院金雪军教授领衔的"金门飞云"团队获此荣誉。我们有幸专访金老师为我们分享团队的建设经验,了解团队对于博士生培养的特色体系。

在采访前,我们就已耳闻金老师导学团队"金门飞云"的大名,如此响亮而豪气的称号,小博也联想到了飞檐走壁的武林高手。下面让我们聆听金老师的讲述,一起探寻"金门"弟子是如何在科研的江湖上修炼"绝世武功"的吧!

一、"金门飞云"的诞生

"金门飞云"导学团队主要从事金融学方面的研究与研究生培养,导师组有6位老师,是老中青结合,既有国内自己培养的博士也有从海外归来的博士。从团队的起源来说,我从1990年开始做硕士导师,开始独立带研究生,1998年我们申报了博士点,开始带博士生,这样在培养研究生的过程中逐步形成了现在相对稳定的培养团队。目前,团队建设坚持因材施教式的导学机制,严格要求与自主性发挥相结合,提倡互动分享式的学术社区和多平台交流体系。

二、"金门"博士养成记

我对博士生的培养开始得较早,1998年伊始,经济学领域我也算是浙江及浙江大学经济学博士导师首批的一员。由于没有多少经验可以借鉴,因此主要

---

① 转载于2017年6月22日《浙江大学博士生》微信公众号。

结合实际情况进行探索。

(1)"金门"博士之三步走

我对博士生的培养主要分成三个环节：

①招生环节："三性"，即刚性、弹性、黏性

招生就像选原材料一样，博士的培养要有合适的原材料。刚性指要有明确的学术目标、学术偏好和学术追求。弹性主要有两方面，一是要有较好的身体，二是要有团队合作意识。黏性是指要有毅力、定力。因为学术难做且耗时长久，这就要求学生要有足够的毅力在攻博路上一往无前。

②培养环节："三度"，即广度、深度、高度

培养环节的"三度"理论，具体来说，广度是指要有广阔的知识面；深度则是要求持之以恒；高度是指站在理论前沿、国际前沿。

③论文写作："三新"，即选题新、方法新、内容新

在论文写作的选题上要以问题为导向，有新的研究观点、新的研究方法。要勇于创新，将理论与实际结合，将国内问题与国际前沿结合。

(2)"金门"博士之培养思路

第一，我们把严格的要求、统一的标准同学生的自主选择和原有的基础相结合。

第二，我们形成了一种联动机制，包括老师与同学之间的联动，同学与同学之间的联动。例如我们团队有着不同培养方式（全脱产、在职、硕博连读）的博士生，对于同一问题他们视角不同，各抒己见，做到优势互补。

第三，我们形成了梯度化、结构化的导学团队。我们团队学生数量较多，在校的硕士生和博士生共有 60 多人，要有效管理，不仅要贯彻一些基本理念如先前提到的三性、三度、三新理念，同时也要形成结构化的导学体系。比方说，老中青教师的结合，对学生的针对性培养，与学生交流有序、管理服务有序。

第四，学术能力与思想素质有机统一，并形成自己的团队文化：金门精神"yscc"。y 严谨，科学要有严谨的态度。s 善良，做人要有善良的本性。c 坚持，做事需要坚持、有毅力。c 超越，思维不僵化，创新求变。

我们希望所培养的学生有益于国家，将自身能力与社会需求相结合，并保持内心的阳光。

(3)"金门"博士之培养成效

1.取得的成果

一是研究成果——在金融经济的顶尖期刊发表了有关行为经济学和行为

金融方面的论文；二是教学成果——如诞生了浙江大学经济学科的首个"全国百篇优秀博士毕业论文"奖，另有数篇浙江省优秀硕士论文等。

2. 新学科的开拓探索

我指导的博士生主攻金融地理学，主要研究金融的布局、分工，就全国而言我们是最早开拓金融地理学领域的。在实验金融方面，我们在国内较早地建立了大数据实验室，形成了相关学科制高点。我们在互联网金融方面亦有所建树，部分成果在《经济研究》等杂志发表。还有对人民币汇率机制的研究，我们既拿了全国百优论文，又拿到了国家社会科学基金的重大招标；还有中小企业融资方面，提出了桥隧模式。

3. 产学研的高度结合

我认为金融、经济是应用之学，既要顶天又要立地。从顶天的角度来讲我们要站在国际研究前沿，也就是学术制高点。但另一方面我们也要立地，即理论和实际有机的结合在一起，因此我们的产学研结合还是比较紧密的，产学研的色彩还是很突出的。

因为我们浙大身处浙江这个创新的、与时代脉搏相对应的且新经济新金融十分敏锐的环境，我们团队紧跟浙江的步伐，从起初的电子金融、网络金融到现在的互联网金融、大数据金融，我们的特色突出，成果显著。与此同时，我们还建立了全国首个互联网金融博士点，也形成了较为完整的培养体系。

4. 独特的"金门"文化

在我们导学团队内部形成了和谐的金门"金门"文化——老同学对新同学，毕业的同学对在校同学，都有着沟通和互助。我们还有特色活动"金斯卡"——每年6月我生日前后，我们还会评选门内的"最佳男闺蜜""最佳师兄""最佳师姐"等特别奖项；我们既欢送老同学也欢迎新同学。因此，我们团队的凝聚力也是声名在外。

5. 毕业生广阔的发展期前景

我们毕业生的发展之路不拘一格，有在政府部门任职并造福一方百姓的，也有从事教育，成为博导、教授甚至大学校长的，还有创办公司并成功上市的。我以他们为荣，而他们的成就对我们的培养也是一种激励。他们既是在校同学的榜样，同时也为金门带来了品牌效应。

三、发掘学术潜力的锦囊妙计

对于发掘学生的学术潜力，我认为首先要给学生更多的选择，激发他们的偏好、兴趣,这样对他们今后的成长和事业的发展有积极意义。同时我希望他们保有乐观的心态,并与他们的自主性、积极性相辅相成。

第二,作为一个研究团队,我们的研究既不能过于分散,也不能太过单一。我希望将学生的专研性和自主性有机的结合在一起,既保证研究的深度,同时保持研究的广度。

对于学生的论文选题,我通常会给定一个大致的领域、方向,在此基础上我要求学生进行一些社会调研和文献综述,并能在该过程中有所领悟,之后再进行选题。这既能让团队拓展研究领域,又发挥了学生的自主性。

比如在行为金融中,人的金融行为应该如何衡量、量化,需要相应的实验进行验证,这便涉及了实验金融。在学术界刚开始提出实验金融(当时还是叫实验经济学)时,我们就开始用实验金融的方法做研究了。大数据的挖掘与筛选能够为实验金融提供有力的佐证,而金融行为数据又与互联网金融直接映射。因此,我们又将行为金融、实验金融、互联网金融、大数据金融有机地结合在一起。同时,我们还将区块链、人工智能延伸到互联网金融、大数据金融的应用上。反过来说,如果一开始我就给学生一个确定的选题,而不引导或让其拓展,那么学生的思维很有可能会被局限在特定的研究框架里。

因为主动性的驱动,很多同学依然能在完成博士论文后,继续其原本的研究。例如我的一位博士研究金融排除理论,也就是说按照成本收益分析,大银行不愿意做小业务,客观上就会让很多人排除在金融服务的领域,这与普惠金融是矛盾的。普惠金融是要让所有人共享金融服务,那么他现在做的研究便是普惠金融方向延伸。如果没有积极性与自主性,选了一个题目做完就毕业,那么毕业后研究也就终止了。

四、对读博金老师有嘱咐

博士是作为学生来说学历的最高阶段,作为研究来说是重要的生力军。

首先,要有充沛的精力,充足的时间从事学习、研究。从人的发展过程来说,这是最好的阶段,你们已经积累了比较好的理论基础、接近了学术前沿、有很好的的平台、环境。而且从很多情况来看,许多人有创造性的成果都是在这一阶段基本形成的。

我认为博士阶段要解决几个问题:

1. 形成今后发展过程中要研究的领域与方向。

2. 扎实掌握研究的方法、工具。不仅包括硬件上的,还包括与人交流、团队合作的方法。

3. 具备一定的研究成果。这个研究成果不是指大量论文发表,而是指阶段性成果,是能为以后研究提供基础的积累。

4. 个人生活方面,在不影响其他的情况下,有好的身体和心态、生活会更丰富多彩,学校里互助互爱也是一件很好的事情。

5. 关于实习与工作,金融经济学科适当有一些社会调查、实践也是需要的,不过不能纯粹以就业为目标去实习,我认为还是应该先服从研究、学术安排。只要对前沿问题有较好的把握,有了较好的成果积累,掌握了较好的方法,那么从一定意义上来说学生找到合适的工作不难,而毕业之后再想要有这么一段安静的时间很好地进行学术研究就难了。

听过金老师的一席话,相信你已经得到了不少启发。无论此刻的你是刚入学不久的小鲜博还是即将毕业的大师兄,小博都愿你如金老师所言,有自己专注奋斗的科研事业,有一往无前的执着勇气,有乐观上进的生活态度,最后也一定会迎来属于你的锦绣前程!

图书在版编目（CIP）数据

金融经济论丛:金雪军文集 / 金雪军编著. —杭
州:浙江大学出版社，2024.6
ISBN 978-7-308-25029-0

Ⅰ.①金… Ⅱ.①金… Ⅲ.①金融学－文集 Ⅳ.
①F830－53

中国国家版本馆 CIP 数据核字(2024)第 102812 号

金融经济论丛:金雪军文集

金雪军　编著

责任编辑	傅百荣
责任校对	朱梦琳
封面设计	尤含悦
出版发行	浙江大学出版社
	（杭州市天目山路 148 号　邮政编码 310007）
	（网址:http://www.zjupress.com）
排　　版	浙江大千时代文化传媒有限公司
印　　刷	杭州宏雅印刷有限公司
开　　本	710mm×1000mm　1/16
印　　张	124.25
字　　数	2306 千
版 印 次	2024 年 6 月第 1 版　2024 年 6 月第 1 次印刷
书　　号	ISBN 978-7-308-25029-0
定　　价	660.00 元(共五卷)
